리더스 커뮤니케이션

이재희 / 조연정 / 박선아 / 윤민애 / 허영숙 지음

양 성 원

자리를 꿰차고 앉아 무소불위의 권력을 행사하고 있다고 해서 모두 리더는 아니다. 자리가 보장해 주는 권력으로 다른 사람을 감독하고 지시 · 통제하려는 높은 사람은 그저 관리자일 따름이다. 관리자는 영원할 것 같던 자리에서 물러나는 순간 그 자리가 주던 모든 권한과 혜택으로부터 분리된다.

리더는 다른 사람과 조직 · 사회에 긍정적인 영향을 미치는 사람으로 그(녀)가 가진 지식과 경험, 정보, 연결성 그리고 품격과 같은 지적자산이나 감성자산으로 세상을 더 나아지게 만든다. 리더는 자리나 지위가 없어도 될 수 있다. 그렇다고 누구나 리더가 될 수 있는 것도 아니다. 리더는 리더다워야 리더이다.

조직에서의 사람과 사람의 관계는 주로 커뮤니케이션을 통해 이루어진다. 커뮤니케이션은 공감과 이해, 설득을 목적으로 하는 개인 · 집단 간의 상호작용인 소통 행위이다. 소통에는 긍정적 결과를 가져오는 소통(疏通: 트일 소, 통할 통)과 부정적 결과를 초래하는 소통(疏痛: 멀어질 소, 아플 통)의 두 가지가 있다.

리더는 긍정적 결과를 가져오는 소통능력을 갖추어야 한다. 소통능력을 갖춘 리더가 되려면 인간 본성에 대한 이해와 함께 감성과 논리, 언어적 · 비언어적 커뮤니케이션, 소통에 영향을 미치는 상황적 요인 그리고 상황에 적합한 커뮤니케이션 방법에 대해 이해하고 습득해야 한다.

이 책에서는 개인과 조직 · 사회에 긍정적 영향을 미치기 위해 리더로서 갖추어야 할 커뮤니케이션의 개념과 원리, 절차 그리고 방법에 대해 탐구한다. 이 책은 크게 4부로 구성되어 있다. 제1부는 리더와 커뮤니케이션으로 모두 3장에 걸쳐 리더십과 리더의 덕목, 커뮤니케이션 모델과 소통의 지혜에 대해 다룬다. 이를 통해 리더십과 소통의 중요성, 리더의 철학 · 윤리 · 섬김 · 진정성 이슈 그리고 영향력을 확대할 수 있는 리더의 커뮤니케이션 지혜를 얻을 수 있다.

제2부는 사회 · 정서적 커뮤니케이션으로 3장에 걸쳐 인간행동에 영향을 미치는 언어적 · 비언어적 소통 그리고 멘토링과 코칭에 대해 연구한다. 이를 통해 사회적 행동으로서의 커뮤니케이션 원칙과 언어적 커뮤니케이션, 의사언어 등에 대해 이해할 수 있다. 또한 인간의 성장과 성숙을 촉진할 수 있는 멘토링과 코칭의 원리, 절차 및 구체적 방법론을 습득할 수 있다.

제3부는 논리와 비즈니스 커뮤니케이션으로 모두 3장에 걸쳐 논리적 사고와 논리구조, 비즈니스 문서를 통한 소통 그리고 프레젠테이션 전략에 대해 탐구한다. 이를 통해 비즈니스 현장에서 성과를 향상시킬 수 있는 로지컬 씽킹(logical thinking)의 개념과 피라미드 논리구조, 스토링텔링 기법을 습득할 수 있다. 아울러 비즈니스 문서의 작성원리와 방법, One page 보고서, 이메일 작성법은 물론 비즈니스 파트너를 설득할 수 있는 프레젠테이션의 원리, 절차와 스킬을 학습하여 실제 생활에 적용할 수 있다.

제4부는 상황적 커뮤니케이션으로 3장에 걸쳐 소통에 영향을 미치는 성격, 성, 세대 그리고 성찰 이슈에 대해 다룬다. 이를 통해 성격유형을 이해하고 자신의 성격타입은 물론 상대방의 성격유형에 적합한 커뮤니케이션 방법을 습득할 수 있다. 또한 사회적 갈등을 초래하는 남성과 여성, 기성세대와 밀레니엄세대 간의 갈등원인과 이를 관리할 수 있는 소통방법을 이해하고 실생활에 적용할 수 있다. 마지막으로 자신과의 소통을 통해 가치 있는 삶을 설계하기 위한 사명과 열정, 생활원리를 성찰하고 이를 통해 자신의 미래 로드맵을 작성할 수 있다.

리더십을 겸비한 관리자, 리더십을 갖춘 개인, 곧 사회구성원 모두가 리더인 사회가 행복하다. 우리 사회는 리더십의 근간이라할 수 있는 소통의 부재와 부실로 인해 여전히 서로 상처를 주고받으며 끊임없는 갈등 속에서 살고 있다. 이 책을 통해 리더로서 갖추어야 할 소통의 철학과 이론, 절차와 방법을 이해하고 적용함으로써 우리 사회가 더 행복해졌으면 한다.

끝으로 "내가 싫은 건 다른 사람도 싫어한다. 따라서 내가 싫어하는 행동을 상대방에게 하지 않는 것, 더불어 내가 바라는 생각과 행동을 상대방에게도 똑같이 적용하는 것, 이것이 힘들다면 '아무 짓도 안하는 것'이 때로는 현명한 선택이 될 수도 있다"는 점을 기억하자. 리더는 리더십을 갖추어야 한다. 리더십은 곧 리더다움이다. 리더다움의 출발은 커뮤니케이션이다. 그래서 리더스 커뮤니케이션이다.

2018년 2월

저자 일동

Contents

1 PART

리더와 커뮤니케이션

2
PART

사회 · 정서적 커뮤니케이션

Contents

3 PART

논리와 비즈니스 커뮤니케이션

4
PART

상황적 커뮤니케이션

PART 1

리더와 커뮤니케이션

Leader's Communicatio

Leader's Communication

Chapter 01

리더십과 커뮤니케이션

Chapter 01 리더십과 커뮤니케이션

학습 목표

리더의 철학과 리더십의 정의, 그리고 리더의 세 가지 습관에 대해 학습한다. 커뮤니케이션의 정의와 목적, 유형에 대해 알아본 후 소통환경 변화에 따른 커뮤니케이션의 방법, 핵심직무능력으로서의 커뮤니케이션에 대해 학습한다.

1. 리더의 철학을 설명할 수 있다.
2. 리더십의 정의를 설명할 수 있다.
3. 리더의 세 가지 습관을 적용할 수 있다.
4. 커뮤니케이션의 정의와 목적, 유형을 설명할 수 있다.
5. 소통환경 변화에 따른 커뮤니케이션의 방법과 중요성을 설명할 수 있다.

1. 리더의 철학과 리더십

1) 리더의 철학

리더는 많은 사람들에게 이로움을 주는 리다(利多)이다. 이는 우리 사회가 최고의 덕목으로 삼는 '널리 인간세계를 이롭게 한다'는 뜻의 홍익인간(弘益人間)의 사상과 맥을 같이 한다. 먼저, 리(利)는 '이로움'을 말한다. 리더십은 개인이나 조직의 이익에 공헌하기 위한 가치 지향적 활동으로 공동선(共同善)을 목적으로 한다. 따라서 자신의 개인적 이익이나 자신이 소속된 집단만의 유익을 지향하는 이기주의적 행태를 보이는 사람은 비록 높은 지위에 있다 하더라도 리더가 아니다. 무엇보다 리더는 공동선을 위해 '옳은 일을 제대로 하겠다'는 선한 의지가 전제되어야 한다.

둘째, 다(多)는 '다수'를 말한다. 리더는 다수의 사람들과 함께 일을 한다. 즉, 리더는 집단이나 조직을 전제로 하는 개념으로, 리더와 구성원 간의 상호작용을 바탕으로 이루어진다. 이들은 일을 하고 함께 생활하는 과정에서 지식과 정보 · 경험, 그리고 정서를 교환함으로써 서로에게 영향을 미친다. 때로는 힘이 되고 때로는 힘겨움의 근원이 되기도 한다. 리더는 구성원들에게 긍정적 영향을 미치고 도움이 되는 사람이어야 한다. 다시 강조한다. 리더는 많은 사람들에게 이로움을 주는 리다(利多)이다. 이것이 리더의 철학이다.

그러나 현실에서는 다수의 이익보다는 자신과 자신이 소속된 소집단의 이익을 우선하는 사회지도층의 반복되는 행태로 리더십의 위기를 맞고 있다. 지금 이 시각, 우리 사회에 만연하고 있는 집단이기주의와 다양한 갈등현상은 바로 리더십의 부재에서 기인한다. 진보와 보수를 편 가르기 하는 이념갈등, 청년과 어르신을 편 가르기 하는 세대갈등, 영남과 호남을 편 가르기 하는 지역갈등, 정치의 잘잘못을 편 가르기 하는 적폐갈등 등 우리 사회구성원들의 정신을 피폐하게 하고 에너지를 소진시키는 다양한 형태의 이런 갈등들은 존경하고 신뢰할 수 있는 국가 리더, 사회적 리더의 부재에 기인한다.

원고를 쓰는 지금 이 시각에 네이버로 '리더십'을 검색하니 1만 9,420건의 리더십 관련 도서가 뜬다. 뉴스는 58만 5,119건이 리스트업된다. 리더십의 정보홍수 속에 쌓여 있는 느낌이다. 하루에도 리더십이라는 단어를 듣지 않는 날이 없고 생각하지 않는 날이 없다. 그럼에도 우리는 리더십의 위기에 직면해 있다. 사회를 통합할 수 있는 보다 높고, 맑고, 너그러운 리더를 갈망한다. 우리는 리더를 지도자(指導者)라고 부른다. '가리키다'는 뜻의 지(指), '인도하다'는 뜻의 도(導), 지도자는 나아갈 길을 가리키고 안내하는 사람이라는 뜻이다. 지도자를 지도자(地圖者)로 표현하는 것은 어떤가? 땅 지(地), 그림 도(圖), 지도자는 무릇 사회구성원이 살아갈 멋진 지도를 그리는 사람, 큰 그림을 그리고, 그 큰 그림을 완성하기 위해 사회구성원들과 함께 손잡고 지구 여행을 가는 사람이라고 생각해본다.

"지금 눈 나리고 매화 향기 홀로 아득하니, 내 여기 가난한 노래의 씨를 뿌려라. 다시 천고 뒤에 백마 타고 오는 초인이 있어 이 광야에서 목 놓아 부리게 하리라." 나라 잃은 참담한 현실에서도 일제에 저항하며 미래에 대한 희망을 잃지 않았던 이육사 시인(1904~1944)의 맑고 굽힐 줄 모르는 영혼을 기억한다. 리더는 탐욕의 끈을 놓고 공동의 선을 추구하는 맑은 영혼의 소유자여야 한다.

2) 리더십의 정의

리더십은 길, 경로, 혹은 배가 지나가는 진로를 의미하는 고대 앵글로색슨어인 리드(lead)에서 유래한다. 이 어원(語源)에 따르면 리더는 '길을 만들고, 가보고, 보여 주는(안내하는) 사람'이라는 의미를 가진다(Leader is one who makes the way, goes the way, and shows the way). 이미 이야기한 지도자(指導者)를 말한다.

표 1-1 리더에 담긴 의미

way	도착지점(사명 · 비전 · 목표 · 방향)에 이르는 길(과정 · 전략 · 방법 · 방식 · 기준 · 태도)
make	만들다, 개척하다, 창조하다, 결정하다
go	(먼저)가다, 솔선수범하다, 실행하다, 시도하다, 선행하다
show	보여 주다, 안내하다, 인도하다, (함께)가다, 희망을 주다

토의 1.1

리더십에 대한 다음 질문에 대하여 각자의 생각을 정리하고, 자신의 의견을 팀원들과 공유하시오.

① 자신의 인생에서 리더의 본보기가 된 사람, 자신이 믿고 따를 수 있는 멘토는 누구인가?(없다면 역사 · 소설 · 영화 속 인물도 좋음) 그 이유는 무엇인가?

② 훌륭한 리더는 어떤 특성을 가졌다고 생각하는가? 팀원들과 함께 각자 생각한 사람의 특성을 이야기한다. 모두의 의견을 공유한 다음, 훌륭한 리더의 특성목록 열 가지를 합의하여 결정한다. 합의한 10가지 중에서 본인이 가지고 있는 특성과 일치하는 것은 무엇인가?

훌륭한 리더의 특성	
1.	6.
2.	7.
3.	8.
4.	9.
5.	10.

③ 리더십이란 무엇이라고 생각하는가? 각자의 생각을 정리한 후 팀원들끼리 토의하여 리더십에 대한 정의를 합의하시오. 합의 결과를 발표하시오.

리더십이란 무엇인가?

이제 학문적 관점에서의 리더십에 대한 개념을 살펴보자. 1900년대 이후 리더십에 대한 다양한 정의들이 이루어져 왔다. 근대적 리더십 연구 초기에는 리더십을 통제 · 복종 · 충성 · 특성과 같은 권위적 관점에서 정의하였다. 이후 공동목표 · 상호작용(집단) · 영향력과 같은 관계적 관점의 정의, 그리고 비전 · 가치관 · 카리스마를 중심으로 한 변화 주도 관점의 정의들이 있었다. 최근에는 진정성 · 윤리 · 섬김과 같은 인격(품성)적 관점의 리더십 정의와 함께 복잡성 · 연결망(network) · 조직적응력과 같은 시스템 관점의 리더십 정의들이 공존하고 있다. 이와 같이 리더십에 대한 정의는 다양하게 변천해 왔다. 리더십에 대한 정의가 변천해 왔다는 것은 경제 · 사회의 환경흐름에 따라 리더에 대한 기대역할도 변화되었음을 의미한다. 이를 정리하면 〈표 1-2〉와 같다. 이와 같이 시대가 변화하면 바람직한 리더상(모습)도 변한다. 리더십은 정태적(static) 개념이 아니라 동태적(dynamic) 개념이다.

표 1-2 리더십의 정의 변천으로 본 리더에 대한 기대역할의 변화

권위(계층)	관계지향	변화 주도	품성(인격)	시스템(집단지성)
• 통제 · 복종 • 충성 • 특성	• 공동목표 • 상호작용(집단) • 영향력	• 비전 • 가치관 • 카리스마	• 진정성 • 윤리 • 섬김	• 복잡성 • 연결망(network) • 조직 적응력

본 서에서는 리더십에 대한 정의를 다음과 같이 한다. "리더십은 공동목적을 달성하기 위하여 구성원들에게 영향력을 행사함으로써 자발적 추종을 이끌어 내는 상호작용의 과정이다."

이 정의에 따르면 리더십은 공동목적, 관계(집단)지향성, 영향력, 자발성(추종), 그리고 상호작용의 다섯 가지 속성요소를 포함한다. 먼저, 리더십은 리더와 구성원 간의 공동목적(common goal)을 달성하기 위한 과정이다. 두 번째, 리더십은 두 사람 이상으로 구성된 집단이나 조직상황(group context)을 전제로 한다. 이는 리더와 구성원 간의 관계뿐만 아니라, 구성원과 구성원들 간의 관계도 리더십 성과에 영향을 미친다는 것을 의미한다.

세 번째로 리더는 구성원에게 보상을 통해 영향(influence)을 미친다. 구성원들은 공헌을 통해 리더에게 영향을 미친다. 영향의 정도, 즉 영향력은 상호작용의 대상으로 리더십의 필수요건이다. 네 번째로 리더십은 리더에 대한 믿음과 기대를 토대로 자발적으로 따라가는 자발성(spontaneity)을 전제로 한다. 리더를 따르는 이유는 복종이 아닌 존경심이어야 한다. 끝으로, 리더십은 리더와 구성원 간의 일(이슈)과 생각, 정서를 매개로 하는 상호작용(interaction)의 과정이다. 상호작용은 시간의 흐름에 따라 변화하는 가변성을 가진다. 좋아질 수도 있고 나빠질 수도 있다. 리더십 효과를 위해서는 리더와 구성원 모두 시간 경과에 따라 진화해야 한다.

3) 리더의 세 가지 습관

리더십의 접미사 '십(-ship)'은 파트너십, 멤버십, 팔로워십, 프랜드십, 기업가정신(entrepreneurship) 등에서 그 의미를 유추할 수 있다. 이들 각각의 단어는 파트너·구성원·추종자·친구, 그리고 기업가 등 특정 지위에서 그 역할을 제대로 수행하기 위해 요구되는 생각과 마음, 행동을 말한다. 리더십은 리더로서 마땅히 갖추어야 할 생각과 마음, 그리고 행동을 의미한다. 개인의 생각과 마음, 행동을 나타내는 '십(-ship)'을 한자로 표현하면 습(習)이라 할 수 있다. 습은 습관이다. 따라서 리더십은 리더의 습관이라 할 수 있다. 즉, 리더십은 많은 사람들을 이롭게 하기 위한 리더의 습관인 것이다.

습관(習慣)에도 세 가지 유형이 있다. 먼저 생각의 습관(習觀)이다. 세상을 긍정적이고 낙관적으로 바라보는(觀 : 볼 관) 습관이 좋다. 사람들과 이야기를 나누다보면 무슨 얘기를 해도 '안 된다'고 부정적으로 반응하는 사람이 있다. 그들은 어떤 얘기를 해도 '이건 이래서 안 된다', '저건 저래서 안 된다'고 이유를 댄다. 그리고 '남의 탓'을 한다. 이와 같이 부정적이고 비관적으로 생각하는 사람, '남의 탓'을 하는 사람은 리더가 되어서는 안 된다. 리더는 희망의 상징이어야 한다.

두 번째는 마음의 습관(習寬)이다. 다른 사람을 너그럽고(寬 : 너그러울 관) 따스한 마음으로 대하는 습관이 좋다. 다른 사람을 평가하고 조언·충고하려는 마음보다는 얘기를 들어주고(경청), 있는 그대로를 인정하고, 마음을 나누는(공감) 관계가 오래간다. 비난과 질책은 칭찬보다 더 큰(다섯 배) 마음의 상처를 주고 더 오래 기억된다. 서로 믿고(신뢰) 존중하는 관계가 세상을 풍요롭게 한다. 리더는 다른 사람의 장점을 촉진하고 단점과 상처를 보듬어 주는 너그러운 마음을 가져야 한다.

끝으로 행동의 습관(習貫)이다. 시작한 일은 끝을 보고야(貫 : 꿰뚫을 관)마는 실행의 습관이 좋다. 일을 할 때 어떤 어려움이 닥치더라도 포기하지 않고 기어코 해내고야 마는 초지일관(初志一貫)의 끈기는 사람들에게 믿음을 준다. 리더는 목표를 달성하는 과정에서 인내하고 그 결과에 대해 책임을 지는 자세가 필요하다.

이런 습관은 마음먹기와 노력에 따라 바뀔 수 있다. 물론 습관을 바꾸는 것은 매우 어렵고 고통스러운 일이다. 익숙한 것을 버리고 생소한 것을 받아들이는 일이 결코 쉽지 않은 까닭이다. 습(習)은 '날개'를 뜻하는 우(羽)와 '날이 하얗게 새다'라는 뜻의 백(白)이라는 두 자(字)가 만나서 이루어진 글자이다. 여기에는 새끼 새가 '날이 하얗게 새도록 날갯 짓을 수 백 번이고 반복 연습해야 비로소 푸르른 창공을 날 수 있다'라는 뜻을 포함하고 있다. 습관은 수백 번의 반복 연습이 필요하다.

앞서 밝힌 바와 같이 리더십은 리더의 생각과 마음 · 행동의 습관이다. 따라서 리더십은 타고 난 선천적 특성이기보다는 후천적으로 습득되는 것으로, 지속적인 학습과 실천 노력에 의해 개발이 가능하다. 세상을 밝게 보는 리더, 사람에게 관대한 리더, 일을 되게끔 실행하는 리더가 진정한 리더이다.

2. 리더 핵심역량으로서의 커뮤니케이션

1) 조직에서의 핵심역량

최근 소통이 화두이다. 그만큼 소통이 안 되고 있거나 어렵다는 반증이기도 하다. 의사소통이 안됨으로써, 즉 의사 불통(不通)으로 인해 개인 간의 갈등뿐만 아니라 부서 간 갈등도 첨예하게 나타나고 있다. 조직과 개인의 갈등을 조정하고 해결하는 것은 리더의 주요 책무 중의 하나이다.

토의 1.2

이 팀장과 신 파트장은 서로 다른 부서에서 근무하는데, 박 책임연구원과 함께 셋이서 3개월 기간의 공동 프로젝트를 수행하고 있다. 프로젝트 종료일이 다가오면서 프로젝트 매니저인 이 팀장은 거의 매일 야근을 하고 있다. 서로 다른 부서에 있다 보니 세 사람이 시간을 맞춰 만나기도 수월하지 않은 상황이어서 주로 이메일이나 메신저를 통해 의사소통을 한다. 월요일 아침 출근하자마자 이 팀장은 신 파트장에게 이번 주의 일정을 확인하고 조정하려고 전화를 통해 연락을 했다. 다음은 두 사람의 전화 통화내용이다.

이 팀장 : 어때, 프로젝트 보고서 준비는 잘 되가?

신 파트장 : 팀장님, 사실 팀장님께서 일전에 주신 프로젝트 보고서 작성 가이드라인이 이해가 안돼요. 무슨 뜻인지 잘 모르겠고 목차에 논리도 없어요.

이 팀장 : 일단 자료를 보충해 가면서 수정·보완하자고. 박 책임 이야기도 들어봐야 하고, 몇 차례 더 수정작업도 거쳐야 하고…… 무엇보다 시간이 얼마 남지 않았잖아.

신 파트장 : 팀장님, 가이드라인하고 목차 잡으실 때 무슨 생각이 있으셨을 거 아니예요?

이 팀장 : (화가 머리 끝까지 났지만 신 파트장이 어떻게 나올지 두고 보기로 한다) ……

신 파트장 : 팀장님, 사실 저는 이번 프로젝트 보고서 작성하는 데 인볼브되는 거 싫습니다. 일단 이 일에 애정이 안갑니다. 가능하시면 이번 일에서 저 빼주시면 안될까요?

이 팀장 : 이번 프로젝트에는 자네가 참여하고 싶다고 먼저 나한테 부탁해서 진행한 거 아닌가? 프로젝트 마감일이 다 와 가는데, 이제 와서 갑자기 그만두고 싶다니 황당하네. 일단 하루 더 생각해 보고 내일 아침에 자네 의견을 전달해 주게. 가능하면 심기일전해서 다시 해보자구.

신 파트장 : 아닙니다. 죄송합니다. 그런데 정말 이번 건은 애정이 안가고 하기 싫습니다.

이 팀장 : 그래! 자네가 정 그렇다면 할 수 없지. 이번 일에서 빠지게. 지금까지 진행한 자료는 박 책임한테 넘겨주고.

위의 사례에 대한 다음 질문에 대하여 각자의 생각을 정리하고, 자신의 의견을 팀원들과 공유하시오.

① 신 파트장은 갑자기 왜 그만두겠다고 하는지, 그 이유는 무엇이라고 생각하는가? 당신이 신 파트장이라면 어떻게 이 팀장에게 자신의 의견을 표현할 것인가?
② 자신이 이 팀장이라면 이번 일을 어떻게 처리하겠는가?
③ 사회·경제 환경의 변화에 따라 인간관계를 잘 하기 위해 의사소통에서 필요한

것은 무엇이라고 생각하는가? 자신의 의사소통 노하우는 무엇인가?

직장에서 상사나 동료, 혹은 부하(후배)와의 사이에 의사소통이 잘 이루어져 상호 간에 정보를 공유하고 마음을 나누게 된다면 팀워크는 높아지고 그로 인해 조직성과도 향상될 것이다. 그러나 조직에서의 의사소통이 쉽지만은 않다. 직장은 연령이나 하는 일, 배경, 가치관, 성격 등에서 차이를 나타내는 다양한 구성원들로 이루어져 있으므로 동일한 내용을 제시하더라도 각자 다르게 받아들이고 반응하기 때문이다.

세계경제포럼에서는 〈미래직업 전망〉이라는 보고서를 통해 직무 수행과 관련된 핵심역량에 대해 발표한 바 있다. 이 리포트에 따르면 언어적 표현, 독해, 문서작성, ICT 활용과 ICT 윤리, 적극적 경청, 설득과 같은 커뮤니케이션 능력을 중요한 직무관련 핵심역량에 포함시키고 있다. 사람들이 모여 일하는 직장과 사회에서는 시대와 환경을 막론하고 소통의 중요성은 변하지 않을 것이다. 결국 인간과 인간의 관계는 소통을 통해서 이루어지고 완성된다.

표 1-3 핵심역량

능력	기본 스킬	다기능 기술(Cross-functional Skills)	
인지적 능력 • 인지적 유연성 • 창의성 • 논리적 추론 • 수학적 추론 • 문제민감성 • 시각(개념)화	**콘텐츠 스킬** • 적극적 학습 • 언어적 표현 • 독해 • 문서작성 • ICT 활용 · 윤리	**사회적 스킬** • 타인과의 조화 • 감성지능 • 협상 • 설득 • 서비스정신 • 타인 지도 · 교육훈련	**자원관리 스킬** • 재무적 자원관리 • 물적 자원관리 • 인적자원관리 • 시간관리
신체적 능력 • 체력 • 숙련도 · 정밀도	**프로세스 스킬** • 적극적 경청 • 비판적 사고 • 자기성찰과 타인관찰	**시스템 스킬** • 판단과 의사결정 • 시스템 분석 **복잡한 문제해결 스킬** • 복잡한 문제해결 스킬	**기술적 능력** • 장비유지보수 • 장비운용 · 통제 • 프로그래밍 • QC • 기술 및 사용자 경험 디자인 • 고장수리

자료 : The Future of Jobs : Employment, Skills and Workplace Strategy for the Forth Industrial Revolution, World Economic Forum, 「core work-related skills」, Jan. 2106, 21.

2) 환경변화에 따른 소통방법

최근 세계화 · 정보화에 따라 산업 간 지식 · 정보 · 기술의 교류가 활발해지고 있다. 또한, 시 · 공간의 제약을 뛰어 넘는 페이스북, 트위터, 카카오톡, 라인, 밴드와 같은 다양한 SNS(Social Network Service)가 보편화되면서 언제, 어디서나, 누구와도 실시간으로 소통할 수 있는 시대가 되었다.

이러한 사회 · 경제 전반의 환경변화로 인해 의사소통 빈도가 시 · 공간적으로 확대되었고, 이에 따라 의사소통의 중요성이 더욱 커지고 있다. 그러나 의사소통의 중요성이 커지고 소통 채널의 다양성과 편리성이 증진되었음에도 불구하고 여전히 소통으로 인한 잡음이 끊이질 않는다. 오히려 SNS 등의 모바일 채널을 통한 소통문화가 확산되면서 상하 간, 동료 간의 대화 단절뿐만 아니라 가족이나 다양한 사회적 관계에서의 대화 단절이라는 사회적 문제를 낳고 있다. 또한, SNS 피로감, 개인 프라이버시 침해, 불법정보 유포, 소셜 커머스 피해, 스마트폰 중독 등과 같은 부작용으로 막대한 사회적 비용이 발생하고 있다.

의사소통 환경변화에 따라 사회생활에서도 다음과 같은 소통의 필요성이 증진되었다. 먼저, 사회가 수직조직에서 수평조직으로 변화되고, 여성의 사회진출 확대와 더불어 청년세대가 경제의 주요 세력으로 자리매김함에 따라 권위적이고 일방적인 소통방식에 대한 저항이나 반발심리가 높아지고 있다. 따라서 상대방을 파트너로 인정하고 존중하는 자세와 함께 상대방에 대한 배려를 전제로 한 품격(品格) 있는 대화를 하는 것이 가장 중요하다. 말은 사람의 인격을 표현한다.

둘째, 디지털 매체를 통한 소통이 증가함에 따라 얼굴을 마주보며 대화하는 시간과 빈도가 줄어들고, 이에 따라 정서적 교류와 공감이 감소되고 있다. 따라서 디지털 시대일수록 얼굴을 마주보며 소통하는 면대면(face to face) 대화시간을 늘리고, 손 편지와 같은 예전의 아날로그 소통방식을 활용하는 것이 더욱 필요해졌다.

셋째, 문자나 단문(短文) 위주의 디지털매체를 통한 실시간 의사소통이 증가함에 따라 즉각적인 반응이나 피드백의 중요성이 커졌다. 자신의 글에 대한 반응('좋아요'와 같은 반응을 포함해 리플을 다는 것 등)이 늦어지거나 없을 경우 오해와 갈등을 초래하기도 한다. 가능한 바로 바로 피드백하는 것이 필요한 시대이다.

넷째, 스마트폰에서 눈을 떼지 못하는 스마트폰 중독현상이 확산되고 있다. 직장에서는 물론이고 가정에서도, 길거리에서도 온통 스마트폰에 집중을 한다. 이에 따라 SNS피로감이 증가하고 사회적 관계 단절이라는 폐해도 발생하고 있다. 따라서 각자 디지털 프리타임(free time)을 정하여 일정 시간에는 스마트폰을 멀리하는 습관을 들이는 것이 필요하다. 디지털 프리타임에 자기와의 대화시간을 갖거나, 책을 읽는 것도 좋은 방법이다.

끝으로, 세계화에 따라 국제공용어인 영어를 습득하고, 최근 국제사회에서 중요성이 날로 높아지고 있는 중국어를 학습하는 것도 청년세대들에게 중요한 시대가 되었다. 이는 국내의 취업환경이 제한된 상황에서 세계화시대에 넓어진 해외 취업기회의 확대를 위해서도 꼭 필요한 일이다.

3. 커뮤니케이션의 정의와 유형

1) 커뮤니케이션의 정의와 목적

(1) 커뮤니케이션의 정의

의사소통이라고 번역되는 커뮤니케이션의 어원은 '공통의(common)' 또는 '공유(share)'라는 뜻의 라틴어 '커뮤니스(communis)'에서 유래되었으며, 공동체 또는 지역사회라는 뜻을 가진 영어의 '커뮤니티(community)'라는 단어와 그 뿌리를 같이 한다.

커뮤니케이션은 '전달자와 수신자 사이의 정보 교환 및 의미의 전달 과정' 또는 '상징을 통한 정보나 의사의 전달 과정'이라고 정의한다. 커뮤니케이션에 대한 다양한 정의를 살펴보면 다음과 같다.

- 다른 사람에게 의미를 전달하는 과정이다.
- 두 사람 사이에 감정, 태도, 신념, 생각, 사실 등을 전달하는 과정이다.
- 메시지를 주고받는 과정이다.
- 두 명 이상의 관계당사자들이 언어적 또는 비언어적 방법을 통해서 서로의 의사와 감정을 전달하고 반응을 주고받는 과정이다.

- 모든 방법을 동원하여 사람들이 서로 간에 영향을 주고받으며, 서로를 이해해 나가는 과정이다.

이와 같은 커뮤니케이션에 대한 다양한 정의를 토대로 소통이 가지고 있는 속성을 살펴보면 다음과 같다.

- 두 사람 이상의 사이에서 발생한다.
- 상호작용이다.
- 메시지(생각과 감정, 정보와 의견, 의미)를 교환하는 과정이다.
- 언어적 · 비언어적 상징을 통하여 전달된다.
- 상호 이해를 목적으로 한다.

이를 토대로 커뮤니케이션의 중요한 시사점을 알 수 있다. 먼저, 커뮤니케이션에 대한 정의에서는 '상호작용, 교환'의 개념이 중요한 요소로 제시된다. 즉, 커뮤니케이션의 결과나 효과성은 전달자, 혹은 수신자의 어느 일방에 의해서 결정되는 것이 아니라 커뮤니케이션에 참여한 관계자 모두에 의해서 결정된다는 것이다. 이는 커뮤니케이션(communication)의 'co-'는 접두어로서 'with, together', 즉 '함께, 같이'의 의미를 가지는 것에서도 찾아볼 수 있다. 혹시 내가 그렇게 할 의도가 전혀 없었음에도(부호화, encoding) 상대방이 다르게 느끼고 해석(decoding)했다면 상호 의미 인식의 불일치로 갈등과 오해를 가져올 수 있다. 아울러 피드백의 결핍과 지연, 또한 소통을 가로막는 주요 원인이 되기도 한다.

두 번째로 커뮤니케이션의 대상은 메시지로서 메시지는 사실, 자료, 정보, 의견과 같은 객관성을 요구하는 메시지와 생각, 의미, 감정, 느낌과 같은 주관성이 내포된 메시지로 구분된다는 것이다. 이 두 가지 메시지는 개별적으로 교환되는 것이 아니라 대부분 복합적으로 교환된다. 즉, 효과적 커뮤니케이션을 위해서는 객관성뿐만 아니라 정서적 주관성이 함께 요구된다는 것이다. 원활한 소통을 위해서는 논리와 감성, 머리와 가슴(마음)이 동시에 요구된다.

세 번째로 메시지의 전달 경로가 매우 다양하고 복잡하다는 것이다. 가장 기본적인 전달매체는 말과 글로 교환되는 언어적 상징이지만 표정, 눈 맞춤, 제스처, 자세와 같은 비언어적 상징과 어투, 음색, 억양과 같은 의사언어, 공간과 시간이 내포하는 심리적 상징이 있다. 또한, 스마트폰, SNS, 전자메일과 같은 디지털 매체 등 메시지의 전달 경로가 정보통신기술이 발달함에 따라 더욱 다양화되고 복잡해지고 있다. 이에 따라 매체 접근·활용능력의 차이로 인한 커뮤니케이션의 장애가 세대 차이를 중심으로 발생하고 있다.

마지막으로 커뮤니케이션의 목적은 '상호 이해'라는 것이다. 서로를 이해하기 위해서 필요한 것은 무엇일까? 여기서 '이해한다'를 영어로 표현하면 'understand'이다. 이는 'under + stand'로 나누어 볼 수 있는데, '거꾸로 선다'는 것은 '입장을 바꾸어 생각한다'는 의미로 해석할 수도 있다. 즉, 서로를 이해하기 위해서는 상대방의 입장이 되어 한번 더 생각해보는 지혜가 필요하다는 의미이다. 너무 일반적이고 고전적인 이야기이지만 커뮤니케이션의 진리이고 상식인 것, 역시 사실이다. 그리고 자기중심적이며 이기적인 인간의 본질적 특성상 '역지사지(易地思之)가 쉽지 않은 것 또한 부인할 수 없다. 그래서 소통이 어려운 것이기도 하다.

(2) 커뮤니케이션의 목적

커뮤니케이션의 목적은 크게 설득, 정보 제공 및 공유, 동기부여의 세 가지로 구분할 수 있다.

① 설득

설득이란 상대방의 가치관이나 신념, 태도를 자신이 의도하는 방향과 일치하도록 변화시키거나 재강화(reinforce)하는 것이다. 이를 통해 상대방으로 하여금 자신이 주장하는 바를 믿고 따르거나 특정 행동을 하도록 한다. 대표적인 설득 커뮤니케이션으로는 기업의 경영 실적과 미래 전망에 대해 포괄적인 정보를 투자가들에게 제공하여 기업의 자금 조달을 원활하게 하는 활동인 IR(Investor Relation)이 있다. 이 외에 프로젝트 수주를 위한 제안 프레젠테이션, 상사의 결재를 얻기 위한 비즈니스 문서, K-팝과 같은 각종 오디션 프로그램, 토의 참여자들의 정책 소견 발표, 구직 면접 등을 들 수 있다.

② 정보 제공 및 공유

정보 제공 및 공유를 위한 커뮤니케이션은 상대방에게 사실이나 데이터, 정보,

지식 등을 제공하고 공유함으로써 상대방으로부터 새로운 아이디어나 피드백을 얻고자 하는 것이다. 대표적인 정보 제공 · 공유 커뮤니케이션으로는 공지사항 전달을 위한 미팅이나 문제에 대한 원인과 해결방안을 모색하기 위한 각종 아이디어 회의를 들 수 있다. 이 외에 학습조직 활동, 워크숍 및 강의 등을 들 수 있다.

③ 동기부여

동기부여를 위한 커뮤니케이션은 상대방에게 열정과 의욕, 즐거움을 불러일으키기 위해 하는 것이다. 대표적인 동기부여 커뮤니케이션은 상대방에 대한 칭찬, 지지, 격려와 같은 긍정적인 말을 통하여 "살맛나는 세상이다", "그래, 해야 할 일이라면 제대로 잘해내야지"와 같은 열정의 에너지를 불러일으키는 것이다. 이외에 시무식, 종무식에서의 스피치, 각종 격려사, 결혼식 주례사, 각종 모임에서의 건배사 등이 이에 속한다.

2) 커뮤니케이션의 유형

커뮤니케이션의 유형은 기능별 유형과 대상별 유형으로 나누어 볼 수 있다.

(1) 기능별 유형

기능별 유형은 말하기, 읽기, 글쓰기 그리고 듣기의 네 가지로 구분할 수 있다.

① 말하기

어떤 현상과 사실에 대한 자신의 생각과 느낌, 의견을 간단명료하게 표현하는 말하기(speaking) 능력이 필요하다. 말하기 능력은 결론과 근거를 중심으로 전달하고자 하는 내용을 3분 이내에 발표하는 연습을 통해 개발할 수 있다. 이를 '엘리베이터 테스트'라고도 한다.

② 읽기

자신의 업무분야뿐만 아니라 사회 · 인문학적 관점의 다양한 독서를 통해 지식과 인식의 지평을 넓혀가는 읽기(reading) 능력이 필요하다. 대화의 소재가 다양하고 깊이가 있는 사람일수록 소통이 원활하다. 이를 위해 '책을 항상 가지고 다니는 습관'이 중요하다. 시공을 초월하여 책 속에서 많은 현인과 지성들과 대화하는 것은 자신의 성장과 발전에 커다란 영향을 미친다.

③ **글쓰기**

어떤 현상과 사실에 대한 자신의 생각과 느낌, 의견을 간단명료하게 글로써 표현하는 글쓰기(writing) 능력이 필요하다. 글쓰기 능력은 아무리 많은 전달내용이라도 이것을 한 페이지로 작성(One page 보고서)하는 연습을 통해 개발할 수 있다.

④ **듣기**

상대방의 생각과 느낌, 의견을 경청하고 공감, 이해하는 듣기(listening) 능력이 필요하다. 듣기 능력은 말하고 싶은 욕구를 제어하는 인내와 끈기가 필요하다. 듣기는 효과적 소통을 위한 가장 중요한 습관이지만 현실적으로 실천하기가 가장 어렵고 잘 안 되는 행동이다.

(2) 대상별 유형

대상별 유형은 자기와의 대화와 타인과의 대화로 나누어 볼 수 있다.

① **자기와의 대화**

흔히 의사소통을 이야기할 때는 타인과의 대화를 이야기하지만 사실 이에 못지않게 자기와의 대화(self talk) 또한 중요하다. 가끔은 바쁜 일상 속에서 멈추어 자신과의 내면 대화를 통해 삶을 반성하고 성찰하는 습관이 꼭 필요하다. 자기와의 대화 주제는 상황에 따라, 시간에 따라 달라진다. 다음의 세 가지 질문은 청년세대에게 중요한 질문이라고 생각한다.

- 20대, 30대 무엇을 할 것인가? 그것을 하고자 하는 이유는 무엇인가?
- 내가 가장 잘 할 수 있는 것은 무엇인가?
- 나의 인생에 영향을 끼친(끼치고 있는) 사람(멘토)은 누구인가?

② **타인과의 대화**

사회적 동물인 인간이 공동체의 일원으로 함께 어울려 살아가기 위해서 다른 사람에게 상처를 주지 않도록 말을 조심하는 것은 중요하다. 이를 위해 네 가지의 인이 필요하다. 먼저 인정할 인(認)이다. 나만큼 소중한 존재인 타인을 온전히 한 사람의 인격체로서 인정하고 존중하는 것은 모든 관계의 출발점이다. 두 번째, 세 번째 인은 안으로 인(in)과 끌어낼 인(引)이다. 타인과의 대화에서는 처음부터 나의 의견을 얘기하고 조언하는 것보다는 상대방의 마음 안으로 들어가 그 사람의 정서를 헤아리고 느낌에 공감하고, 그 사람의 생각과 의견을 끌어내는 것이 중요하다. 마지막 인은 참을 인(忍)이다. 남의 마음속으로 들어가 그 사람의 느낌을 공감하고 의견을 끌어내는 것, 다시 말해 남의 이야기에 관심을 가지고 집중해서 듣는다는 게 말처럼 쉽지 않은 정말 어려운 일이다. 말하고 싶은 욕구를 참는 것은 타인과의 대화에서 매우 중요하다. 우리 대부분은 말을 너무 많이 해서 소통에 실패한다.

토의 1.3

"나는 매일같이 긴 일기를 씁니다. 어렴풋이 생각했던 것도 글을 쓰면 또렷해집니다. 일기를 쓸 때 꼭 재작년과 작년의 오늘 날짜 일기를 읽어보고 나서 씁니다. 그래야 제 생각이 후퇴하고 있지 않나 살펴볼 수 있기 때문입니다." 1920년생인 김형석 연세대 명예교수의 이야기이다. 그는 여전히 강연 · 집필과 같은 지적 작업을 계속하고 있다. 세상에 공짜는 없다. 무엇이든 잘 하기 위해서는 관심을 가지고, 목표를 설정하고 꾸준히 실행하는 것이 중요하다. 다음 각 질문에 대한 자신의 의견을 정리하고, 그 결과를 팀원과 공유하시오.

① 말하기, 읽기, 글쓰기, 듣기와 관련된 자신의 의사소통능력을 다음 기준에 따라 평가하고 그 이유를 이야기하시오.

평가기준 : ○ (잘 한다) △ (보통이다) × (부족하다)

영역	자기평가	평가 이유
말하기		
읽기		
글쓰기		
듣기		

② 자신의 내면과 마주하여 대화해야 할 주제는 무엇인가? 그리고 타인과의 대화에서 어려운 점은 무엇인가?

영역	의견
자기와의 대화주제	
타인과의 대화에서 어려운 점	

③ 영어를 기본으로 하여 중국어나 기타 외국어에 대한 자신의 능력을 ①번 항목의 기준에 따라 평가하고 어떻게 외국어를 학습하고 있는지, 앞으로의 외국어 능력 향상방법은 무엇인지에 대해 이야기하시오.

영역	자기평가	외국어 학습방법
영어		

Chapter 02 리더의 덕목과 커뮤니케이션

Chapter 02 리더의 덕목과 커뮤니케이션

학습 목표

권력의 원천과 유형에 대해 설명한 후, 리더로서 갖추어야 할 윤리, 섬김, 진정성의 세 가지 덕목에 대하여 학습한다. 그리고 리더의 커뮤니케이션에 대해 대인 커뮤니케이션, 비즈니스 커뮤니케이션, 결정적 순간의 STAR 대화법으로 나누어 연구한다.

1. 권력의 원천과 유형을 설명할 수 있다.
2. 리더로서 갖추어야 할 덕목 세 가지를 설명할 수 있다.
3. 대인 커뮤니케이션의 다섯 가지 원리를 적용할 수 있다.
4. 비즈니스 커뮤니케이션의 방법을 적용할 수 있다.
5. 결정적 순간의 STAR 대화법을 적용할 수 있다.

1. 권력의 원천과 유형

1) 권력의 원천

리더는 다양한 권력의 원천을 통해 구성원과 상호작용하고 영향을 미친다. 프렌치와 레이븐은 권력의 원천으로 다음과 같은 다섯 가지를 제시하였다. 먼저, 합법적 권력(legitimate power)이 있다. 이것은 법이나 조직의 규정에 따라 특정 직위에 부여되는 공식적인 권력으로 권한(authority)이라고도 한다. 합법적 권력은 법과 규정에 의해 권한의 범위와 유효기간이 정해져 있는 한시적 개념이다. 즉, 특정 직위에서 물러나는 순간 그 직위에 부여되는 모든 권한이 사라져 버린다. 권불십년(權不十年), 화무십일홍(花無十日紅)과 같은 말이 나오는 이유이다.

둘째, 보상적 권력(reward power)이다. 이는 다른 사람이 원하는 것을 보상해 줄 수 있는 자원과 능력이 있을 때 발생한다. 성과평가 · 승진 · 전환배치와 같은 인사 권한은 대표적인 보상적 권력이다. 당근으로 사람에게 영향을 미치는 것이다. 셋째, 강압적 권력(coercive power)은 다른 사람이 원하지 않는 것을 할 수 있는 자원과 능력이 있을 때 발생한다. 낮은 인사고과, 원하지 않는 직무부여와 전환배치, 승진

누락, 명예퇴직자 선정 등의 인사상 불이익은 대표적인 강압적 권력이다. 채찍을 가지고 사람에게 영향을 미치는 것이다. 합법적 권력이 클수록 보상적 권력과 강압적 권력 또한 커진다. 권력의 집중화 현상이 발생하는 이유이기도 하다. 넷째, 전문적 권력(expert power)은 특정 분야의 전문적 지식이나 기술 · 경험, 또는 독점적 정보를 보유함으로써 발생하는 권력이다. 차별적 전문성을 바탕으로 전문적 권력을 행사하는 것이다. 끝으로, 준거적 권력(referent power)은 존경과 신뢰로부터 나오는 권력이다. 사람들은 자신이 본받고 싶어 하는 사람을 준거(기준 · 역할모델)로 삼아 그(녀)를 닮고자 하며, 이때 준거적 권력이 발생한다.

2) 권력의 유형

이러한 권력은 〈표 2-1〉과 같이 지위권력(position power)과 개인권력(personal power)의 두 가지 유형으로 구분할 수 있다. 지위권력은 조직 중심적 권력으로 합법적 · 보상적 · 강압적 권력이 이에 해당한다. 개인권력은 조직에서의 직위와 관계없이 개인적 품성과 역량에 기반한 권력으로 전문적 · 준거적 권력이 이에 해당한다. 지위권력은 누군가로부터 위임받은 것인 반면, 개인권력은 본인 스스로 노력하고 개발한 결과 획득한 것이다. 위임된 지위권력은 언제든 회수될 수 있지만, 개인권력은 개인에게 귀속된 특성이므로 시공을 넘어 유지된다. 물론 개인권력도 지식의 진부화나 결정적 실수로 인하여 물거품처럼 허망하게 사라질 가능성 또한 존재한다. 개인에 대한 평가가 하루아침에 뒤바뀌는 경우가 허다한 이유이다.

표 2-1 권력의 유형

지위권력	개인권력
• 합법적 권력 • 보상적 권력 • 강압적 권력	• 전문적 권력 • 준거적 권력

토의 2.1

유명한 것(명성)도 권력이다. 돈도 권력이며, 관계도 권력이다. 명성 · 금권(경제력) · 관계의 세 가지 권력 원천과 프렌치와 레이븐의 다섯 가지 권력 원천에 대한 다음 질문에 대해 팀원과 토의하시오.

① 한국사회지도층의 권력은 주로 어디에서 나온다고 생각하는가? 구체적인 사회지도층 집단이나 개인을 선정하여 그 권력의 원천을 분석해 보시오.
② 대학교가 직면한 한국의 현실 속에서 교수의 권력은 어디에서 나온다고 생각하는가? 대학교가 직면한 현실과 관계없이 교수의 권력 원천은 어디에 기반해야 한다고 생각하는가? 이에 대한 의견을 각각 제시하시오.
③ 자신은 현재 어떤 권력을 어느 정도 보유하고 있다고 생각하는가? 그리고 미래 어떤 권력을 통해 어떤 삶을 살고 싶은지, 자신의 미래 진로와 관련하여 원하는 미래 권력 원천에 대한 의견을 제시하시오.

2. 리더의 덕목

우리 사회는 보다 높은 수준의 도덕적 엄격성을 요구하고 있다. 하루가 멀다 하고 발생하는 각종 비윤리적 범죄와 비상식적 병리현상은 사회불안을 조성하고 공동체의식을 훼손하고 있다. 특히, 사회지도층의 비윤리적 · 비상식적 행동은 그 파급효과가 훨씬 크게 나타난다. 조직의 리더는 조직구성원의 삶에 많은 영향을 미친다. 자리가 높아질수록 영향력의 범위가 확대될 뿐만 아니라 강도 또한 기하급수적으로 강화된다. 리더가 될 만한 사람이 리더 자리에 앉아야 조직이 평안하고 안정된다. 윤리, 섬김, 진정성과 같은 리더십 덕목이 절실한 이유이다.

1) 리더와 윤리

윤리는 인간이 사회를 구성하고 살아가는 데 있어 마땅히 지켜야 할 가치, 또는 도리를 말한다. 윤리는 특정 상황에서 '무엇이 옳고 그른지'를 판단하는 지침을 제공한다. 노스하우스(2013)는 리더의 윤리성에 대해 타인존중, 공정성, 공동체 구축 등의 차원으로 나누어 설명한다.

(1) 타인존중

칸트(1734~1804)는 다른 사람을 존경심을 가지고 대하는 것은 인간의 도덕적 의무라고 주장하였다. 이는 '인간 자체가 목적이어야 하고, 수단이 되어서는 안 된다'는 것을 의미한다. 조직에서 살아남기 위해 누군가를 폄훼하고 출세나 승진을 위해 다른 사람을 수단으로 이용하는 사람은 리더가 되어서는 안 된다. 지나친 권모술수는 부메랑이 되어 언젠가는 자신을 향하게 되어 있다.

(2) 공정성

공정성은 어떤 행위에 대해 '공정한가'를 결정하는 구성원의 주관적 판단(지각)이다. 공정성은 〈표 2-2〉에서와 같이 분배공정성, 절차공정성, 정보공정성, 그리고 상호작용공정성의 네 가지로 구분할 수 있다. 리더는 공정성의 네 가지 차원에 따라 공정하게 일을 처리하고, 공정하게 사람을 대해야 한다.

표 2-2 공정성의 네 가지 차원

구분	내용
분배공정성 (distributive justice)	• 분배 결과에 대한 구성원의 공정성 인식 • 예를 들어, 임금 · 승진 · 인사고과 등과 같은 보상 결과에 대한 구성원의 공정성 인식이다. • "분배 결과에 대해 구성원이 공정하다고 인식하는가?"
절차공정성 (procedural justice)	• 의사결정과정에서의 절차나 적용된 규칙에 대한 구성원의 공정성 인식 • 결과뿐만 아니라 "어떻게 결정되었는가?"도 중요하다. • "의사결정이 공정한 절차와 규칙에 따라 이루어졌다고 인식하는가?"
정보공정성 (informative justice)	• 정책 · 보상의 결정이나 실행과정에서의 정보공유에 대한 구성원의 공정성 인식 • "의사결정과정에서 모든 정보가 구성원에게 공유되고 공정하게 적용되었다고 인식하는가?"

구분	내용
상호작용공정성 (interactional justice)	• 정책 · 보상 · 절차의 결정과정이나 실행과정에서의 인간적 처우에 대한 구성원의 공정성 인식으로, 공정성의 사회 · 심리적 측면을 중시 • "의사결정과정이나 실행과정에서 구성원들이 차별 없이 인간적으로 공정하게 대우받았다고 인식하는가?"

(3) 공동체 구축

인간행동의 기제는 이기심이다. 리더의 이기적인 행동은 리더와 생각이 다른 개인이나 집단에 대한 배타적 행동으로 나타나 구성원 간 갈등을 유발하고 조직의 분열현상을 초래한다. 리더는 자기를 추종하는 내 편(in group)의 이익만을 지향하는 '편 가르기식'의 편향적 리더십에서 벗어나 조직의 공동선이나 공공의 이익에 관심을 두어야 한다. 이를 위해 리더는 자신의 생각 · 의견과 다른 남의 편(out group)일지라도 시간이 경과함에 따라 그(들)을 내 편(in group)으로 편입할 수 있어야 한다. 리더는 구성원보다는 보다 높고 넓은 시각을 가지고 그(들)를 포용하여 '우리는 하나'라는 공동체를 구축해야 한다. 그래야 리더다.

2) 리더와 섬김

리더의 섬김의식은 서번트리더십과 관련이 깊다. 서번트리더십은 리더들이 "조직과 사회를 위해 무엇을 해야 하는가?"에 대한 성찰의 결과로 "노블레스 오블리주(Noblesse oblige)를 실천해야 한다"는 규범적 관점을 유지한다. 노블레스 오블리주는 사회지도층에게 요구되는 '높은 도덕성과 사회적 책임'을 이르는 말이다.

그린리프(2006)는 저서 〈서번트리더십 원전〉에서 "올바른 삶을 살겠다. 이 사회의 혜택을 받은 만큼 혼신의 힘을 다해서 사회를 섬기겠다"라고 다짐하며, "문명사회는 혜택받은 사람에게 더 많은 책임을 요구하는 법이다. 또한, 이런 원칙을 지킬 때 더욱 큰 성취를 이룰 수 있는 법이다. 재산이나 교육이나 어떤 형태로든 이점(利點)을 지닌 사람이라면 그 이점이 공공의 이익증진을 위해 쓰여야 한다"고 주장하였다.

서번트리더십은 인간존중을 바탕으로 구성원의 욕구를 충족하고 그들이 잠재력을 발휘할 수 있도록 봉사와 헌신으로 솔선수범하는 실천의 리더십이다. 상대적으로 많은 지식이나 경험 · 명예 · 부 · 기회 등을 가진 혜택받은 사람들이 자신보다 사회적 약자들을 섬김으로써 공동체의 행복과 번영을 이루자는 것이다. 서번트 리더는 구성원의 장기적 성장을 지원하는 데 커다란 의미를 둔다. 서번트리더십은 이타심을 핵심으로 하며, 이타심은 주어진 것에 대한 감사의 마음이 선행되어야 가능하다. 리더는 늘 이기심과 이타심의 균형을 유지하도록 조심하고 성찰해야 한다.

3) 리더와 진정성

진정성은 내로남불(내가 하면 로맨스, 남이 하면 불륜)하지 않는 가치와 신념의 일관성을 의미한다. 진정성 있는 리더는 상황과 사람을 판단할 때 동일한 가치와 기준을 적용한다. 이는 자신을 평가할 때도 같은 잣대를 가지고 판단한다는 것을 의미하며, 자기합리화의 오류에 빠지지 않는다는 것이다. 최고의 진정성은 자신을 속이지 않는 것이다. 이러한 개념은 진성리더십 이론의 기반을 이룬다.

와룸브와 등(2008)은 진성리더십의 네 가지 차원으로 자기인식, 내면화된 도덕적 신념, 관계의 투명성, 균형 잡힌 정보처리를 제시하였다. 각 차원에 대한 내용을 〈표 2-3〉에 정리하였다.

표 2-3 진성리더십의 네 가지 차원

구분	내용
자기인식 (self-awareness)	자신에 대한 성찰을 의미한다. 이는 자신의 가치관, 정체성, 목표, 동기, 강점과 약점에 대하여 명확히 인식하는 것을 말한다. 체면과 같은 사회적 자아, 즉 가면(페르소나)을 벗고 진정한 자신을 발견하는 것이다. 여기에는 자신이 다른 사람에게 미치게 될 영향을 이해하는 과정도 포함한다.
내면화된 도덕적 신념 (internalized moral perspective)	자기규제(self-regulation)의 과정을 의미한다. 진정성 있는 리더는 자신의 가치관・신념과 일치하는 행동을 한다. 정직성을 최고의 가치로 설정하고 이를 지키기 위해, 남들보다 높은 도덕적 기준을 내면화하고 실행한다.
관계의 투명성 (relational transparency)	자신의 참된 모습을 정직하게 표현하고 다른 사람을 존중하고 배려하는 것을 의미한다. 자신의 긍정적인 측면뿐 아니라 부정적인 측면도 진솔하게 알리고 소통한다. 다른 사람의 감정을 살피고 존중하며 성장을 지원한다.

구분	내용
균형 잡힌 정보처리 (balanced information process)	의사결정을 할 때 객관적으로 정보를 분석하고, 다른 사람의 다양한 의견을 수집·반영하는 것을 말한다. 정보의 왜곡이나 생략, 검열(filtering) 뿐만 아니라 유의미한 정보를 공유하지 않음에 따른 정보의 비대칭성은 리더의 진정성에 심각한 영향을 미친다.

토의 2.2

H는 공공기관의 최고경영자로 70세가 넘은 노익장이다. 고위 공직자를 거쳐 국내 대기업의 임원과 대학 총장을 지낸 그는 현재의 직장에서도 열정적으로 일하고 있다. 1년 365일 중 350일 이상을 출근한다. 토요일, 일요일, 빨간색으로 표시된 공휴일? 그런 것 상관없다. 간부회의는 오전 7시 반에 실시한다. 회의에서 부서별 이슈와 현황을 디테일하게 챙기며 직원들을 쥐잡듯이한다. 그의 열정적 업무 추진에 따른 결과인지 조직의 매출이 올랐고, 직원들의 보고서 작성 실력과 브리핑 실력이 향상된 것 또한 부인할 수 없다. "당신, 이 따위를 보고라고 하는거야? 머리는 폼으로 달고 다녀? 이 따위로 일할 거면 한강물에 빠져 죽어라!" 오십 살이 넘은 간부직원에게 회의석상에서 그가 하는 말투이다. 회의 분위기는 안 봐도 비디오이다. 직원들은 2년 이상 지속되는 그의 이런 경영 스타일로 감정적 소진은 물론 정신적, 신체적으로 몹시 힘들어 하고 있다. 4차 산업혁명을 이야기하는 21세기에도 독한 리더는 우리 사회 곳곳에 퍼져 있다. 최근 대중매체를 통해 알려진 몰지각한 갑질의 다양한 행태를 봐도 알 수 있다.

① H의 리더십에 대해 윤리적 관점, 섬김의 관점, 그리고 진정성 관점에서 각각 분석하시오. 이에 대한 의견을 제시하시오.
② 리더십 성과를 무엇이라고 생각하는가? 리더십 성과 측면에서 H의 리더십에 대한 종합평가를 하고, 이에 대한 자신의 의견을 팀원과 토의하시오.
③ 조직의 생존과 성과 달성을 위해 리더는 어느 선까지 구성원들을 독하게 대할 수 있다고 생각하는가? 어떤 경우에도 리더가 해서는 안 되는 생각과 행동은 무엇이라고 생각하는가?

3. 리더의 커뮤니케이션

소통에는 두 가지 유형이 있다. 긍정적 소통(疏通)과 부정적 소통(疏痛)이 그것이다. 먼저 긍정적 소통(疏通)에서 소(疏)는 '트이다'는 뜻으로 '말을 트다', '물고를 트다' 등과 같이 쓰이는 경우이다. 통(通)은 '통하다'라는 뜻으로 '관통(貫通)하다', '정통(精通)하다' 등과 같이 쓰이는 경우이다. 즉, 소통(疏通)은 대화를 하고 난 이후에 상대방과 정보 및 의견의 공유뿐 아니라 감정과 느낌을 공감함으로써 상호이해의 폭을 넓히는 대화를 말한다. 커뮤니케이션의 본래 목적인 설득과 정보 공유, 동기부여를 가능하게 하는 소통(疏通)이다.

반면, 부정적 소통(疏痛)의 소(疏)는 '멀어지다'는 뜻으로 '관계가 소원(疏遠)해지다', '소홀(疏忽)이 대하다' 등과 같이 쓰이는 경우이다. 통(痛)은 '아프다'라는 뜻으로 '진통(陣痛)이 심하다', '통증(痛症)이 재발되었다' 등과 같이 쓰이는 경우이다. 즉, 소통(疏痛)은 대화를 하고 난 이후에 상대방에게 마음의 상처를 남기고 두 사람의 관계를 멀어지게 하는 대화를 말한다. 리더는 긍정적 소통을 해야 한다. 그럼에도 불구하고 사회생활, 직장생활에서는 여전히 부정적 소통이 더 많은 게 현실이다. 긍정적 소통을 위한 리더의 커뮤니케이션에 대해 대인 커뮤니케이션, 비즈니스 커뮤니케이션, 그리고 결정적 순간의 커뮤니케이션으로 나누어 알아본다.

1) 대인 커뮤니케이션

대인 커뮤니케이션은 일상생활 속에서 다른 사람과의 의사소통을 말한다. 주로 생각과 의견, 감정과 느낌 등의 교환을 목적으로 한다. 대인 커뮤니케이션을 원활하게 하기 위해서는 말 자르지 않기, 관심 유지하기, 평가 · 조언 · 충고 미루기, 핵심 파악하기, 그리고 표현하기의 다섯 가지 대화 원칙을 실천한다. 이것을 대인 커뮤니케이션을 위한 AMPOS 대화법이라고 한다.

(1) 말 자르지 않기

대화할 때는 상대의 말을 끊지 말고, 상대가 말을 마칠 때까지 기다리는 것이 기본 예의이다(Avoiding Interrupt). 상대방이 말을 하고 있는 중에도 습관적으로 "그런데~"하고 중간에 끼어들어 자기 말을 하는 사람이 있다. 이야기를 하고 있는 중간에 상대방으로부터 제지를 받고 기분이 좋을 사람은 없다. 말을 할 때는 다음의 원칙을 지킨다.

- "70%를 듣고 30%를 말한다"라는 원칙을 지킨다. 소통의 기본은 말을 잘 하는 것보다 잘 들어주는 것이다.
- 상대방의 말을 자르고 끼어들지 말고, 질문이 있으면 상대방의 말이 끝난 다음에 한다.

(2) 관심 유지하기

대화할 때에는 상대방의 말을 적극적으로 관심 있게 듣는 것이 필요하다(Maintaining Interest). 비록 자신이 알고 있는 이야기이거나 흥미가 없는 내용이라도 인내를 가지고 들어주는 노력을 한다. 이때 대화의 열쇠를 사용하면 도움이 된다. 대화의 열쇠란 상대방이 자유스럽게 자신의 감정이나 문제를 이야기할 수 있도록 유도할 수 있는 간단한 말들을 가리킨다. 대화의 열쇠는 상대방으로 하여금 계속 이야기할 수 있게 격려해 주고, 상대방은 당신과 더욱 친밀감을 느끼게 해준다. 대화의 열쇠로는 다음과 같은 표현이 있다.

> "오 그래?", "그래서?", "속상했겠네?", "그래서 어떻게 됐는데?","어디 한번 이야기 해 봐.", "한 번 들어 보자", "그것참 재미있는 생각인데.", "너한테는 아주 중요한 것 같은데."

(3) 평가 · 조언 · 충고 미루기

상대방이 이야기할 때 주의 깊게 듣지 않고 자신의 경험이나 동기에 근거하여 판단하고 평가하려는 사람들이 있다. 이들은 겉으로 보기에는 상대방의 말을 듣고 있지만(히어링), 머릿속으로는 다른 생각에 빠져 있다. 이들은 상대방이 말하는 사이에 자신이 말할 내용을 구상하거나, 상대방 말의 허점을 찾으려고 한다. 그러다 보니 상대방의 이야기를 왜곡하여 해석하거나, 주의 깊게 듣지 않아서 또 다시 질문을 하는 등 대화가 산만해진다.

대화할 때는 먼저 상대방의 감정과 상황, 의견을 파악하려고 노력한다. 그러기 위해서는 상대방에게 무슨 말을 해야 할지 미리 생각하지 않는다. 상대방의 이야기를 끝까지 듣고 나서 판단하고 평가한 이후에 조언 · 충고를 해도 늦지 않다(Postponing Evaluation). 내 머릿속이 복잡하면 다른 사람의 말에 집중할 수 없다.

(4) 핵심 파악하기

상대방의 말을 주의 깊게 경청하면서 상대가 말하고자 하는 핵심 내용이 무엇인지, 진짜 말하고자 하는 바(이면 메시지)가 무엇인지 등을 알아차리려는 의도적 노력을 해야 한다(Organizing Information). 이때 메시지의 내용뿐만 아니라 느낌에도 주의를 기울여 듣는다. 상대방이 하는 말의 핵심을 파악하기 위해 이해 반응의 말을 사용하는 것이 도움이 된다. 적절한 이해 반응으로는 다음과 같은 표현이 있다.

> "…한다는 것이 이해된다.", "내가 느끼기로는…", "네가 말한 것이 당신에게 어떤 의미가 있는지 알겠다.", "잘 이해하지 못했는데 다시 말해주겠니?"

(5) 표현하기

다른 사람의 이야기를 들을 때 아무런 반응을 보이지 않으면 말하는 사람은 자신의 이야기가 잘 전달되고 있는지에 대해 궁금해 하고 답답해 할 것이다. 그러므로 상대방이 이러한 느낌을 갖지 않도록 적절한 반응(reaction)을 보이는 것이 중요하다. 눈을 마주 보거나, 말로 반응을 보이거나 고개를 끄덕여 상대의 말을 적극적으로 듣고 있다는 것을 표현한다. 또한, 이야기 내용이 바뀔 때마다 얼굴표정에 변화를 주는 것도 필요하다(Showing Interest).

① 눈 마주침

몸을 앞으로 기울여 상대의 눈을 바라보면서 이야기를 듣는다.

② 음성 반응과 맞장구

상대방의 감정과 의도를 이해한다는 표시의 음성반응(humming)과 함께 상대방의 말에 적극적으로 맞장구를 친다.

(음성 반응) "아!", "와!", "으음", "응, 그렇구나", "세상에", "재미있네"
(맞장구) "맞아, 나도 그렇게 생각해", "나라도 그렇겠다", "그러게 말이야"

③ 고개 끄덕임

고개를 끄덕이는 것(nodding)은 상대방에게 "당신의 이야기를 경청하며 잘 이해하고 있다."는 긍정적 메시지를 전달한다.

2) 비즈니스 커뮤니케이션

비즈니스는 커뮤니케이션을 매개로 하여 이루어진다. 비즈니스 커뮤니케이션은 메시지의 교환을 통해 상대방을 설득함으로써 자신이 상대방으로부터 원하는 반응을 이끌어 내는 것이다. 비즈니스 커뮤니케이션의 효과성을 높이기 위해서는 무엇보다 메시지가 명확해야 한다. 명확한 메시지는 과제(이슈 · 테마), 반응 및 답변의 세 가지 요소를 갖추고 있다. 여기서 비즈니스 커뮤니케이션의 핵심이 되는 답변, 즉 전달내용은 결론과 근거, 그리고 방법의 세 가지를 제시한다.

(1) 과제

모든 비즈니스 커뮤니케이션은 과제(이슈, 테마)를 명확히 하는 것에서부터 출발한다. 자신이 '상대방(고객)에게 답변해야 하는 과제는 무엇인가?'를 질문으로 만들어 보는 것이 중요하다. 예를 들어, 경쟁사의 경영전략을 분석하여 보고하라는 상사의 지시사항을 질문으로 만들어 보면 "주요 경쟁사의 경영전략은 무엇인가?"이다. 이와 같이 질문을 정확히 제시할 수 있다면 과제를 명확히 인식하고 있는 것이다.

(2) 반응

비즈니스 대화에서 상대방에게 기대하는 반응은 크게 이해, 피드백, 그리고 행동의 세 가지가 있다.'이해'는 상대방에게 정보를 전달하고 공유하기 위한 것으로 공지사항 전달, 경영정보 공유 등이 이에 해당한다. '피드백'은 전달내용을 이해시킨 뒤에 그 내용에 대하여 상대방은 어떻게 생각하는지, 찬성하는지 반대하는지,

어떤 내용을 보완해야 하는지 등 상대방으로부터 어떤 의견이나 평가, 조언 등을 듣기 위한 것으로 시장조사 결과 보고회의, 경영전략회의 등이 이에 해당한다. '행동'은 전달내용을 이해시킨 뒤에 상대방이 실제로 어떤 조치를 취하게 하기 위한 것으로 업무 지시, 제안 프레젠테이션 등이 이에 속한다.

같은 과제라도 자신이 전달하는 내용을 상대방에게 '이해'시키기 위한 것인지, 상대방으로부터 어떤 '피드백'을 얻기 위한 것인지, 또는 실제로 어떤 '행동'을 하도록 하고 싶은지에 따라 전달내용의 깊이와 양이 달라지게 된다. 따라서 내용을 전달한 뒤에 '상대방으로부터 어떤 반응을 이끌어 내면 성공적일까?'를 자문자답해 보는 것이 필요하다.

(3) 답변

비즈니스 커뮤니케이션에서 상대방에게 전달해야 할 과제(테마)를 확인한 다음 커뮤니케이션의 결과 상대방에게 기대하는 반응을 확인하고 나서 '답변'의 내용을 구체적으로 생각하게 된다.

답변은 반드시 과제(테마)와 연결되어 있어야 하며, 결론, 근거 그리고 방법의 세 가지 요소로 구성된다. 이를 위해 다음 세 가지 질문에 대해 자문자답한다.

- 결론(So what?) : 과제에 대한 전달내용을 한마디로 표현(핵심)한다면 결국 무엇인가?
- 근거(Why so?) : 결론에 대한 근거는 무엇인가? 근거는 믿을 수 있고 타당성이 있는가?
- 방법(How?) : 구체적으로 어떻게 실행할 것인가?

한편, 답변은 그 내용에 따라 PREP 스토리라인이나 PRESO 스토리라인을 활용할 수 있다. 여기서 PREP 스토리 라인은 Point(결론, 핵심내용), Reason(근거), Example(예), Point(결론, 제안)의 첫 글자를 조합한 것이다. 또한, PRESO 스토리 라인은 Point(결론), Range(범주), Example(예), Solution(방법) 또는 Summary(요약), 그리고 Option(향후 진행사항)의 첫 글자를 조합한 것이다.

예시

1. 결근방

(과제) 지금부터 주요 경쟁 3사의 경영전략에 대한 분석 결과를 보고드리겠습니다.

(결론) 경쟁사의 경영전략은 고객, 제품, 가격 및 유통 차별화를 통해 매출액에서 1, 2, 3위를 달성하였습니다.

(근거) 먼저 목표시장(고객)에 대해 말씀드리면 A사는 40, 50대의 중·장년층을, B사는 30대의 커리어우먼을, C사는 10대 청소년층을 목표시장으로 하고 있습니다. 두 번째 제품 콘셉트를 말씀드리면, A사는 클래식 스타일의 고품격 남성 정장을, B사는 세미클래식 스타일의 여성복을, C사는 캐주얼 스타일의 아웃도어를 판매하고 있습니다. 세 번째로 가격에 대해서 말씀드리면…(중략)…입니다.

(방법) 이러한 분석 결과를 토대로 당사의 경영전략을 말씀드리겠습니다. …(중략)… 이상 경쟁사의 경영전략 및 당사의 향후 추진전략에 대한 보고를 마치겠습니다.

2. PREP

(Point) 이 상품 디자인은 시장에서 선풍적인 인기를 끌 것입니다.

(Reason) 왜냐하면 이 상품은 최근 전세계적으로 열풍을 불러일으키고 있는 유럽풍의 디자인 요소를 도입했기 때문입니다.

(Example) 지금 시장에서도 젊은 여성들에게 유럽풍 상품이 잘 팔리고 있습니다. 예를 들면 A라는 유럽풍 상품은 전년 동기대비 250%의 매출 신장을 보이고 있으며, 올해 출시한 유럽품의 B상품도 매월 45.6%의 급속한 매출성장률(최근 6개월 평균)을 보이고 있습니다.

(Point) 그러므로 이 디자인도 시장에서 인기를 끌 것으로 판단합니다.

3. PRESO

(Point) 지식정보시스템 도입에 따라 재무적으로 환산할 수 없는 뛰어난 경영성과를 이룰 수 있었습니다.

(Range) 지금부터 지식정보시스템 도입에 따른 20××년 경영성과를 조직 성과, 부서/팀 성과, 그리고 개인 성과 차원으로 나누어 말씀드리겠습니다.

(Example) 먼저 조직 성과로는 모든 구성원들이 비전, 목표, 전략을 공유함으로써 회사에 대한 로열티가 높아졌으며, 자율적 목표관리 문화가 정착되었습니다. 또한, 일의 추진현황과 결과가 수시로 모든 직원들에게 공개됨으로써 인사평가에 대한 불만이 전년도에 비해 25.5% 포인트가 감소되었습니다. 다음으로 부서/팀 성과를 말씀드리면…… (중략)……

(Summary) 이상의 내용을 한마디로 요약해서 말씀드리면 지식정보시스템 도입은 매우 성공적이라고 할 수 있습니다.

(Option) 향후 제기될 수 있는 지식정보시스템의 제한점을 잘 분석·보완하여 시스템이 조기 안정화될 수 있도록 노력하겠습니다.

3) 결정적 순간의 STAR 대화법

결정적 순간의 대화는 대화의 결과가 인간관계나 성과에 큰 영향을 미치게 될 때의 대화를 말한다. 다시 말해, 중요한 이슈에 대해 심각한 의견 차이나 대립이 있을 경우나 갈등으로 인해 감정이 폭발하기 직전 상황에서의 대화를 말한다. 결정적 순간에서 많은 사람들이 공격하거나 침묵·회피와 같은 어리석은 선택(fool's choice)을 함으로써 관계를 악화시킨다. 결정적 순간에서는 STAR 대화법을 적용함으로써 공격·침묵·회피의 유혹으로부터 벗어나야 한다.

- 공격 : 강하게 자기 주장만을 밀어 부친다. 화를 주체하지 못하고 막말을 쏟아낸다.
- 침묵·회피 : 이메일이나 문자, 음성메시지를 이용하여 의사를 전한다. 애써 상황을 외면한다.

(1) 멈춤

유능한 리더는 자신의 감정을 컨트롤할 줄 알아야 한다. 감정컨트롤을 잘하기 위해서 결정적 순간에는 반응을 멈추고(Stop) 화를 가라앉히는 것이 최우선이다. 두렵고 자존심 상하고 화가 치미는 등의 감정이 생겨난다면 잠시 대화에서 물러서 격해진 감정을 가라앉힌다. 어떤 경우에도 격한 감정에 휩싸이지 않도록 한다. 분노든 두려움이든 대화에 감정이 개입되면 좋은 결과를 얻을 수 없다.

- 잠시 대화를 멈춘다. 말을 하기 전에 열까지, 아니 적어도 셋까지 숫자를 세며 마음을 가다듬는다.
- 참기가 정말 어려우면 잠시 대화 장소를 벗어난다. 화장실에 가서 찬물로 얼굴을 씻으며 감정을 식히고 이성을 되찾는다.

(2) 대화목적 인식

유능한 리더는 대화의 과정에서 어떤 일이 일어나든 처음의 대화목적(Target)과 동기를 잊지 않는다. 결정적 순간에서 대화를 다시 시작하기 전에 '내가 진정 원하는 것이 무엇인지'에 대해 생각한다. 대화를 해나가는 중에도 대화의 목적이 무엇인지 끊임없이 자문한다.

- 내가 대화를 통해 진정으로 추구하는 것은 무엇인가?
- 가장 중요한 것은 무엇인가?
- 내가 원하지 않는 것은 무엇인가?
- 내가 이 대화를 통해 상대방에게 전달하고자 하는 것은 무엇인가?
- 나는 상대방과의 관계를 어떻게 가져가길 원하는가?
- 내가 원하는 성과를 얻으려면 어떤 식으로 행동해야 하는가?

(3) 자문자답

대화의 목적을 인식하였다면 이제 '상대방이 내게 왜 이렇게 무례하게 행동하는지'에 대해 자문자답해 본다(Ask).

- 합리적이고 예의 바른 사람이 왜 그런 행동을 할까?
- 상대방의 목적은 무엇일까?
- 상대방에게 중요한 것은 무엇일까?

(4) 대화규칙

평소 어떤 상황, 어떤 경우에도 "……은 하지 않겠다"는 대화의 규칙(Rule)을 스스로 정해 놓고 실천한다. 다음은 대화규칙의 예이다.

- 어떤 경우에도 강제하거나 회피하지 않는다.
- 상대방의 말을 끊지 않는다.
- 대화 중에 스마트폰을 보지 않는다.
- 감정이 격할 때는 대화를 멈추고 숨을 열 번 쉰다.
- 여러 사람 앞이나 면전에서 상대방의 자존감에 상처를 주는 말과 행동은 하지 않는다.

토의 2.3

말과 글은 사회생활과 직장생활에 많은 영향을 미치며, 개인의 품격이나 가치를 결정짓는 데 중요한 역할을 한다. 커뮤니케이션에 대한 다음 주제에 대해 팀원들과 토의하시오.

① '여자와 대화하는 방법'에 대한 다음의 영상자료를 시청한 후 대인 커뮤니케이션의 원리와 연계하여 설명하시오. 효과적인 대인 커뮤니케이션 방법에 대한 자신의 의견을 제시하시오.

▶ 영상자료 : https://www.youtube.com/watch?v=f3UvezeCvJI

② 비즈니스 커뮤니케이션을 위한 FABE 스토리라인에 대해 다음 자료를 참고하여 설명하시오. 구체적인 사례를 FABE 스토리라인에 따라 진술해 보시오.

▶ 참고자료 : http://blog.naver.com/PostView.nhn?blogId=mayiplanning&logNo=221063603015

③ 조직의 리더로서 고객이나 조직구성원들과 대화할 때 지켜야 할 가치나 규칙, 행동 등에는 무엇이 있는가? 이에 대한 자신의 의견을 팀원들과 토의하시오.

Chapter 03

커뮤니케이션 모델과 소통의 지혜

Chapter

03 커뮤니케이션 모델과 소통의 지혜

학습 목표

커뮤니케이션의 개념, 역사, 모델 등 커뮤니케이션의 현상과 본질에 대한 이해를 바탕으로 기본이 되는 커뮤니케이션의 이론과 기법을 학습한다.

1. 커뮤니케이션의 의의 및 기능을 설명할 수 있다.
2. 커뮤니케이션의 전통적 모델과 장애요인을 설명할 수 있다.
3. 대인관계에 도움이 되는 커뮤니케이션 기법을 적용할 수 있다.

1. 커뮤니케이션 모델과 구성요소

1) 커뮤니케이션의 모델

사회학자인 쿨리(Cooley)가 커뮤니케이션을 '인간관계가 존재하고 발전하게 하는 메커니즘(mechanism)'이라고 설명한 것도 같은 맥락이라고 할 수 있다. 인간은 커뮤니케이션을 하는 가운데 관계를 형성하고 발전시켜왔으며 이것은 우리의 문화와 역사로 이어져 오고 있다.

커뮤니케이션의 핵심은 '과정(process)'이라는 것이다. 정지되어 있는 단순한 행위가 아니라 시간의 경과와 함께 진행되고 나와 상대방이 상호 연결되는 하나의 행위라는 점이다. 커뮤니케이션 과정이 일단 시작되고 나면 다시 처음으로 돌아가 새롭게 시작할 수는 없다. 때로 우리는 본인이 이미 내뱉은 말을 후회하곤 하지만 이는 아무 소용이 없다.한 번 내뱉은 말은 주워 담을 수 없기 때문이다. 커뮤니케이션은 이처럼 진행형이면서 되돌릴 수 없는 성질을 가지고 있다.

(1) 쉐넌-위버 모델

쉐넌과 위버가 제시한 '커뮤니케이션의 수학적 이론'(1949)은 커뮤니케이션 연구를 발전시킨 중요한 모델로서 오랜 시간 일반적인 커뮤니케이션 과정을 대표해

왔다.

쉐넌과 위버의 모델(Shannon-Weaver Model)은 정보원이 전달하고자 하는 메시지는 송신기에 의하여 채널을 통해 수신기로 전달되는 하나의 과정을 말한다.

예를 들어, 전화의 경우 채널은 전선이고 신호는 전류, 송신자와 수신자는 송화기와 수화기가 된다.

또한 쉐넌과 위버의 모델은 커뮤니케이션 과정을 통해 메시지의 전달이 왜 불분명한지를 설명하는데, 정보를 발신하는 사람이 전하고자 한 것과 정보를 받은 사람이 받아들인 것에 다름이 생기는 이유는 메시지의 전달과정에서 쓸데없는 소리나 끊김 등의 잡음이 개입되었기 때문이라고 설명한다.

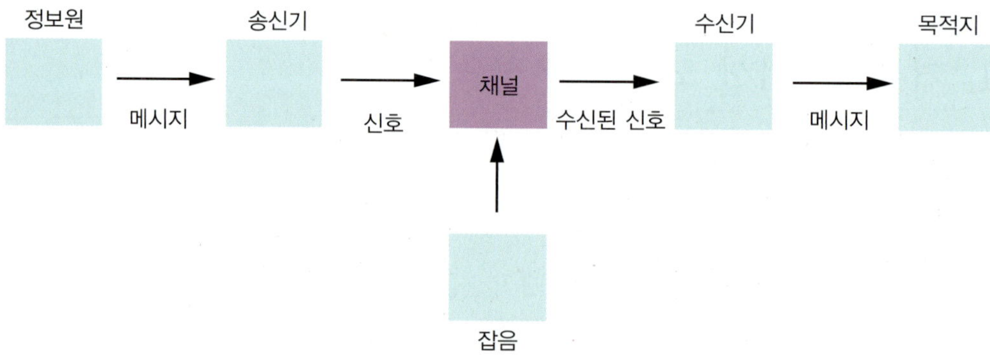

그림 3-1 쉐넌과 위버의 커뮤니케이션 모델

(2) 벌로 모델

〈The Process of Communication〉(1960)이라는 책에서 벌로(Berlo)는 의사소통은 과정이라는 고전적 모델을 제시하였다. 벌로의 모델은 송신자(source), 메시지(message), 채널(channel), 수신자(receiver)의 첫 단어로 만든 SMCR 모델이라고 불린다. 벌로는 이 네 가지 구성요소가 서로 얽혀 있는 것으로 보았다.

SMCR 모델은 송신자가 자신의 의사소통 기술, 태도, 지식, 사회적 체계에 기초하여 메시지를 구성하는 의사소통과정을 보여 준다.

특정한 요소들, 구조, 내용, 처리, 암호들의 메시지는 보기, 듣기, 만지기, 냄새 맡기와 맛보기를 포함하는 채널을 통하여 전달된다. 수신자는 자신의 의사소통 기술, 태도, 지식, 사회적 체계에 기초하여 메시지를 해석한다.

특히, '의미는 단어에 있는 것이 아니라 사람에게 있다'라는 점을 강조하고 있다. 벌로의 모델은 정보 전달이라는 기존의 커뮤니케이션 연구 관점을 정보 해석 측면으로 전환시켰다는 점에서 새로운 시각을 제공해 주었다.

표 3-1 벌로의 커뮤니케이션 모델(SMCR Model)

S	M	C	R
Source	Message	Channel	Receiver
의사소통 기술 태도 지식 사회적 체계 문화	요소 구조 내용 처리 암호	보기 듣기 만지기 냄새 맡기 맛보기	의사소통 기술 태도 지식 사회적 체계 문화

(3) 스키마 이론 모델

엑셀로드(Axelord)가 제시한 스키마 이론 모델(1973)은 정보처리에 관한 것이다. 사람들은 하나의 메시지를 수신하면 이미 저장된 개념과 연결할 것인지 말 것인지, 연결한다면 어떻게 할 것인지, 처리할 만한 가치가 있는지 등을 통합과정을 통해 결정한다는 것이다. 즉, 기존의 지식구조에 잘 맞으면 통합되지만 그렇지 않으면 거부될 수 있다. 일반적으로 하나씩 뉴스가 생산되고 수신되는 데에는 이러한 정보처리과정이 따르는 것으로 파악된다.

정보수집의 궁극적 목적은 의미를 추출하는 것이다. 스키마 이론의 정보처리과정은 이러한 목적을 잘 달성하면서 정보의 과부하를 막는 경제적인 방식을 보여 준다.

예를 들어, 뉴스의 경우 사람들은 세세한 것을 기억하고자 하는 것이 아니라 뉴스의 요지를 파악하고자 하기 때문에 세부사항은 기억하지 못한다. 따라서 구체적인 사건에 대한 기억은 손실 가능하지만 즉각적인 정보처리에는 매우 유용하다고 할 수 있다.

2) 커뮤니케이션의 과정과 구성요소

개인 간의 메시지가 교환되고 있는 과정을 나타내고 있는 [그림 3-2]에 의하면 커뮤니케이션 과정은 송신자, 암호화, 메시지, 매체, 수신자, 해독, 피드백, 장애 등 총 여덟 가지의 기본적 요소로 이루어지고 있다. 이 요소들이 커뮤니케이션의 양과 질을 결정하게 된다.

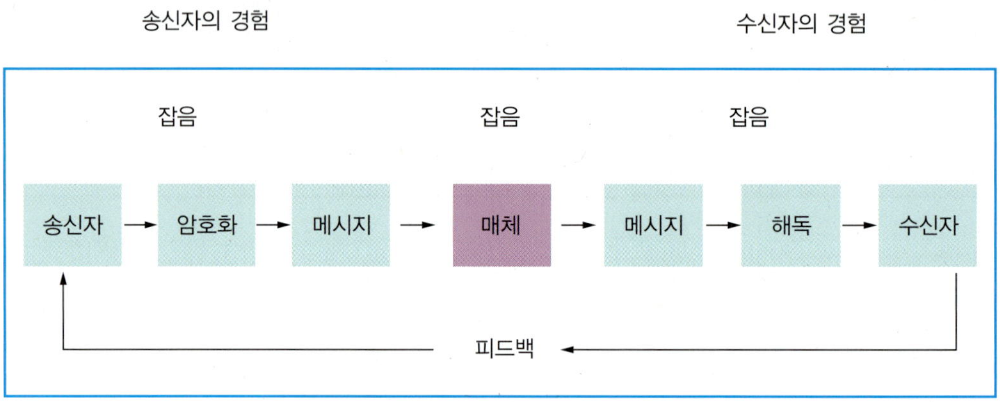

그림 3-2 커뮤니케이션의 과정 모델

(1) 송신자

송신자(sender)란 '생각'이나 '아이디어' 등과 같은 메시지를 전달하는 사람으로 '발신자', '전달자' 또는 '암호를 만드는 사람'(encoder)이라는 등의 여러 이름으로 거론된다.

송신자의 태도나 신뢰성 및 기타 특징 등은 커뮤니케이트 되는 대상이나 내용을 지각하고 해석하는 데 영향을 미치며 발신자의 퍼스낼리티 또한 메시지가 전달되는 방법에 다양한 영향을 미치게 된다. 예를 들어, 민감한 사람은 커뮤니케이션 과정을 수신자의 입장에서 보게 될 것이고, 둔한 사람은 1차적으로 자신의 욕구에 초점을 맞춰 관심을 가지게 될 것이다.

(2) 수신자

수신자(receiver)는 메시지를 접수하는 사람을 말한다. 그런데 메시지에 관한 지식이나 발신자와의 관계, 그리고 퍼스낼리티와 같은 수신자의 특성은 메시지가 접수되고 해석되는 방법에 영향을 줄 수 있다.

[S : 송신자, M : 메시지, R : 수신자]

그림 3-3 상호작용으로서의 커뮤니케이션

(3) 암호화

암호화(encoding)는 메시지의 내용을 수신자가 이해할 수 있도록 글, 언어, 제스처 등의 전달 가능한 형태로 바꾸는 과정을 말한다. 암호화는 송신자가 전달하고자 하는 생각과 느낌을 언어, 상징, 제스처 등과 같은 형태로 전화하는 과정을 말한다.

먼저, 언어 또는 상징은 사실 또는 사건이 지닌 의미인데, 이들은 같은 것이 아니라는 것이다. 다시 말해, 송신자가 의사소통하기 원하는 내용과 사용하는 언어나 상징 사이의 관계는 직접적인 것이 아니라는 것이다. 따라서 송신자는 사건에 관한 그의 생각을 주의 깊게 구성하고 그의 생각을 올바르게 나타낼 수 있는 언어를 선택해야 한다.

먼저, 언어 또는 상징은 사실 또는 사건이 지닌 의미인데, 이들은 같은 것이 아니라는 것이다. 다시 말해, 송신자가 의사소통하기 원하는 내용과 사용하는 언어나 상징 사이의 관계는 직접적인 것이 아니라는 것이다. 따라서 송신자는 사건에 관한 그의 생각을 주의 깊게 구성하고 그의 생각을 올바르게 나타낼 수 있는 언어를 선택해야 한다.

수신자도 같은 의미를 지닌다고 믿는 상징(언어, 어휘, 제스처)을 선택해야 한다. 메시지는 수신자에게 이해될 수 있는 형태를 지녀야 한다. 그렇지 못할 때 의사소통의 오해가 일어나고 원만한 대인관계가 유지되지 못한다는 것을 우리는 평소 체험하고 있다.

두 번째로는 송신자가 언어, 표정, 제스처 등으로 암호화하는 데 있어서 각종 과거의 경험과 태도 그리고 준거기준(frame of reference)이 크게 영향을 미친다는 것이다. 이는 의미는 어휘에 있는 것이 아니라 사람에게 있으므로 언어와 상징에 대한 의미는 개인의 경험과 태도에 의해 달라진다. 암호화의 정확도를 높이기 위해 다음과 같은 원칙을 사용한다.

① 관련성의 원칙

전달하고자 하는 내용이 수신자와 관련이 있고, 중요한 의미를 가지고 있는 상징이나 언어를 사용하여 암호화한다.

② 단순성의 원칙

내용의 왜곡을 최소화할 수 있도록 가능한 단순하게 만들어 의도가 전달되도록 한다.

③ 조직화의 원칙

내용의 원활한 이해를 위하여 전달하고자 하는 목적을 중심으로 내용을 조직화한다.

④ 반복의 원칙

내용의 주된 요점을 반복함으로써 메시지의 왜곡을 최소화하여야 한다. 반복은 잘못 전달된 내용을 명확히 하여 충분히 이해되지 않은 내용과 이해되지 않은 부분은 명확히 할 수 있으며, 특히 구두적인 커뮤니케이션에서 매우 중요하다.

⑤ 초점의 원칙

메시지의 중요한 내용에 초점을 두어야 한다. 주요 초점을 특히 강조하여야 하며 구두적인 커뮤니케이션에서는 음조와 억양, 제스처를 바꾸고, 표정을 달리 하여야 하며, 문서적인 커뮤니케이션에서는 중요한 단어, 구절, 문장에 밑줄을 쳐서 요점에 초점이 모아지도록 해야 한다.

비즈니스 커뮤니케이션에서는 이러한 원칙을 사용함으로써 전달하고자 하는 내용을 명확히 함은 물론 내용의 왜곡을 없애고 시간과 비용을 줄일 수 있다.

(4) 메시지와 경로

암호화 과정의 결과인 메시지(message)는 커뮤니케이션의 핵심이다. 메시지는 송신자가 수신자에게 전달하려는 내용이 암호화의 결과로 나타나는 것으로 암호화된 내용이 어떠한 전달매체를 통하여 전달되는지에 대한 경로를 말한다. 구두적인 방법으로 전달을 하였다면 언어가 메시지가 되고, 비언어적인 수단을 사용하였다면 제스처나 표정 등이 메시지가 된다.

이러한 메시지는 내용을 전달하는 데 사용되는 경로(channel)에 의해 영향을 받는데, 직접대면이나 토의, 회의, 컴퓨터를 통한 의사전달 등이 포함되며, 내용에 적합한 전달매체를 사용하여야 효과적인 커뮤니케이션이 될 수 있다.

결국 암호화된 내용을 어떻게 배열하고 어떤 전달매체를 통하여 전달하는지가 중요하다.

(5) 해독

해독(decoding)은 메시지가 수신자에 의해 정보, 사고 및 감정으로 변화하는 과정을 말한다.

커뮤니케이션의 효과는 수신자의 메시지 해석능력에 따라 달라지는데, 이러한 해독과정은 수신자의 가치관과 과거의 경험, 생각 등에 근거하여 해석된다.

송신자는 자기 개방적이어야 하며, 수신자는 의미파악을 위하여 적극적인 경청으로 효과적인 커뮤니케이션이 되도록 해야 한다.

(6) 피드백

피드백(feedback)이란 메시지에 대한 수신자의 반응이다. 커뮤니케이션 과정에서는 전달하려는 내용과 수신된 내용 사이에 차이가 있을 가능성이 있다. 커뮤니케이션 용어의 선택, 기술의 부족, 적절하지 못한 전달매체, 송신자와 수신자 간의 가치관의 차이 등에 의해 차이가 발생하는데, 피드백을 통하여 내용이 정확하게 전달되었는지를 확인한다. 쌍방향 커뮤니케이션을 위해 피드백은 반드시 필요한 과정이다.

(7) 잡음

커뮤니케이션의 단계마다 원활한 커뮤니케이션이 되지 못하도록 하는 장애가 발생한다. 잡음(noise)은 커뮤니케이션 과정에서 메시지를 방해하고 혼란을 일으키는 장애요소를 말하는데, 소리와 같은 물리적 요소뿐만 아니라 수신자의 감정이나 태도 등도 포함된다.

2. 커뮤니케이션 장애요인과 극복방안

커뮤니케이션 과정에는 많은 장애요인이 생기게 된다. 부적절하게 표현되는 메시지와 단어의 생략, 상대방을 믿지 못하는 태도, 주위의 여러 가지 잡음 등이 장애요인의 원인이 된다.

1) 커뮤니케이션의 장애요인

바람직한 커뮤니케이션이란 일련의 과정을 거쳐 송신자의 의도대로 수신자에게 메시지가 전달되고 이해되어야 하는 것이다.

그러나 실제로 우리 생활에서 바람직한 커뮤니케이션을 하는 것은 어려운 일이다.

스토너(J.A.F. Stoner)는 커뮤니케이션의 장애가 생기는 이유로 의사소통과정의 복잡함을 시작으로 사람마다의 성장배경, 가치관, 생활태도에 따라 메시지를 다르게 해석하기 때문이라고 해석한다.

(1) 언어상의 장애

말의 내용이 사람에 따라 다르게 해석되는 데서 오는 장애로 전문용어, 비어, 사투리 등의 사용도 커뮤니케이션을 저해하는 요인이 된다. 언어상의 장애가 발생하는 원인으로 다음과 같은 것들이 있다.

- 추상적인 개념 때문에 장애가 일어난다. 언어는 추상화의 정도가 다른데, 그것이 높은 언어일수록 어의 상의 장벽은 높다. 효과적인 커뮤니케이션을 위해서는 만질 수 있는 실제가 무엇이고, 상징적이고 추상적인 개념이 무엇인가를

알아야 한다.

• 상대방이 의도하는 의미를 제대로 파악하지 못했기 때문에 장애가 발생한다. 또한 하나의 어휘가 여러 가지의 의미를 지니고 있다는 것을 모를 때에도 장애가 일어난다.
• 상대를 평가하려는 경향이 장애를 일으키는데, 잘못된 비판은 혼돈을 일으킨다.
• 한 집단 내에서 전문적인 특수용어의 사용은 다른 집단이나 외부인과의 커뮤니케이션에서는 장애를 일으키게 된다.

(2) 지각상의 장애

지각은 개인이 환경으로부터의 정보를 선택하고 조직화하고 해석하는 세 가지 단계를 포함하는 데 있어서 매우 중요한 역할을 한다. 커뮤니케이션 과정에서 송신자와 수신자는 자신의 지각을 통해서 메시지를 주고받기 때문이다.

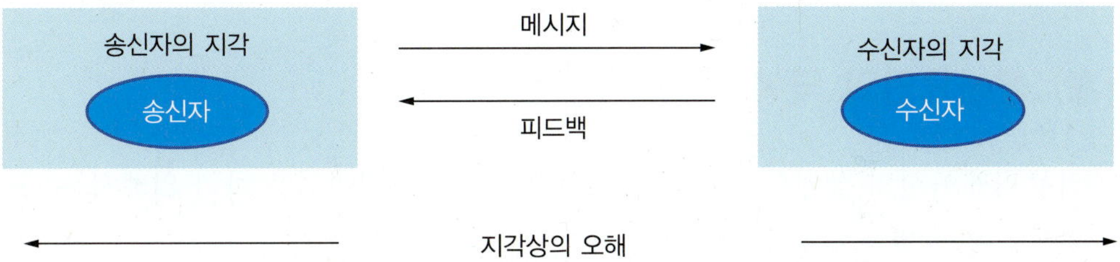

그림 3-4 커뮤니케이션 여과과정으로서의 지각

이때 문제가 되는 것은 각자가 지각하는 세계가 서로 다르다는 점이다. 개개인은 성장배경과 경험, 가치관, 관심사항 등에 의해 형성되는 준거기준이 다르다. 이와 같은 준거기준의 차이가 커뮤니케이션의 장애가 될 수 있다.

(3) 비언어적인 장애

비언어적인 방법은 전달하고자 하는 메시지의 의미가 애매모호한 경우가 많아 수신자가 오해하기 쉽다. 특히, 문화권이 다를 경우 오해가 많이 생기고 커뮤니케이션에 혼란을 야기한다.

예를 들어, 아랍인의 경우 상대의 이마에 입을 맞추면 상대를 존경한다는 뜻이지만 우리나라 사람에게 이런 행동을 하면 당황하게 된다. 태국에서는 상대의 머리는 절대로 만져서는 안 되는 곳이며 만질 수 있는 사람은 부모와 스승뿐이라 한다.

비언어적 요소로 생길 수 있는 장애를 최소화하기 위해서는 비언어와 언어를 함께 사용하는 것이 바람직하다. 이를 위해 네프(M. Knapp)는 다음과 같은 여섯 가지 방법을 제시한다.

- 언어적인 메시지를 반복한다.
- 언어적인 메시지를 추가하여 보충 설명한다.
- 언어적인 메시지를 강조한다.
- 머리를 끄덕이거나 눈동자를 움직인다거나 자리를 옮기면서 상대와의 언어교환을 조정한다.
- 메시지를 전달하기 위해 얼굴표정 또는 신체의 움직임을 통해 한마디 말도 없이 언어적 메시지를 대신한다.
- 언어적인 메시지를 부연한다.

2) 장애요인의 극복방안

커뮤니케이션의 장애를 극복하고 효과적인 커뮤니케이션을 하기 위해서는 〈표 3-2〉와 같은 방법을 사용할 수 있다.

표 3-2 커뮤니케이션 장애의 극복방안

장애인	극복방법
어의상의 혼란	분명히 그리고 정확하게 표현하고 특수용어 피하기
물리적 잡음	조용한 장소를 선택하고 스스로 잡음 만들지 않기
지각적 잡음	듣는 사람의 주의를 끌고 반복을 통하여 메시지를 강화하기
불량한 청취	송신자에 초점을 맞추고 적극적으로 주고받기
편견된 관점	개인적, 문화적 선입관을 줄이고 양극화 피하기
고정관념	생활과 개인을 지나치게 단순화하지 말고 자신의 태도를 타인들의 욕구에 적응시키기

듀브린(A. J. DuBrin) 등은 송신과정과 청취과정을 중심으로 커뮤니케이션 장애의 효과적인 극복방법을 다음과 같이 제시하고 있다.

(1) 송신과정에 관련된 장애극복을 위한 전략 및 전술

- 커뮤니케이션에 앞서 아이디어를 명확히 하라.
- 문서를 작성할 때는 주된 아이디어를 앞에 쓰라.
- "당신이 아는바 대로", "실로" 등과 같은 문장은 흥미를 돋우나 이 같은 단어는 피하라.
- 평범한 단어를 써라.
- 편견 없는 언어를 사용하라.
- 사실 아래에 깔린 감정을 커뮤니케이션하라.
- 어조, 표정 등 비언어적인 행동이 미치는 결과를 생각하라.
- 행동을 하면서 말로 표현하라.
- 피드백을 받아라.

(2) 수신과정에 관련된 장애극복을 위한 전략 및 전술

- 각 어휘를 들으려고 노력하기보다는 요점, 즉 의미의 파악에 집중하라.
- 말하고 있는 바에 관한 생각과 사전정보를 동원하여 말하는 데 몰입하라.
- 모든 이야기를 듣기 전에 결론에 이르지 말고 전체 아이디어를 들어라.
- 사실 자체를 듣지 말고 감정과 기분을 인정하라.
- 송신자의 관점에서 그의 진술을 반복하여 피드백해줘라.
- 들은 바를 요약하라.

토의 3.1

다음은 커피 전문점에서 손님과 직원과의 대화이다.

손님 : 아메리카노 따뜻하게 주세요. 물은 반만 넣어 주세요.
직원 : 손님 아메리카노 나왔습니다.

그런데 뚜껑을 열어보니 물이 한가득하다.

손님 : 물을 반만 넣어 달라고 했는데요.
직원 : 진하게 달라고 하신거 아닌가요?
손님 : 아뇨. 그냥 물을 반만 넣어 달라고만 했는데요.
직원 : 저는 진하게 달라는 줄 알았어요. 그래서 샷을 3개 넣어드렸어요.
손님 : 저는 진하게 달라고 말한 적 없고요, 물을 반만 넣어 달라고 했잖아요.

직원은 구시렁거린다.

직원 : 그게 그거지, 양이 많아지면 더 좋은거 아니야? 까탈스럽긴.
손님 : 이봐요. 당신이 말을 잘 못 알아듣고 당신 맘대로 만든 거잖아요. 왜 그걸 나한테 까다롭다고 해요?

① 위의 사례에서 커뮤니케이션 장애요인은 무엇인가?
② 자신이 경험한 커뮤니케이션의 오해는 무엇이 있는가? 이를 어떻게 해소했으면 좋았을까?
③ 일상에서 가장 많이 발생하는 커뮤니케이션 장애는 무엇이라고 생각하는가?

3. 커뮤니케이션 효과를 높이는 지혜

사회생활은 커뮤니케이션의 연속으로 이루어지고 있다. 커뮤니케이션을 제대로 하지 못하면 인간관계 형성에 악영향을 미치게 된다. 날로 복잡해지는 비즈니스 세계에 잘 적응하려면 커뮤니케이션의 효율적이고 효과적인 활용방안의 연구가 필요하다.

1) 상대에 대한 존경

커뮤니케이션에 있어서 상대에 대한 예의와 존경은 무엇보다 중요하다. 상대에 대한 인정은 상대로 하여금 심리적 만족감을 느끼게 한다. 상대에 대한 인격적 존중이 전제될 때 예의바른 태도 또한 나타나게 된다. 상호 간 불신의 벽이 있는 경우 전정한 의미에서의 커뮤니케이션은 불가능하다.

경영자와 직원 사이에도 서로에 대한 신뢰감과 이해력이 전제가 된다면 커뮤니케이션의 효율은 높아지게 된다.

2) 장애물 제거

효과적인 커뮤니케이션을 위해서는 커뮤니케이션에 방해가 되는 장애물, 즉 상대방에 대한 편견이나 선입견을 배제하고 주관적인 판단을 버려야 한다. 자신이 가지고 있는 가치관이나 신념 등에 의해 메시지가 왜곡될 수 있기 때문이다.

3) 피드백

효과적인 의사소통을 위해서는 상대방의 의도나 의미를 정확하게 이해해야 하는데 대화 중 자신의 메시지가 정확하게 전달되고 있는지를 검토해 가면서 서로의 공통된 관심과 이해의 폭을 넓혀 나가야 한다.

상대방의 메시지를 들으며 자신의 말에 반영할 수 있는 태도를 꾸준히 개발해

나가는 자세를 가져야 할 것이다.

4) 강압 및 조작의 회피

커뮤니케이션은 상대에 대한 강압의 도구가 아니라 협조와 이해를 통해 조직을 활성화시키는 데 초점을 맞춰야 한다. 원활한 커뮤니케이션이 되기 위해서는 한쪽이 다른 한쪽을 일방적으로 지배해서는 안 된다.

지위가 높은 사람일수록 자신의 권력을 이용해 자기가 원하는 방향으로 대화를 이끌어 나가려는 경향이 있다. 커뮤니케이션은 권력싸움이 아니라 진실된 마음을 주고받는 수단이기 때문에 지위나 권력이 배제될 때 진정한 의미에서의 커뮤니케이션이 가능하게 될 것이다.

5) 상대를 수용하는 마음

수용이란 상대의 감정과 존중하고 배려하는 것을 의미한다. 조건 없이 상대방을 수용하는 것은 커뮤니케이션을 원활하게 만들 수 있다. 이러한 분위기는 서로를 존중하고 사랑하는 태도를 갖게 한다.

상대에 대한 판단을 지양하고, 서로를 받아들이는 자세에서 서로의 관심사를 나눌 수 있을 때 효과적인 커뮤니케이션을 할 수 있다.

6) 소문의 활용

소문이란 비공식적인 커뮤니케이션의 수단이라 말할 수 있는데, 때로는 공식적 시스템보다도 더 빠르게 의사가 전달된다.

기업에서는 소문이 매우 효과적인 커뮤니케이션의 수단이 될 수 있다. 왜냐하면 소문은 직접적인 대면관계와 피드백이 이루어지므로 정보수용자에게 강한 영향을 미칠 수 있기 때문이다. 소문은 여러 가지 심리적인 욕구를 충족시켜 줄 수도 있고 항상 어느 곳에나 존재하며 누구도 이를 제거할 수는 없다.

토의 3.2

문재인대통령은 취임 100일을 맞이하여 페이스북을 통해 국민에게 감사 메시지를 전달하였다.

① 국가 최고지도자인 대통령의 SNS를 통한 국민과의 소통에 대해 어떻게 생각하는가?

② 정부와 국민 간의 커뮤니케이션이 왜 중요한가? 정부와 국민 간의 소통을 원활히 하기 위한 채널과 방법은 무엇인가?

③ 개인 간의 의사소통을 원활히 하기 위한 방법은 무엇인가?

PART 2

사회 · 정서적 커뮤니케이션

Leader's Communicatio

Leader's Communication

Chapter 04 인간행동과 커뮤니케이션

Chapter

04 인간행동과 커뮤니케이션

학습 목표

인간의 커뮤니케이션을 보다 구체적으로 이해하고, 바람직한 인간관계를 형성하기 위한 중요한 방편으로서의 커뮤니케이션 기술을 탐색한다.

1. 언어 커뮤니케이션의 이해 및 효율적인 언어 커뮤니케이션의 방안을 탐색한다.
2. 비언어 커뮤니케이션의 이해 및 효율적인 언어 커뮤니케이션의 방안을 탐색한다.

1. 언어 커뮤니케이션의 이해

1) 언어 커뮤니케이션이란 무엇인가?

커뮤니케이션은 크게 언어 커뮤니케이션과 비언어 커뮤니케이션으로 나누어진다. 언어 커뮤니케이션은 구어나 문어, 즉 말이나 글에 의해 이루어지는 커뮤니케이션이며 비언어 커뮤니케이션은 언어 이외의 모든 것, 즉 표정이나 모습, 용모복장, 목소리의 높낮이, 제스처 등과 시간이나 공간과 같은 환경적 요소들을 포함하는 커뮤니케이션을 말한다.

"언어는 사람을 가장 잘 표현하는 것이다. 말을 전달하라. 그래야 당신을 알 수 있다"는 말처럼 우리의 생각이나 느낌 등 내가 전하고자 하는 메시지를 가장 정확하게 표현할 수 있는 것은 언어이며 다른 사람의 메시지를 가장 정확하게 해독할 수 있게 하는 것도 역시 언어라고 할 수 있다.

우리는 상대가 내게 한 한마디 말에 감동을 받고 눈물짓기도 하고, 위안을 받기도 한다. 또한 나의 말 한마디로 상대를 즐겁게 해줄 수도 있다. 우리는 언어를 사용하여 현상을 정의하고 평가하며 경험을 체계화하여 인류의 문화를 전수한다. 언어를 사용하여 가상적 사고를 함으로써 삶을 계획하고, 꿈꾸고, 기억하며 언어에 의해 자기반성을 하고 우리 자신과 세상의 관계, 상호작용을 규정한다.

그러나 언어 커뮤니케이션은 때로는 비의도적으로 부정적인 인간관계를 만들어 내기도 한다. 생각나는 대로 무심코 던진 한마디의 말이 큰 화를 만들기도 하고 상처를 남기기도 한다.

'사람의 모든 화는 세 치 혀로부터 나온다', '말이 이치에 맞지 않으면 말하지 않은 것보다 못하다'는 말처럼 사람이 살아가는 데 있어 언어 커뮤니케이션은 때로는 '살고 죽는' 데까지 영향을 미칠 수 있을 만큼 중요하다. 이와 같이 말은 양날의 칼과 같아서 같은 말이라도 어떻게 하는가에 따라 듣는 사람이 전혀 다르게 인식할 수 있다. 몇 가지 예를 들어보자.

"3쌍 중 1쌍의 부부가 이혼한다"는 말은 결혼에 대해 부정적인 생각을 갖게 한다.
"3쌍 중 2쌍의 부부는 성공한다"라고 하면 결혼에 대해 부정적인 생각은 별로 들지 않는다.

"오른발이 왼발보다 크네요"라고 하면 여성 고객의 기분은 언짢을 수 있다.
"왼발이 오른발보다 작네요"라는 말은 기분이 나쁘지 않다.

"신발 분실 시 책임지지 않습니다"라는 식당의 문구는 부정적 생각을 갖게 한다.
"신발 분실 시 책임을 못 져 너무나 죄송합니다"라는 식당의 문구는 부정적 생각이 별로 들지 않는다.

영국, 브리얼리 힐-브리얼리 시의회에서는 주 20달러로 '쥐 잡는 사람'을 모집했는데, 반응이 전혀 없었다. 의회는 다시 광고를 내기로 했다. 광고 내용을 좀 바꿔서 '설치류 수색원 모집'이라고 했다. 결과는 주 18달러로 세 사람을 뽑았다.

그림 4-1 말 한마디의 차이

이와 같이 언어라는 매체를 어떻게 사용하느냐에 따라 전달되는 메시지의 의미는 전혀 달라질 수 있다. '아 다르고 어 다르다'는 우리말 속담은 이러한 언어 커뮤니케이션의 미묘한 이치를 잘 표현해 주고 있다.

2) 효율적인 언어 커뮤니케이션을 위한 방안

(1) 정확하고 분명하게 말하기

언어는 언어 자체가 가지고 있는 상징적 특징, 자의적이며 추상적이고 모호함 때문에 오해의 가능성이 항상 있다. 또한 개인적인 차이와 문화적인 차이는 상징에 대한 해석을 다양하게 만든다. 그리고 커뮤니케이션 상황에 개입하는 많은 외적 요인들이 의미의 정확한 공유를 방해하기도 한다. 이러한 오해의 여지를 완전히 없애지는 못한다고 하더라도 자신이 사용한 언어의 내용적 의미와 관계적 의미가 상대의 인식과 같은 영역에 속하는지, 어떤 특정한 언어를 사용할 수 있는 관계인가 생각하여 분명하고 명확하게 말하고 서로 확인함으로써 언어 자체가 야기하는 오해를 줄여나갈 수 있다.

(2) 언어의 적절한 사용

커뮤니케이션의 명확성을 높이기 위한 또 하나의 좋은 방법은 적절한 언어를 사용하는 것이다. 적절성을 갖추어야 하는 언어에는 두 가지 유형이 있는데, 하나는 적절한 일반화이다.

어떤 절대적인 것, 개별적인 것에 일반화된 개념을 사용하여 말하면 우리 자신이나 다른 사람에게 잘못된 인식을 심어줄 수가 있다. 예를 들어, '국회의원은 모두 거짓말쟁이다'라는 말은 과장된 일반화로 올바른 진술이 아니다. 좀 더 정확한 진술이 되려면 '국회의원 중 정직하지 않은 모습을 보인 사람도 있다'라고 해야 할 것이다.

두 번째로 사람에 대한 평가와 묘사에 있어서도 적절한 언어를 사용해야 한다.

정체적 평가는 대상에 대한 평가에 변화가 없는 것으로 그 대상이 변하지 않는다는 의미를 담고 있다. 정체적 평가는 "A는 자기중심적이야", "B는 무책임해", "C

는 매너가 없어"와 같이 사람에게 사용될 때 특히 문제가 될 수 있다. "○○는 ○○해"라는 표현을 사용할 때 우리는 대상이 되는 ○○가 변하지 않고 고정되어 있다고 전제하는 것이다. 그러나 실제로 우리는 고정되어 있지 않고 끊임없이 변한다. 어떤 때엔 자기중심적으로 행동하던 사람이 다른 때엔 배려심이 많을 수도 있으며 무책임하던 사람이 다른 상황에서는 책임감 있게 행동할 수도 있기 때문이다.

(3) 언어의 색인

'색인하기'는 우리가 어떤 것에 대해 가치를 평가할 때 특정한 시간과 특정한 상황에 의해 한정된다는 것을 주의시키기 위해 커뮤니케이션 학자들이 생각해 낸 기술이다.

색인하기는 사용한 언어에 다음과 같이 특정한 시간과 특정한 상황을 덧붙이는 것을 말한다.

색인하기가 정신적으로 행해질 때 우리 스스로 또는 다른 사람들의 눈에 띌 만큼 바뀔 수 있음을 알게 된다.

- '재석이가 자기중심적인 행동을 했다'
  - 자기중심적인 → 남의 입장은 고려하지 않고 자기 입장에서만
  - 했다 → 2017년 8월 29일
- '호동이는 책임감 없는 행동을 했다'
  - 책임감 없는 행동을 했다 → 봉사활동에서

(4) 자신의 느낌과 생각 갖기

인간관계에 있어서 서로 간에 갈등이나 불만이 있을 때 그것을 표현하는 언어적인 방법에는 두 가지가 있는데, 그것은 나-메시지(I-message)와 너-메시지(You-message)이다. 이것은 궁극적으로 어떤 상황에 대한 책임소재와 관계가 있다. 나-메시지는 나의 책임으로 받아들이는 것이지만 너-메시지는 상대방에게 책임을 지

우는 것이다.

다음의 예를 보자. 식당에서 아이가 시끄럽게 뛰어다니고 있다. 이때 우리는 아이의 부모에게 어떻게 말할까? 대표적으로 생각할 수 있는 반응이 "아이 좀 조용히 시키세요!"일 것이다. 여기서 조용히 하라는 말은 전형적인 너-메시지이다. 왜냐하면 그것은 "(당신의 아이가 너무 시끄러우니) 조용히 시키세요!"란 뜻이기 때문이다. 비록 "당신의 …" 부분이 생략되었지만 이것은 상대방에게 직접 충고, 명령, 나무람, 비난 등의 뜻을 내포한 메시지를 던지는 것이기 때문에 상대는 자존심이 상하고 불쾌하게 느끼기 쉽다.

이처럼 너-메시지는 상대방에게 문제의 책임을 지우면서 부정적인 감정을 느끼게 하는 메시지를 전하는 것이기 때문에 생산적인 의사소통과 인간관계에 있어 방해가 된다.

효율적인 커뮤니케이터들은 자신의 생각과 감정을 담은 말을 사용함으로써 자신에 대한 책임을 스스로 진다. 그들은 자신의 느낌을 주장하고 자기 자신에게 일어난 것들에 대해 다른 사람을 비난하지 않는다. 그들은 자신의 느낌을 책임지는 표현으로 '나 언어'인 I-message를 사용한다.

나-메시지의 기본원리는 상대방의 행동을 문제 삼고 그에 따른 책임을 상대에게 넘기는 대신에 그의 행동에 대한 나의 기분을 알려주는 것이다. 나-메시지는 다음과 같은 세 가지 요소를 포함하는데 그것은 ① 타인의 행동 또는 상황, ② 그에 따른 결과, ③ 나의 감정 또는 기분이다.

〈나-메시지 예시〉

"당신 일이나 신경 쓰세요"

▶ "당신이 나의 일에 일일이 참견을 하니(행동/상황) 내가 일을 하는 데 방해가 되고, 또 나를 무시하는 것 같아(결과) 기분이 나쁘고 화가 납니다(감정/기분)"

"어떻게 회의시간에 매번 늦을 수 있죠?"

▶ "당신이 회의시간에 매번 늦으니(행동/상황) 시간을 효율적으로 사용하지 못해(결과) 팀원 모두가 난감합니다(감정/기분)"

"음악 소리 좀 제발 줄여"

▶ "음악 소리가 너무 커서 (행동/상황) 공부에 집중할 수가 없어(결과). 내일 시험이니 좀 도와줘(감정/기분)"

'나 언어'인 I-message 의 장점은 다음과 같다.

① **방어심리의 감소**

상대방을 직접 판단, 평가, 공격하는 것이 아니기 때문에 방어심리를 덜 유발한다. 다시 말해, 상대방은 '너 언어'의 경우보다 '나 언어'를 통해 훨씬 편안하게 대화를 할 수 있다.

② **솔직성**

'나 언어'는 나의 입장과 감정을 솔직하게 전달하는 기능이 있다. 사람들은 솔직한 이야기를 들으면 함께 솔직해지고 훨씬 진지하게 대화에 임할 수도 있다.

③ **완전성**

'나 언어'는 완전한 메시지를 전달한다. '너 언어'처럼 단정적으로 말하는 것이 아니라, 전후사정과 그것에 대한 나의 입장까지 알려주는 것이기 때문에 '나 언어'는 완전한 메시지라 한다.

토의 4.1

다음에 제시된 상황들은 우리의 일상생활에서 흔히 일어나는 일이다. 실제로 다음과 같은 상황에 부딪혔다고 가정하고 본인이라면 어떤 반응을 보일지를 상상해 보자. 그리고 그러한 반응이 자신과 상대방에게 어떤 영향을 미칠지도 생각해 보자.

상황

여자(남자)친구와 만날 때면 여자친구는 늘 약속시간에 늦는다. 매번 20~30분을 기다리는데, 여자친구는 별일 아니라는 듯 "미안해" 한마디 뿐이고, 표정이나 행동은 진심으로 미안해 하지도 않는 것 같다. 오늘도 지하철역 앞에서 30분을 기다리고 있는데 멀리서 여자친구가 걸어오고 있다.

① 평소 자신이라면 이 경우 어떻게 말하겠는가? 이와 같이 말했을 때 상대방의 느낌은 어떠할까?
② ①번의 대답이 I-message가 아닐 경우 I-message로 말해보자. 이와 같이 말했을 때 상대방의 느낌은 어떠할까?
③ You-message를 사용할 경우 예상되는 상대방의 반응과 감정은 무엇이 있는가?

2. 비언어 커뮤니케이션의 이해

우리는 흔히 커뮤니케이션이 곧 언어라고 단정 짓는 경향이 있지만, 인간의 커뮤니케이션은 결코 언어만으로 이루어지지 않는다. 때로는 짧은 시간 스치는 눈짓과 표정이 훨씬 중요하고 의미심장 하듯이 아무런 말 없음, 즉 비언어가 훌륭한 커뮤니케이션 수단이 될 수도 있다. 실제 비언어가 커뮤니케이션에서 차지하는 비중은 매우 높다. 메라비안(Mehrabian) 같은 심리학자는 비언어가 의미 전달의 93%를 차지한다고 했으며, 버드휘슬(Birdwhistell)은 표현수단으로서 언어 대 언어의 비율이 65대 35에 이른다고 주장했다. 우리가 생각하는 것 이상으로 커뮤니케이션에서 사용되는 비언어의 양이 많고도 중요하다는 얘기다.

1) 비언어 커뮤니케이션의 정의

비언어에 대한 정의는 학자에 따라 다양하여 일률적으로 명확하지 않지만, 커뮤니케이션에 영향을 미치는 언어적인 요소를 제외한 모든 요소를 포함한다고 할 수 있다.

비언어에는 여러 가지 유형이 있다. 몸짓과 표정, 제스처 등과 같이 쉽게 떠올릴 수 있는 것 이외에도 음성의 높낮이, 강약, 고저 등이 포함된다.

학자에 따라서는 패션과 지위를 나타내는 심벌을 비롯해 무용과 드라마, 음악과 마임(mime)에 이르기까지 모든 것을 비언어로 파악하기도 한다.

그리고 홀(Hall)은 여기에 커뮤니케이터와 수용자 사이의 물리적 거리 또한 비언어적인 기회로 보고 독자적 영역으로 연구해야 할 분야임을 밝혔다.

예를 들어, 미국에서는 시간 엄수가 상대방을 존중하고 있다는 것을 나타내는 반면 지각은 모욕을 뜻한다. 그러나 어떤 타 문화권에서는 시간을 정확히 지키는 것이 중요하지 않을 수도 있다(시간을 정확히 지킨다는 것은 할 일이 없는 사람). 이런 맥락에서 커뮤니케이터와 수용자 사이의 거리도 두 사람 간의 관계를 나타내는 기호 구실을 한다는 것이다.

비언어에 대한 정의는 학자에 따라 다양하여 일률적으로 명확하지 않지만, 커뮤니케이션에 영향을 미치는 언어적인 요소를 제외한 모든 요소를 포함한다고 할 수 있다.

일반적으로 언어가 사실에 대한 정보를 전달하는 데 효과적인 반면, 비언어는 감정이나 느낌을 전달하는 데 보다 효과적인 것으로 인식된다. 특히, 통합적인 커뮤니케이션 능력이라는 측면에서 보자면, 비언어 커뮤니케이션은 매우 중요한 것이다.

예를 들어, 상대방의 말을 잘 알아듣고 있다는 사실을 전달하기 위해서는 고개를 끄덕이고 시선을 고정하고 미소 지으며 경청하는 얼굴 표정이 수반되어야 하는 것이다.

비언어를 좀 더 잘 이해하기 위해 커뮤니케이션을 행렬로 만들어 언어 행위와 비언어 행위로 구분하고, 이것을 다시 음성 행위와 비음성 행위로 나눈다. 이렇게 나누어 보면 네 개의 커뮤니케이션 행위, 즉 언어/음성 행위, 언어/비음성 행위, 비언어/음성 행위, 비언어/비음성 행위로 구성된 행렬을 다음 〈표 4-1〉과 같이 만들 수 있다.

표 4-1 언어 행위와 비언어 행위

	언어	비언어
음성	언어 / 음성 행위 (단어와 상징)	비언어 / 음성 행위 (말의 뉘앙스, 크기, 속도, 높낮이)
비음성	언어 / 비음성 행위 (구조화된 상징체계 이용) 예 : 수화의 사용	비언어 / 음성 행위 (음성 메시지를 제외한 메시지 전달에 사용되는 모든 행위) 예 : 신체의 생김새, 자세, 제스처, 표정, 공간과 시간 등

이 가운데 우리가 순수하게 비언어로 규정지을 수 있는 부분은 비언어/음성 행위와 비언어/비음성 행위 항목이다. 이는 결국 다음의 4개 영역으로 집약된다.

- 신체모습 : 용모 및 복장
- 신체 움직임 : 표정, 시선, 접촉, 몸짓, 신체언어
- 유사언어 : 발성행위(말의 음색, 고저, 크기, 빠르기 등)
- 상황 : 공간과 시간

2) 비언어 커뮤니케이션의 유형

(1) 신체에 의한 커뮤니케이션

몸과 얼굴에 의한 커뮤니케이션으로 몸의 자세, 몸짓, 얼굴 표정 등을 모두 포함한다. 몸짓이나 몸동작은 우리가 스스로를 어떻게 여기는지 보여 준다. 당당하게 몸을 세우고 얼굴을 똑바로 들고 사람들을 바라보는 사람은 스스로 자신감이 있음을 표현한다.

몸의 자세나 동작은 또한 우리의 기분이나 상태를 나타내주기도 한다. 굳은 표정으로 빨리 걷고 있는 사람은 팔을 늘어뜨리고 초점 없는 시선으로 힘없이 거리를 걷고 있는 사람에 비해 뭔가 단호한 결심을 하고 있다는 것을 보여 준다. 심기가 불편하거나 신경이 날카로울 때 우리는 굳은 자세로 앉아 있게 된다. 강단에 선 강

사 또한 청중의 앉아 있는 자세를 보면 지금 강의에 흥미를 느끼는지 지루해 하는지를 미루어 짐작할 수 있다. 지루하거나 흥미를 느끼지 못한다면 하품을 하거나 등받이에 깊숙이 기대어 앉아 눈을 감기도 하며 심지어 잠을 자기도 한다.

몸짓과 자세는 우리가 상대와 커뮤니케이션을 할 준비가 되어 있는지를 알려주기도 한다. 팔짱을 끼고 시선을 내리깔고 있는 사람은 귀찮게 말을 걸지 말아달라는 뜻으로 커뮤니케이션에 응할 마음이 없다는 메시지를 전한다고 해석할 수 있다. 이러한 행위는 강의시간 중 나는 질문을 받지 않겠다는 것을 비언어적인 커뮤니케이션으로 전달하는 것이다.

그림 4-2 몸짓과 자세에 의한 커뮤니케이션

얼굴은 몸짓보다 더 복잡하고 미묘한 커뮤니케이션 매체이다. 눈썹의 움직임, 눈, 입, 머리 등의 움직임을 통해 얼굴 하나로도 우리는 수천 가지의 전혀 다른 감정표현을 할 수 있다. 눈빛만으로 사랑, 분노, 슬픔, 기쁨 등의 모든 감정표현이 가능하다.

또한 미소만으로도 사람은 자신의 이미지를 바꿀 수 있으며 대인관계에 있어 긍정적인 인상을 남길 수 있다.

그림 4-3 얼굴 표정에 의한 커뮤니케이션

커뮤니케이션은 주로 마주 보면서 이루어진다. 즉, 상대방의 얼굴을 보아야 대화가 된다는 것이다. 그러므로 표정관리가 매우 중요하며 그중에서도 눈은 매우 중요한 역할을 한다. 때로는 언어의 내용이 말하는 사람의 시선에 따라 의미가 달라지는 경우도 많다. '눈은 마음의 거울'이라는 말이 있는 것처럼 눈은 우리의 감정에 관해 복잡하고도 중요한 메시지를 표현해 주며 때로는 대화의 진실성을 가늠하는 미묘한 잣대가 되기도 한다. 그래서 부탁을 거절해야 할 때나 피하고 싶은 사람과 마주할 때는 시선을 회피하게 된다.

그림 4-4 시선에 의한 커뮤니케이션

(2) 용모 · 복장에 의한 커뮤니케이션

얼굴의 생김새나 키가 크고 작은 정도, 살이 찌고 마른 정도는 한 개인에 대한 첫인상에 많은 영향을 미치는 비언어이다. 심리학에서는 타인과의 접촉 시 인상 형성에서 처음 들어온 정보가 나중에 들어온 정보보다 더 큰 영향을 준다는 '초두효과'를 강조한다. 그런 의미에서 외모가 주는 첫인상은 매우 강력한 효과를 지니는 비언어라고 할 수 있다. 외모 외에도 옷차림이나 액세서리 한 개인을 표현하는 비언어가 될 수 있다. 쇼핑을 하러 갔을 때 종종 옷차림에 따라 대접이 다르다는 것을 느끼는 이유는 이 때문이다.

그림 4-5 용모 · 복장에 의한 커뮤니케이션

(3) 유사언어에 의한 커뮤니케이션

언어 자체가 아닌 언어의 음성적 측면과 관련된 '유사언어'는 감정 상태와 성격을 주로 나타낸다. 일반적으로 화가 났을 때는 평소보다 말의 속도가 빠르고 높은 음의 큰 소리를 내며 딱딱한 어투를 띠는 것처럼 기분에 따라 유사언어의 사용이 달라진다.

상황에 다른 차이도 있다. 어려운 얘기를 하거나 상대방의 이해도가 낮다고 생각될 경우 또박또박 끊어서 얘기하고 침묵의 시간을 길게 사용하기도 한다.

유사언어와 관련한 습관은 그 사람의 성격을 판단하는 단서가 되기도 한다. 억양에 변화가 많고 빠르게 말하는 사람은 정열적이고 외향적인 성격을 가진 사람으로 생각되며, 말이 느리고 억양이 일정한 사람은 신중한 사람으로 생각된다. 우리나라의 경우 경상도와 전라도, 충청도 사람에 대한 느낌이 다른 것은 억양이나 말투와도 연관이 있다. 이처럼 유사언어는 개인의 말하는 스타일과 관련되어 커뮤니케이션 능력을 결정짓는 중요한 요소로 작용하기도 하므로 대중 앞에서의 연설 등 공식적인 스피치에서 중요하게 생각하는 부분 중 하나이다.

(4) 공간과 시간에 의한 커뮤니케이션

문화인류학자인 에드워드 홀은 커뮤니케이터와 수용자 사이의 물리적 거리를 중요한 비언어로 보았다. 이를 연구하는 분야를 가리켜 '공간학'이라 한다. 이는 사람들이 다른 사람들과의 사이에 어느 정도 개인 공간을 유지하고 싶어 한다는 심리에 따른 것이다. 사람들은 대체로 자신의 앞쪽 공간을 뒤쪽보다 더 넓게 두고자 하며, 누군가에 의해 그 공간이 침범되면 수정 행동을 통해 필요 공간을 확보한다. 엘리베이터 같이 폐쇄된 공간에서 누군가 낯선 사람이 옆에 서면 조금 옆으로 비켜서거나 눈길을 마주치지 않는 행동을 하는 것을 말한다. 이러한 공간 개념은 상대방과의 친밀함에 따라 얼마든지 달라질 수 있다. 연인 사이의 공간의 거리는 좁혀지게 마련이다.

홀은 사람들이 상황에 따라 이용하는 공간의 거리를 네 가지로 나누어 설명하고 있는데, 거리가 멀수록 사무적이고 공식적인 상황을 나타낸다.

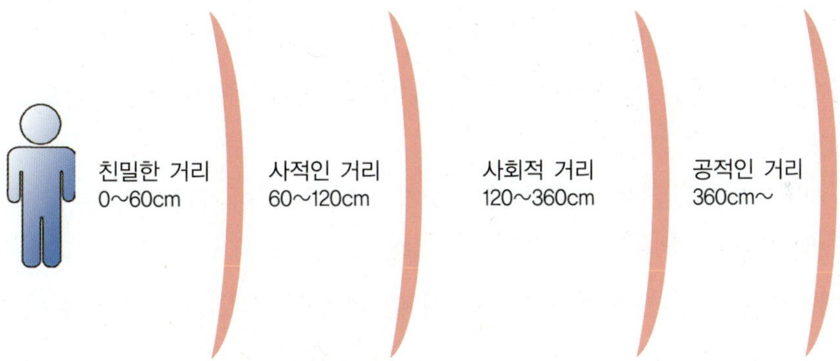

그림 4-6 인간공간학적 범위

(5) 환경적 요소에 의한 커뮤니케이션

우리가 커뮤니케이션을 하고 있는 시간과 장소의 환경적 요소는 우리의 느낌과 생각, 행동에 영향을 미친다. 예를 들어, 딱딱한 철제의자가 있는 카페보다 푹신한 소파가 놓여 있는 카페에서 더 편안함을 느낀다든가 은은한 조명이 비치는 곳에서 좀 더 로맨틱한 감정을 갖게 되는 것, 성당이나 절에서의 촛불에서 근엄함을 느끼는 것 등이 환경에 의한 커뮤니케이션의 요소들이다.

특히, 음식점에서 이러한 환경의 커뮤니케이션적 특성을 잘 활용하고 있는데,

고급 레스토랑일수록 은은한 조명과 촛불의 활용, 옆 테이블과의 거리, 안락한 의자, 부드러운 음악 등으로 분위기를 조성하고 있다. 하지만 상대적으로 저렴한 패스트푸드점의 경우 빠르고 경쾌한 음악, 딱딱한 의자, 밝은 조명 등으로 테이블의 회전율을 높이려 한다.

토의 4.2

비언어적 행동의 관찰과 피드백을 연습한다. 조원들이 대화하는 동안 비언어적 행동을 관찰해 본다. 예를 들어, 각종 신체적 행동뿐 아니라 말투, 음색, 말의 속도, 높낮이, 한숨 등의 비언어적 행동이 전달하는 느낌을 관찰한다. 다음과 같은 순서대로 활동을 한다.

① 4인 1조로 구성한다.
② 조원 중 두 명이 자유로운 주제로 3분간 대화를 한다. 이때 서로 각자의 이야기에 몰입하기보다는 상대방에게 반응하며 이야기를 주고받는 형식으로 대화를 나눈다.
③ 같은 시간 나머지 두 명은 대화의 관찰자가 된다. 이야기를 나누는 두 명의 신체언어 및 억양, 말의 속도 등 비언어적 행동을 적는다.
④ 3분 대화의 종료 후 비언어적인 부분의 관찰 내용 그대로를 피드백한다.

〈피드백의 예〉

- 너무 빠른 속도로 이야기를 하여 말을 듣는 사람의 입장에서 긴장감이 느껴졌다.
- 이야기를 하는 내내 시선을 마주치지 않았다.
- 한쪽 다리를 떨었다.
- 대화의 중반 이후부터 목소리가 작아졌다.

3) 효과적 비언어 커뮤니케이션을 위한 방안

언어 커뮤니케이션과 비언어 커뮤니케이션은 많은 점에서 공통점을 가지고 있다. 그중 오해의 여지가 많다는 것이 아마 가장 큰 공통점이라 할 수 있다. 우리는 다음 두 가지 점을 주의함으로써 일상생활에서 비언어적 행위가 초래할 수 있는 오해를 줄일 수 있을 것이다.

먼저 자신의 비언어적 행위가 자신의 의도와 일치하는지 또는 다른 사람이 오해할 여지는 없는지 항상 점검해야 한다는 것이며, 둘째는 다른 사람의 비언어적 행위를 마음대로 해석해서는 안 된다는 점이다.

(1) 자신이 한 비언어 커뮤니케이션을 점검하라

우리가 한 비언어적 행위는 우리가 어떤 사람인지를 나타내준다. 그러나 자신이 다른 사람에게 보이고자 한 이미지대로 그 사람에게 전달되었다고 확신할 수는 없다.

예를 들어, 나에게는 정말 화가 나는 이야기였지만 친한 친구에게 이야기를 했을 때 전혀 공감이 없을 때 나의 무엇이 잘못되었는지를 생각해 보아야 한다. 내가 화가 난 그 느낌이 이야기에 충분히 반영되었는지, 내가 전달하고자 하는 의미대로 명확히 커뮤니케이션이 되었는지 점검해 보아야 한다.

우리는 좋아하는 사람을 초대했을 때 청소를 하고 집안 환경을 정리하며 깨끗한 분위기를 만들어 커뮤니케이션하기 좋은 환경을 만든다. 그런 것처럼 지금 내가 사용하고 있는 비언어적 행위가 잘못된 것은 없는지 자신의 의도대로 비언어적 행위를 잘 사용하고 있는지 세심한 주의를 기울이는 것은 커뮤니케이션을 통해 다른 사람과 관계를 맺고 사는 현대인에게 있어 매우 중요하다.

(2) 타인의 비언어적 커뮤니케이션에 대한 해석은 잠정적으로 하라

비언어적 행위는 상당히 모호하며 문화권에 따라 또는 개인적인 특성, 상황, 커뮤니케이션의 맥락 등에 의해 그 의미가 상당히 달라질 수 있어 일반적인 해석을 하기 힘들다. 예를 들어, 강연을 듣는 청중 중에 턱을 괴고 앉아 있는 사람이 있다고 하자. 대부분은 '강연이 지루하고 흥미가 없나 보다'라고 생각하겠지만 그 사람은 턱을 괴고 듣는 것이 내용을 집중하는 데 도움이 되는 사람일 수도 있다. 어떤 사람은 주위에서 들리는 음악 소리가 공부를 방해하지만 어떤 사람은 이어폰을 꽂고 음악을 들어야만 공부의 능률이 오르기도 한다.

그러므로 우리가 다른 사람의 비언어적 행위를 자신의 인지영역에서 선입견을 가지고 해석하는 것은 상당히 위험하다고 할 수 있다.

하나하나의 비언어적 행위에 대하여 일정한 의미를 부여하는 것도 비언어 커뮤니케이션의 오해를 줄이기 위해 좋은 방법이며 '나 언어'로 생각하고 느끼는 것도 좋은 방법이다. 즉, 타인의 비언어적 행위에 대하여 그 사람이 어떻게 생각하고 행동했다고 추론하여 해석하는 것보다는 타인의 비언어적 행위를 보고 내가 어떻게 느끼는가 생각한다는 것이다.

예를 들어, 나와 대화를 하며 다른 일을 함께 하는 사람을 보며 "내 이야기에 집중하지 않는구나, 내 이야기에 관심이 없나 보다"라고 생각하지 말고 "지금 좀 더 중요한 일이 있어 내 이야기를 들으며 다른 일도 함께 하나 보다"라고 생각하는 것이다.

토의 4.3

다음의 내용을 완성하고 조별 발표 후 피드백을 주고받는다.

① 평상 시 대화를 나눌 때 습관적인 나의 비언어적 표현방법은 어떤 것이 있는가?

② 나는 감정을 표현할 때 어떤 비언어를 사용하는가?

상황	비언어적 표현
화날 때	
짜증날 때	
기쁠 때	
신날 때	
귀찮을 때	
슬플 때	
스트레스 받을 때	

③ 비언어적 표현에 의한 커뮤니케이션을 잘하기 위해 무엇을 해야 하는가?

Chapter 05

멘토링형 커뮤니케이션

수직적 커뮤니케이션의 이해

Chapter

05 멘토링형 커뮤니케이션

학습 목표

소통환경에서의 상호작용이 도움 주는 사람과 받는 사람의 관계로 이뤄지는 수직적 소통에 대해 학습한다.

1. 멘토링의 개념을 설명할 수 있다
2. 멘토-멘티의 자세와 역할을 설명할 수 있다.
3. 멘토링 패러다임과 상황별 멘토링 스타일을 적용할 수 있다.
4. 멘토링 프로세스와 방법을 적용할 수 있다.

1. 멘토링의 개념과 멘토·멘티

1) 멘토링의 유래와 정의

트로이전쟁으로 우리에게 잘 알려진 오디세우스는 전쟁터에 나가 있는 시간이 매우 길었다. 그는 친구 멘토르에게 자신이 전쟁에 출정해 있는 동안 아들 텔레마코스를 돌보고 가르쳐 줄 것을 부탁했다. 멘토르는 그 후 20년간 텔레마코스에게 현명하고 성실한 조언을 해 줌으로써 훌륭한 성인으로 키워내는 역할을 했다. 그 후로 멘토르라는 이름은 '조언자' 또는 '스승'이란 뜻으로 사용하게 되었다.

경험과 지식이 많은 사람이 지도와 조언으로 대상자의 실력과 잠재력을 향상시키는 것 또는 그러한 체계를 '멘토링'이라고 한다. 조언을 해주는 사람인 멘토와 받는 사람인 멘티가 일정한 관계를 형성하면서 상호 영향을 주고받게 된다. 이러한 의미의 멘토링은 기업과 학교에서 활발하게 사용되고 있다. 멘토링은 주로 선배가 후배에게 업무노하우와 조직문화 등을 가르치는 게 일반적이지만 최근 들어 말단 사원이나 신입직원이 고참선배를 가르치는 경향이 생기면서 멘토링은 멘토링과 역멘토링으로 분화되어 발전하고 있다.

역멘토링은 GE회장 잭 웰치가 젊은 직원으로부터 인터넷에 대한 설명을 듣게 되면서 시작되었다. 신참직원이 고참임원에게 인터넷 사용법을 가르치면서 젊은 직원들도 자신의 존재감을 확인하는 계기가 된 이 사례는 곧 다른 대기업에게 전파되기 시작했다. 화장품기업인 에스티로더 또한 쇼핑앱이나 채팅앱에 대해 배우고, 팝업매장을 함께 방문한다. 마스터카드의 50세 대표는 24세의 2년차 사원에게 소셜미디어 사용법을 배우는 역멘토링을 5개월간 진행했다. 구찌의 신참직원들은 고참임원들에게 모피로 상징되는 고급화 시각은 이제 버리라는 역멘토링을 시작했고, 결국 CEO는 2018년부터 모피를 일체 사용하지 않는 걸로 결정했다. 대신 구찌 플레이스라는 앱을 론칭하여 여행하면서 둘러볼 구찌 관련 장소를 소개하고 거기에서만 특별히 판매하는 한정판을 내놓는 방식을 택했다. 이제 구찌는 더 이상 고연령층의 상류시각으로 제품을 내놓지 않게 되었고, 젊은 층에게 구찌라는 용어는 신난다, 혹은 멋지다 하는 의미로 회자된다.

이제 멘토링은 연령이나 경험의 축적을 넘어서고 있다. 테크놀로지의 급속한 발전은 먼저 경험을 하는 요소가 달라지게 하고 있기 때문이다. 그러나 여전히 기업에서는 선배가 후배를 지원하는 멘토링 제도를 선호하고 지원한다. 이는 멘토링에 대한 기대가 단순하게 경험 이상의 의미를 담고 있음을 표현한다.

기업은 업무경험이 많은 고참직원이 신참직원에게 다음과 같은 지도와 조언을 통해 업무에 신속하게 적응하고, 성장 잠재력을 개발시킬 것을 기대한다.

① 지식이전 : 고참직원이 퇴직 혹은 순환배치로 자리를 옮기게 되더라도 그의 경험에서 우러난 노하우가 남아 있게 해 준다.

② 핵심가치 보전 : 기업문화를 통해 전승되는 핵심가치는 공동체 의식과 몰입 강화에 크게 기여한다.

③ 인재육성 : 핵심인력에 대한 리더육성 멘토링을 통해 차기 임원의 수급을 원활하게 한다.

④ 기업브랜드 : 내부인재 육성프로그램이 좋은 기업은 신규인력 유치에서 높은 경쟁력을 지니게 된다.

2) 멘토 · 멘티의 자세와 역할

멘토링에 있어서 가장 중요한 것은 멘토와 멘티가 만나면서 이뤄지는 관계형성이다. 멘토링 커뮤니케이션의 중요한 요소는 일정 기간 지속적으로 이뤄지는 시간과 횟수를 전제로 하는 만남이라는 것이다. 따라서 사전에 '저의 멘토가 되어 주십시오.', '그렇게 하지' 라는 약속이 수반된다.

멘토-멘티의 관계 형성을 서로 약속하는 것이 중요한 이유는 그럼으로써 멘토는 멘티에게 해 줄 수 있는 것을 찾고, 계획을 세우거나 자료를 준비할 수 있기 때문이다. 마찬가지로 멘티 또한 어떤 해결과제를 멘토에게 묻고 조언을 구할 것인지 사전에 생각해보게 된다. 이러한 과정을 정리하면 다음 그림과 같다.

- 1단계 : 멘토-멘티 관계를 형성한다.
- 2단계 : 서로 기대사항과 낼 수 있는 시간에 대해 논의한다.
- 3단계 : 집중 과제 논의 및 액션플랜을 성실하게 실행할 의지를 확인한다.

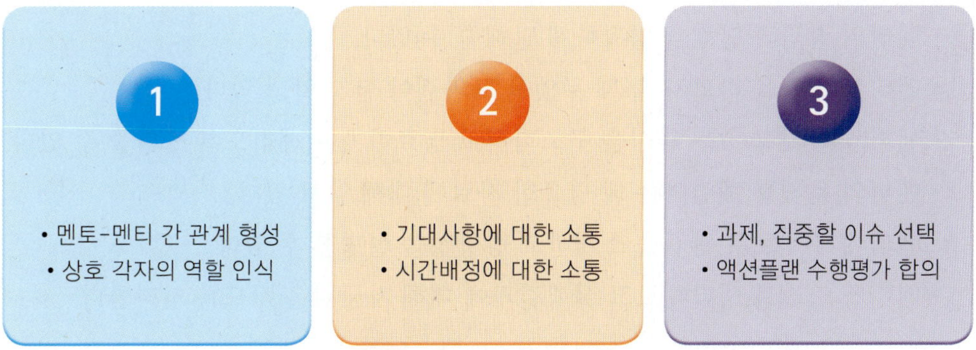

그림 5-1 멘토-멘티의 관계 형성단계

멘토는 멘티의 성장을 위해 자신의 지식과 경험을 바탕으로 노하우를 제공하고자 하는 사람으로 멘티에 대해 심리사회적, 업무역량적 역할모델로서 작동한다. [그림 5-2]는 멘토와 멘티의 역할을 시각화한 것이다.

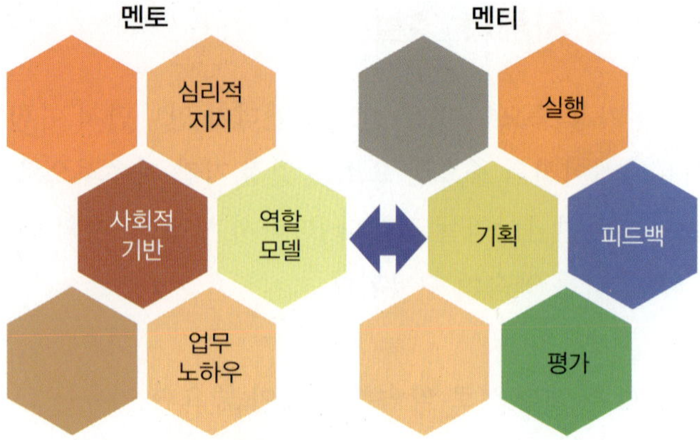

그림 5-2 멘토와 멘티의 역할관계

멘토는 주로 멘티가 필요로 하는 부분에 대해 초점을 맞춰 진행하게 된다. 마찬가지로 멘토가 되어주십시오 라고 요청을 받았을 때 대부분의 사람들은 자신이 멘토가 되겠다고 쉽게 대답하지 않는다. 멘토가 된다는 것은 시간과 자원을 공유하는 일이기 때문이다. 멘티는 멘토의 지도 또는 조언을 받아 성장하고 자신의 꿈을 실현하는 사람이다.

- 멘티의 장점과 단점을 명확하게 말해줄 수 있다.
- 멘티가 결정을 하고자 할 때 무엇을 도와줘야 할지 알고 있다.
- 멘티가 가지고 있는 관심을 구조화하고 명료하게 이해하도록 도와줄 수 있다.
- 멘티의 문제를 해결하는 데 필요한 자료에 대해 알고 있다.
- 멘티에게 새로운 관점을 소개하고 방향성을 설명할 수 있다.
- 멘티가 스스로 생각해보고 실행결과에 대해 자긍심을 갖도록 지지한다.

(1) 멘토링소통의 중요성

멘토링소통은 도움을 주는 사람과 받는 사람의 수직적 관계에서 이뤄진다. 수직적 관계라는 것은 도움을 주는 사람과 받는 사람 사이에 방향성이 있다는 의미를 지닌다. 그러나 멘토링소통이라고 해서 멘토가 멘티에게로 전이되는 흐름만 지속된다면 그 관계는 오래가기 어렵게 된다. 따라서 멘토링에서는 구조화를 통해서 소기의 성과를 낼 수 있는 소통을 중요하게 생각한다.

멘토링소통을 통해서 멘토는 차세대를 이해하는 유연성이 확장된다. 아울러 지속적으로 멘티의 액션플랜을 수립하고 실행하는 과정에 관여하게 되므로 그들의 실천적인 특장점과 어려움을 이해하게 되므로 경영에 필요한 관리역량이 강화된다. 멘티는 멘토의 질문에 대답하면서 어떤 방향으로 생각을 진행해야 하는 지 이해하게 되고 그에 따라 액션플랜도 실제적이고 구체적으로 수립할 수 있게 된다.

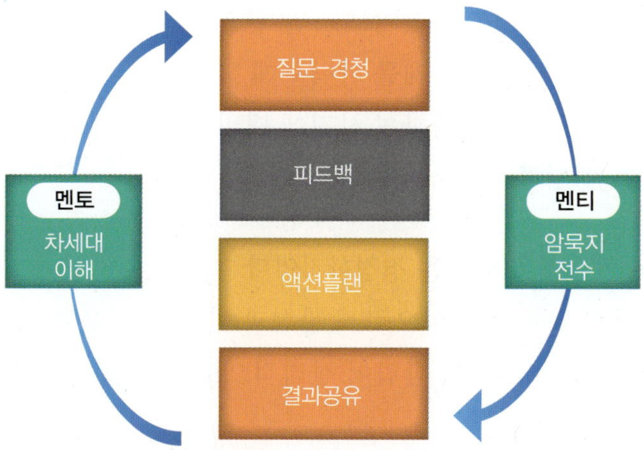

그림 5-3 멘토와 멘티의 상호작용

(2) 멘토의 자세와 역할

멘토링소통은 멘토의 입장과 멘티의 입장으로 나눠서 살펴보는 것이 바람직하다. 나이와 경험의 차이가 나는 상황에서 서로 어색하지 않고 활력 있는 분위기가 이어지려면 어떻게 할 것인가, 변화와 성장이 가시적으로 나타날 수 있도록 일정 기간 동안 지속될 수 있게 하는 요소는 무엇인가 하는 점에 집중하면 멘토의 자세와 역할은 다음과 같이 정리할 수 있다.

① 멘토커뮤니케이션의 생명은 비밀지키기이다.

멘티에 대해 관심을 가지고 들어주고 고민에 공감을 하는 후원자로서 멘티의 입장을 지켜줘야 그 역할에 신뢰를 더할 수 있다.

- 혹시라도 남에게 알려지고 싶지 않은 내용은 사전에 말하도록 하기
- 멘티를 보호하기 위해 지켜줄 내용인가 판단하여 배려하기

② **멘토커뮤니케이션의 특징은 경험 공유하기이다.**

멘토의 역할은 멘티의 일과 생각을 나누는 동반자이다. 일을 대신해주고 답을 제공해줘서는 멘티의 성장을 기대할 수 없다. 멘토는 먼저 경험을 해본 선험자로서 멘티가 어려움을 헤쳐 나가는 과정에 함께 참여하고 가이드해 주는 데 그 의의가 있다. 멘토는 멘티의 직무수행 역량을 향상시키는 데 필요한 기초지식을 전달하는 존재이므로 업무경험을 공유하는 방법을 알아야 한다.

- 경험한 일의 추진과정을 되짚어보고 잘 된 점과 어려웠던 점을 정리하기
- 상대방의 입장에서 일의 단계를 나눠보게 하기
- 어렵게 진행된 사례를 설명하여 사전에 대비할 수 있게 하기
- 잘 된 사례를 설명하여 동기유발하기

③ **멘토커뮤니케이션의 핵심은 경청하기이다.**

멘토는 멘티의 말을 잘 경청함으로써 관심과 인정, 조언을 적시에 제공할 수 있게 된다. 멘티는 멘토의 지원에 힘입어 심리적으로 안정된 상태에서 조직에 적응하고 일에 몰입할 수 있다.

(3) 멘티의 자세와 역할

멘티는 멘토와의 소통을 통해 멘토가 반복적으로 보여주는 말과 행동, 특징들을 찾아내고 자기도 한 번 해 봄으로써 결과가 좋으면 앞으로도 지속적으로 활용하게 된다. 그 과정에서 자신의 가치관을 되짚어보거나 일의 우선순위를 정하거나, 희망사항과 열정을 표현하는 것이 중요한 역할을 한다. 표현은 가치관의 변화, 전문성의 강화, 그리고 경력 개발에 필요한 도전에 직면할 수 있도록 이끌기 때문이다. 각각의 단계를 헤쳐 나가면서 생기는 통찰력은 더 나은 결정을 할 수 있게 하고, 선택한 결정에 대해 행동으로 옮기는 힘을 제공한다. 멘티의 자세와 역할은 다음과 같이 정리할 수 있다.

① **멘티커뮤니케이션의 생명은 약속지키기이다.**

멘토는 현업에서 본인의 업무를 수행하고 있는 사람들이기 때문에 스스로의 일과도 매우 바쁘다. 이런 상황에서 후배육성에 관심을 가지고 멘티를 만나서 가

이드를 해주고 있으므로 멘티는 멘토와의 약속을 우선순위 맨 앞에 두겠다는 마음으로 임해야 한다.

② 멘티커뮤니케이션의 특징은 질문하기이다.

멘티는 업무상 궁금한 점이나 힘든 이슈가 생겨서 멘토를 찾아가게 될 경우 질문 내용을 잘 정리하고 적극적으로 피드백을 구하려는 노력이 필요하다. 짧은 시간에 구체적인 내용을 전달하고 적확한 질문으로 답을 구해야 한다.

③ 멘티커뮤니케이션의 핵심은 공유하기이다.

멘토링 관계는 1:1로 진행되는 개인적 연결이므로 상대방에 대한 신뢰는 필수적이다. 멘토링은 장기간 진행되는 활동이며, 미래지향적 관점에서 멘티의 잠재력을 발전시키는 과제를 추진하고 있으므로 멘토링에서 논의된 사항에 대해 실행하고 그 솔직한 결과를 멘토와 허심탄회하게 공유할 필요가 있다.

토의 5.1

멘토는 거의 모두가 멘티보다 바쁜 사람들이다. 그들의 시간이 매우 소중하다는 사실을 명심하고 있다면 멘토가 멘티에게 쏟는 시간을 최대한 활용할 수 있어야 한다. 그렇게 하려면 어떻게 대처해야 할지 서로 자신의 생각을 교환하고 그 결과를 정리해보자.

① 물어볼 내용을 미리 준비하려면 어떻게 해야 할 것인가?
② 질문 외의 대화 내용은 어떤 것들을 준비할 것인가?
③ 멘토링 소통을 끝낸 뒤 어떤 방식으로 감사의 표현을 할 것인가?

2. 멘토링 패러다임과 상황별 소통방식

1) 멘토링 패러다임

멘토는 일을 대신해 주는 것이 아니라 멘티의 생각을 이끌어 내고 당면과제에 대해 체계적으로 접근할 수 있도록 적절한 피드백을 제공하는 역할이므로, 자신의 경험에 기반한 멘토링 패러다임을 구축하게 된다. 그 과정에서 멘토는 멘티의 입장이 되려고 노력한다. 멘토가 편안한 존재여야 멘티가 지닌 어려움과 약점을 볼 수 있고 적절한 조언을 해줄 수 있다. 멘토는 자신보다 경험이 적은 멘티를 위해 멘티의 역량이나 노련함을 기대하기 보다는 멘티의 존재 자체를 인정하려는 노력이 필요하다. 멘토링 패러다임은 과제나 멘토-멘티 관계에 따라 다양한 유형으로 나뉘지만 일반적인 틀은 다음과 같이 제시할 수 있다.

표 5-1 멘토링 패러다임

특성	설명
존재감	멘티의 존재를 인식하고 멘티 개인을 이해한다.
프레임	한 단위의 프레임을 정한다.
진행과정	진행과정을 지원한다.
성과기대	최고의 성과를 기대한다.

프레임을 한 단위 정한다는 것은 명확한 기준을 가지고 진행한다는 것이다. 멘토-멘티간 진행되는 소통의 주제가 프레젠테이션을 할 것이라거나, 중요한 누군가와 대담을 할 준비라거나, 회의를 주재할 것, 혹은 구체적인 경력비전을 갖기 위한 계획 수립 등 명확한 사례를 가지고 논의되어야 한다는 것이다. 그 주제의 현재 상태를 파악하고 일정 기간 후 특정한 상태로 변화하도록 하는데 필요한 계획과 실행에 대해 논의하는 것을 프레임으로 놓고 진행한다.

진행과정을 챙기는 질문은 성과물 창출에 현격한 차이를 가져오도록 돕는다. 시행착오를 거쳐 원점으로 되돌아오는 경험도 귀중하지만 스스로 깨닫고 조정할 수 있도록 질문해주는 것만으로도 효율성을 높일 수 있다.

2) 멘토의 소통방식

멘토가 멘티의 진행 과정을 지원한다는 것은 멘티의 실행에 관심을 기울이고 성과를 기대한다는 것을 의미한다. 진행과정에서 멘토의 암묵지는 상호 스토리 기반으로 진행되므로 중간과정을 관심 있게 듣고 조언하며, 하나의 단위 프레임이 마무리될 때마다 멘토는 멘티에게 사례를 구조화하여 정리하게 함으로써 무엇을 배웠는지 명확하게 이해시킨다.

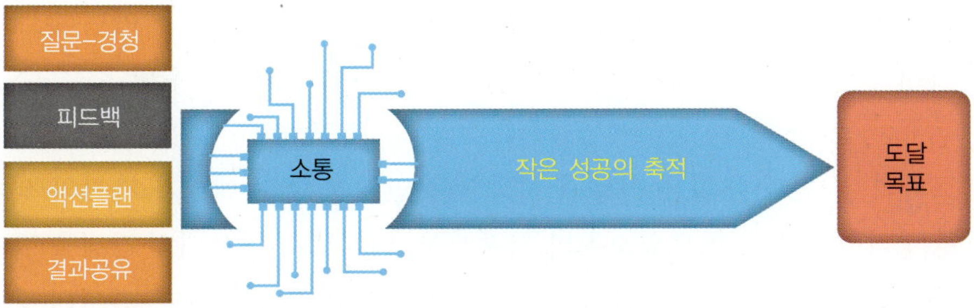

그림 5-4 멘토-멘티 공동체

멘토는 분위기를 조성할 뿐 아니라, 관계를 구축하고 유지하면서 멘티의 수행과정을 평가하고, 피드백을 통해 개선할 요소와 어떻게 반영할지 생각해 보도록 유도한다. 자신의 의견을 설득력 있게 전달하고 진실하게 들어주는 과정에서 멘티의 관심사나 개발욕구를 충족시켜주려고 노력한다. 이 과정은 멘토에게도 유용하다. 멘토는 리더십이 향상되고, 자신의 업무노하우를 설명하는 과정을 통하여 자기 자신을 객관적으로 보게 되고, 부족한 부분에 대해 새로운 지식과 정보를 찾게 된다.

멘토링 관계는 멘티의 학습과 성장을 목표로 한다. 성인학습에서 강조하는 자기주도학습의 퍼실리테이터 혹은 커리어코치를 배정하는 방식이므로 멘토가 모든 일을 해주려고 노력할 필요는 없다. 멘토의 지식을 단순하게 전달하는 것이 아니라 학습자 중심의 변화 패러다임이므로 소통을 통해 멘티의 생각을 이끌어 낸다. 해보지 않았거나 서툰 단계에서 나타나는 막연함에 직면하고 도전하도록 함으로써 보다 구체적인 과정을 설계하도록 지원한다.

3) 멘티의 소통방식

멘토링소통은 멘토의 시간과 자원을 공유하는 일이다. 선배로서 쉽게 멘토가 되겠다고 나서기 어렵다. 멘토링소통은 정해진 시간 내에 한 가지 주제에 대한 다양한 질문과 피드백을 주축으로 액션플랜을 세울 수 있도록 지원하고 그 구체적인 실행결과를 공유하는 방식으로 구조화하는 것이 중요하다.

멘토가 된다는 것은 멘티와 함께 작은 단위조직을 만든다는 의미가 된다는 것을 멘티가 이해할 필요가 있다. 멘토링소통은 조언이 필요한 이슈뿐 아니라 태도도 같이 가져가야 하는 것이 명확해짐으로써 보다 효과적으로 진행된다.

멘토와의 첫 번째 대화를 어떻게 시작할 것인가에 대해 멘티가 자기의 생각을 사전에 정리하는 것이 멘토링소통의 시작이다. 멘티로서는 상대의 강점을 발견하고, 그 강점을 배울 수 있는 마음자세를 갖추는 것이 가장 필요하다. 멘토의 강점이 무엇인지, 그의 소통방식은 나와 맞는지 등 필요한 정보를 수집하고 나서 그 사람이 나에게 가장 적합한 조언을 해 줄 것이라고 판단이 서면 그를 찾아가서 멘토가 되어 주십사 하고 말을 해야 한다.

- 어떤 마음으로 시작할 것인가?
- 첫 마디 말을 어떻게 시작할 것인가?
- 그에게 나를 어떻게 소개할 것인가?
- 내가 궁금해 하는 이슈에 대해 처음에 간단하게 시작할 첫 문장은?

멘토링소통은 수직적 소통을 통해 선배의 경험과 지혜로부터 배우려는 데에서 출발한다. 겸손해야 배워지는 데 자기 자신에 대한 자존감이 높은 사람이 겸손할 수 있다. 상대방의 장점을 인정하는 것이 내가 낮아지는 것은 아니다. 상대방이 먼저 경험한 암묵지의 가치를 인정하고 거기에서 내가 경험하지 못한 지식을 전수받고자 하는 수직적 흐름임을 기억하고 겸손함으로 다가가도록 한다.

4) 상황별 멘토링 스타일

멘티의 자기주도적 학습을 멘토가 도와주는 것을 기본으로 하는 멘토링 체제에서는 두 사람 간의 원활한 소통이 핵심 자원이다. 멘토가 자신의 경험을 되돌아보고 멘티의 성장을 위해 어떤 암묵지를 골라 전달할 것인지 판단하려면, 멘티를 이해할 여력이 있어야 한다. 다양한 질문과 정직한 답변을 통해 상호 이해의 폭을 넓혀가는 멘토링 소통은 멘티의 상황에 따라 다르게 접근한다. 멘티의 상황은 다음 3가지로 나눌 수 있다.

① 멘티가 업무에 대해 상황 파악이 전혀 되어 있지 않은 단계
② 상황 파악은 되고 있지만 일 처리 역량이 부족한 단계
③ 전체적인 상황도 파악하고 있고, 업무처리도 잘 하고 있는 단계

멘티의 상황을 파악하면 그에 맞게 멘토링소통이 진행되어야 한다. 무엇을 해야할지 전혀 모르는 멘티에게 스스로 액션플랜을 짜라고 하는 것은 동기를 상실하게 한다. 어떤 선택지가 있는지 전혀 알지 못하는 멘티에게는 그에 맞는 소통방식으로 다가가야 한다. 이미 경험이 많은 멘티에게는 세세한 과정을 알려주기보다는 방향성을 논의하여 스스로 계획을 수립하도록 돕는 게 적절하다.

아래 그림은 멘티의 상황에 따른 멘토링 소통스타일의 적용 사례를 제시하고 있다.

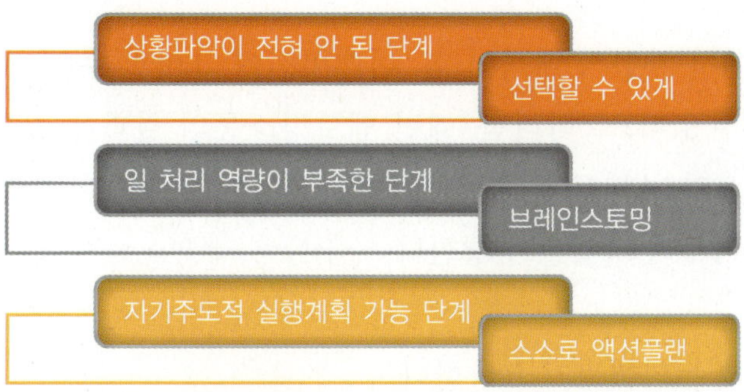

그림 5-5 멘토링 소통 스타일

멘티의 상황별 멘토링스타일은 다음과 같이 정리할 수 있다.

① 멘티에게 실행방안을 제시하고 그 중에서 선택하게 진행한다.

충분한 상황파악을 못한 경우에는 어떻게 진행해야 할지, 진행을 하는 과정에 어떤 문제가 생길 수 있는지 전혀 모르고 있을 수 있다. 이러한 경우에는 멘토가 멘티의 상황을 설명하고 어떻게 대처할 것인지에 대해 사례를 몇 가지 들어준다. 멘티가 자신의 상황을 헤쳐 나가는 몇 가지 방안을 가지고 실행하는 방향으로 소통이 진행된다.

② 멘티의 수준을 단계적으로 업그레이드하는 방안을 함께 고민하면서 단계별로 조언한다.

멘티가 아직 일을 처리하는 역량이 부족한 경우에는 멘티가 가지고 있는 정보를 브레인스토밍 방식으로 내보이게 한 다음, 그 정보들을 바탕으로 그룹핑을 하면서 해결방안을 같이 찾아가는 방식이다. 멘토의 조언은 그 과정에서 단계별로 조금씩 제공된다.

③ 멘티가 자기주도적으로 진행하게 한다.

멘티가 업무수행에 필요한 역량을 지니고 있으며, 자신의 문제를 이해하고 극복하고자 하는 의지도 강할 때에는 스스로 문제의 원인이 무엇인지 파악할 수 있도록 질문의 방향을 리드한다. 질문에 대답하는 과정에서 엉킨 실타래를 풀고 나아갈 방향을 찾게 하는 방식이다.

멘토링 소통에서 자신의 내적인 힘, 미래비전이 그려질 수 있어야 지속성과 신뢰성을 지켜갈 수 있다. 그러려면, 매번 멘토링소통의 결과를 기록하고 객관화된 문장을 통해 자신의 변화를 볼 수 있게 하는 장치가 필요하다. 멘토링소통 이후에는 다음과 같은 마무리 작업을 수행한다.

① 무엇에 대해 논의했는지 요약한다.
② 다음 만남까지 실행하고자 하는 액션플랜을 적어둔다.
③ 멘토링소통에 대한 만족도에 대해 정리하고 개선할 점을 정리한다.

토의 5.2

멘토-멘티의 커뮤니케이션에 대한 다음 질문에 대하여 자신의 생각을 정리하고, 자신의 의견을 팀원들과 공유한다.

① 좋은 멘토는 어떤 특성을 가지고 있다고 생각하는가? 그 특성이 왜 중요한지 자신의 언어로 표현해보자.

특성	중요한 이유

② 좋은 멘티는 어떤 특성을 가지고 있다고 생각하는가? 그 특성이 왜 중요한지 자신의 언어로 표현해보자.

특성	중요한 이유

③ 나의 멘토가 되어주면 좋겠다고 생각되는 사람의 특징을 설명해보자.

④ 내가 멘토가 된다면 어떤 점에 집중하여 도와줄 것인지 설명해보자.

3. 멘토링 프로세스와 방법

1) 멘토링 기반조성

(1) 라포형성

멘토링소통은 자칫 딱딱하고 형식적으로 진행될 멘토링대화를 유연하게 유지되도록 한다. 친절한 태도, 따뜻한 반응, 시선과 미소, 긍정적 질문 등 일상에서 흔히 사용하는 대인관계 기술을 활용한 라포 형성이 기본이다. 라포는 서로 마음이 통하여 어떤 일이라도 터놓고 말할 수 있거나 말하는 것이 충분히 이해되는 상태를 의미한다. 라포형성은 동지의식을 바탕으로 협력하는 여건을 조성한다. 처음 만나는 사람과 일정 시간 안에 우호적 관계가 형성될 수 있도록 소통하는 것은 학습될 수 있는 역량에 속한다.

라포는 대개 대화를 나누면서 형성되지만 때로는 직관적으로 동질감을 느끼거나 비언어적 교감을 통해 형성되기도 한다. 표정이나 몸짓에서 전해지는 긍정적인 생각과 정보교류는 이어서 진행되는 대화에 큰 영향을 미치게 된다. 비슷한 사람, 이해할 수 있는 경우는 자신의 과거 경험으로부터 익숙함을 불러오고 연대감을 형성한다. 이를 공감이라 한다.

라포를 형성하고 우호적인 소통을 하고 있는 상황을 관찰해보면 그들은 서로에게 표정과 몸짓을 맞추고 있음을 볼 수 있다. 머리를 끄덕이고 목소리 톤이나 말의 빠르기 등이 비슷하게 맞춰지게 된다. 라포형성으로 멘토링소통의 기본이 원활하게 이뤄지는 요소를 정리하면 다음과 같다.

표 5-2 라포 형성의 구성요소

특성	설명
환경조성	서로 편안하게 소통할 수 있는 주위환경이 조성된다.
공감반응	대화에서 나타난 비언어적 표현을 잘 읽고 공감적인 반응을 한다.
언어공유	자주 등장하는 낱말과 비유를 확인하고 서로 활용하고 있다.

(2) 구조화된 틀을 이용하는 초기단계

멘토링은 일정 기간 동안 정기적으로 만나는 것을 기본으로 한다. 친밀감과 신뢰형성이 중요하고, 변화와 성장이 가시적으로 나타날 수 있을 만큼 지속적 교류가 필요하지만 처음 만남부터 일정 기간은 순조롭게 진행되기 어렵다. 멘토링 관계를 통해 얻고 싶은 목표와 사회생활, 개인생활과 관련되어 어떤 도움이 필요한지 말하는 방법에 서로 익숙하지 않기 때문이다.

초반에는 멘토링 관계를 맺고, 목표를 설명하면서 상호 역할과 책임을 정하고, 활용할 수 있는 지원과 자원을 확인하는 기본 틀에 따르는 것이 좋다. 그러한 내용을 바탕으로 멘토링 계획서를 작성하여 추진해 나가면서 서로의 언어에 익숙해지면서 천천히 공감대가 형성되도록 한다. 멘토링은 어떤 문제에 대한 해답을 함께 찾고, 의견을 존중하고 반영해서 행동하도록 권하는 것이므로, 공감대를 어떻게 형성할 것인가 하는 것은 멘토링의 전 과정에 영향을 끼치는 요소가 된다.

멘토링소통은 수직적 관계이므로 특히 멘토의 마음에서 우러난 관심이 그가 사용하는 문장에서 나타나는 것, 자율성과 잠재력을 인정하는 표현이 공감대 형성에 도움이 된다. 사용하는 질문은 다음과 같이 제시될 수 있다.

- 멘토링 기간 중에 이루고 싶은 것은 무엇인가?
- 좀 더 배워야 할 스킬은 어떤 것인가?
- 어떤 지원이나 도움이 필요한가?

멘티는 멘토와의 커뮤니케이션을 위해 다음과 같이 준비사항을 점검한다.

- 이번 미팅주제를 사전에 멘토에게 제시하였는가.
- 미팅 시간과 장소는 소통에 적합하게 준비되었는가.
- 미팅에 방해받지 않게 다른 일정을 조정해뒀는가
- 이번 주제에 필요한 정보나 자원을 수집하였는가.
- 묻고 싶은 질문리스트를 준비하였는가.

(3) 미래비전을 공유하는 공감단계

멘토링소통을 통해서 멘토에게 기대하는 것은 경험에서 축적된 노하우다. 그 노하우에는 업무를 실행하는 순서, 정리하는 방식, 요약해서 보고하는 방법과 같은 것이 있겠지만, 사실 업무를 해 낸 뒤에 기억으로 쌓이는 것은 사람마다 다르다. 같은 설명을 듣고서도 다르게 메모하게 되는 것은 성인들이 사전에 지닌 경험과 가치에 따라 받아들이는 포인트가 서로 차이가 나기 때문이다. 멘토와 멘티가 공감대를 형성하게 된다는 것은 관점의 포인트가 비슷해지면서 미래비전에 대해 공통점이 늘어난다는 의미가 된다.

또한 업무는 사람들과 연결되어 있기 마련이어서 같은 일이라도 누구와 관련이 되어 있는지 파악해서 대처하는 방법이 달라지므로 이러한 측면에서도 서로 공통영역이 생기게 된다. 가치와 경험을 공유하는 관계를 형성하는 것은 신뢰를 기반으로 만들어지는 하나의 시스템이다. 멘토와 멘티가 하나의 팀을 이뤄서 앞으로 같이 일을 해나가겠다는 표현이다. 방어적인 마음가짐에서 벗어나 소통을 통해 네트워크로 연결되는 단계에 이르면, 수용과 존중, 배려를 통해 비전을 공유하는 공동체로 나아가게 된다.

공감대를 형성하는 것만큼 유지하는 데에도 관심을 기울여야 한다. 유지에 필요한 기본스킬은 경청과 존중이다. 경청에서 편견과 고정관념이 작동하지 않게 하는 것이 중요하다. 거기에 멘토의 자기 절제력이 더해져야 비로소 공감대를 유지할 수 있다. 호기심에 의한 개인적 관심을 지나치게 나타내거나 제3자와 비교하는 상황이 발생하면 어렵게 형성된 공감대가 무너지게 된다. 공감대 유지형성에 방해가 되는 요소는 다음과 같이 정리할 수 있다.

- 편견, 고정관념
- 개인적 관심
- 과소/과대평가, 다른 사람과 상대평가

2) 피드백

(1) 피드백의 개념과 기반

피드백은 멘티의 생각과 과제에 대해 반응함으로써 동기를 부여하고 행동을 열게 하는 스킬이다. 피드백의 동적스킬은 판단, 조언, 인정이며, 멘토는 소통을 통해 이 세 가지를 담은 피드백을 지속적으로 전달한다.

① 판단 : 현재 상황 파악, 기대치 설정, 해낼 거라는 확신을 갖기 위해 필요

② 조언 : 시간과 에너지 집중포인트 설정, 효과적인 관계를 유지하는데 필요

③ 인정 : 일과 관계에 쏟아 부은 노력의 가치를 확인하기 위해 필요

표 5-3 피드백의 기반

멘토	멘티
무엇을 관찰했는가	어떤 상황을 전달했는가
그래서 어떤 조언을 하고 싶은가	그래서 어떤 행동을 해야 하는가
기대하는 성과는 무엇인가	기대하는 조언은 무엇인가

(2) 피드백소통에서의 질문

피드백의 의미를 정확하게 전달받지 못하면 그 효과도 반감된다. 피드백이 정확하게 전달되지 않아서 의도와 무관하게 그 말을 해 준 사람에 대한 섭섭함만이 기억에 남는 경우도 많다. 따라서 피드백의 현장에서 멘티는 멘토에게 피드백에 대해 질문을 통해 이해도를 높이도록 노력하게 된다. 피드백 질문은 의미를 확인하거나, 예시를 통해 행간을 이해하도록 하거나, 피드백을 제공하는 기준에 대해 다뤄진다. 질문은 다음 표와 같이 정리된다.

표 5-4 멘티의 질문

요소	예시
의미 확인	그게 무슨 뜻인지 자세히 얘기해주시겠습니까?
사례 제시	예를 들어주시겠습니까?
기준 파악	어떤 점에서 부족하다고 생각하는지 좀 더 자세히 얘기해 주시겠어요?

(3) 긍정적 피드백과 발전적 피드백

멘토는 피드백을 주는 목적이 서로에게 적절한가를 고려한다. 멘티가 피드백이 옳거나 정확하지 않다고 생각하는 이유는 멘티 나름의 경험과 관점을 가지고 있고, 그 관점이 멘토의 기준과 다르기 때문이다. 같은 피드백을 서로 다르게 받아들이는 이유는 각자 다른 데이터를 가지고 있기 때문이며, 각자 다른 기준과 방식으로 데이터를 해석하기 때문이다. 해석의 기준은 각자 다른데 암묵적으로 같은 걸로 오해하기 쉽다. 상황을 다르게 바라보는 요소가 무엇인지 구체적으로 이야기하고 세심하게 이해해야 한다.

긍정적 피드백은 상대방의 장점에 입각해서 칭찬과 인정을 해주는 것으로 자신감을 강화시켜 주는 효과가 있다. 행동 자체와 그 행동이 미치는 영향에 대해 구체적으로 언급하면서 신뢰를 보여주고 칭찬을 한다.

① 행동 : 구체적인 과제에 대해 멘티가 한 긍정적 행동에 대해 언급한다.
② 의도 : 멘토의 언급에 대해 멘티가 이해했는지 확인한다.
③ 영향 : 멘티의 긍정적 행동이 어떤 영향을 미치는지 언급한다.

발전적피드백은 개선이나 발전이 필요한 부분을 구체적으로 언급하여 실행에 연결되도록 함으로써 변화와 성장을 이루도록 지원한다. 발전적 피드백은 서로를 위하고 있다는 믿음이 기반이 되어야 효과가 있고 지속적 관계에서 유용하게 작용한다. 발전적 피드백의 요소는 지원, 제안, 비중이며 다음과 같다.

① 지원 : 상대의 성장과 변화를 위하는 따뜻한 마음이 표현될 것
② 제안 : 그래서 어떻게 해보라는 것인지 적정한 방법을 제안할 것
③ 비중 : 긍정적 피드백을 주는 절반 이하의 비중으로 제공할 것

피드백은 오랜 습관을 놓고 이야기하는 것은 아니다. 구체적인 사례를 놓고 그 안에서 주고받는 소통이다. '너는 원래 그런 터무니없는 행동을 자주 하더라' 라는 일반화하는 말은 마음만 다치게 할 뿐 도움이 되지 않는다. 작은 단위를 설정해놓고 이에 대해 소통함으로써 불필요한 오해를 방지하는 게 좋다. 단위설정은 책임감을 강화시키면서 문제의 근본원인을 알려주기에 적합하다.

3) 액션플랜과 결과공유

멘토링소통은 진행의 결과로 멘티의 액션플랜을 구체화하고 말로 표현하도록 지원한다. 멘토의 조언과 피드백을 반영한 실행계획을 멘토에게 제시함으로써 대응한다. 멘토와의 소통이 종료된 후 멘토와 약속한 액션플랜을 다음과 같이 정리한다.

[멘토링 신뢰] 미팅에서 약속한 액션플랜은 무엇인가?

___

___

___

[멘토링 플랜] 멘토링을 통하여 달성하고 싶은 다음단계 성장은 무엇인가?

___

___

___

멘토링소통은 액션플랜의 결과를 다음 미팅에서 멘토-멘티간 공유하는 것을 중시한다. 멘티의 실행정도와 결과를 멘토가 확인함으로써 멘티의 능력개발을 가속화할 수 있으면서 다음 목표로 나아갈 동력을 갖게 된다.

Leader's Communicatio

Leader's Communication

Chapter 06

코칭형 커뮤니케이션

수평적 커뮤니케이션의 이해

Chapter

06 코칭형 커뮤니케이션

학습 목표

소통환경에서의 상호작용이 파트너 관계로 이루어지는 수평적 코칭소통에 대해 학습한다.

1. 코칭의 정의와 철학을 설명할 수 있다.
2. 효과적인 코칭 질문 스킬을 적용할 수 있다.
3. 코칭소통의 기반인 접점찾기 스킬을 적용할 수 있다.

1. 코칭소통의 정의와 철학

1) 코칭의 정의

베르너 에르하르트는 '훌륭한 코칭은 사람들이 기운차게, 자유롭게, 그리고 마음의 평안을 느끼도록 해주는 것'이라고 말한다. 현대사회에서 코칭이라는 말은 매우 다양하게 사용되고 있는데 그 전제는 개인이 발전적으로 변화할 수 있도록 지원하는 지속적 관계이다. 코칭은 다음과 같이 정의된다.

• 국제코치연맹(ICF)

고객의 개인적, 전문적 가능성을 극대화시키기 위해 영감을 불어넣고 사고를 자극하는 창의적인 프로세스 안에서 고객과 파트너 관계를 맺는 것

• 한국코치협회(KCA)

개인과 조직의 잠재력을 극대화하여 최상의 가치를 실현할 수 있도록 돕는 수평적 파트너십

• 국제비즈니스코치연합(WABC)

고객의 자기인식과 행동을 향상시켜서 스스로와 조직 모두의 비즈니스 목표를 성취하도록 돕는 것

실무적 관점에서의 코칭은 다음과 같이 정의한다.

• 코칭은 스스로 문제해결을 위한 답을 찾고 변화를 추구하도록 돕는 것

컨설팅은 문제해결을 위한 해결책을 제시하지만 코칭은 해결책을 발견하도록 지원하는 데 차별적 특징이 있다. 즉, 코치는 파트너 혹은 지원자가 되어 코칭을 받는 사람과 지속적인 협력관계를 통해 상대방의 잠재능력을 극대화시켜서 성장할 수 있도록 돕는 역할이다. 코치는 경청을 기반으로 질문하고 피드백 함으로써 해결방법을 스스로 찾는 과정을 지원한다.

우리 사회에서 통용되는 코칭은 다음과 같은 내용들을 추구하고 있다.

• 목표를 설정하고 실현하는 방법
• 자신의 강점과 지닌 자원을 발견하는 방법
• 한 가지 과제에 집중함으로써 능력을 효율적으로 발휘하는 방법
• 자신이 가치 있게 생각하는 삶을 위해 우선순위를 정하는 방법

선배와 후배로서 만나는 학창시절에 코칭관계가 조성될 때, 선배가 후배에게 가르치거나 답을 주면서 지시하는 게 아니라 후배의 의견을 듣고 질문을 하는 과정을 통해 후배가 스스로 생각하는 법을 터득하게 해야 한다. 그 생각하는 법에는 전체적인 가이드를 이해하고, 시의적절한 피드백을 받아들이는 것도 포함된다. 선배코치의 역할은 마중물의 기능을 하게 된다. 선배가 코치로서의 역할에 충실하려면 코칭과정에서 알게 된 내용에 대해 비밀을 지키는 것을 중시하여야 한다. 코칭을 받는 후배는 스스로 문제의 원인과 해결방법을 찾으려고 노력하는 것과 그로 인한 액션플랜을 수립하는 과정에서 자신의 선택과 행동에 대해 책임감을 느끼는 것을 중요하게 생각해야 한다.

2) 코칭 철학과 패러다임

(1) 코칭철학

갈릴레오는 어떤 것도 가르칠 수 없고 단지 내면에 있는 것을 발견하도록 도울 뿐이라고 말했다. 코칭철학 또한 기존에 가지고 있는 능력을 발휘하도록 돕는 데에서 시작한다. 한국코치협회가 정리한 코칭철학은 다음과 같다.

① 사람은 무한한 가능성을 가지고 있다.
② 해답은 그 사람 안에 있다.
③ 코치는 함께 해답을 찾아가는 동반자이다.

코칭철학에서 사람이 가진 것이 무한한 능력이라고 표현하지 않고 무한한 가능성이라고 한 데 대해 주목하면, 자기 자신이 그 가능성을 수용하는 정도에 따라 발전가능성에서 큰 차이가 날 것이라고 예상할 수 있다. 혼자서는 자신의 가능성을 바라보고 확산시켜가기 어렵다. 코칭커뮤니케이션은 그 가능성을 객관적으로 바라보게 하고, 생각을 다각화하여 어떤 행동을 취할 것인가를 결정하는 전체 과정에 기여한다.

자신의 문제에 대한 해답은 자기 자신이 가지고 있다는 말은 다른 사람의 해답으로는 내 문제를 풀어가기 어렵다는 것을 의미한다. 스스로 해답을 찾아가는 과정이 외롭고 어렵기 때문에 코칭에 합류하여 동반자를 찾게 된다.

(2) 코칭 패러다임

자신의 가능성을 믿고, 해답도 내가 가지고 있다는 인식을 공유하는 것을 코칭 패러다임이라고 한다. 패러다임이란 사고의 틀이나 관점을 말하는 것인데 어떤 대상이나 현상에 대해 기준을 정함으로서 객관적으로 인식하기 쉽게 해준다. 코칭패러다임은 끊임없이 발전하는 존재로서의 가능성을 인정하는 데 기반을 두며, 성장의 과정에 유능한 타인의 도움을 받아들여서 자신의 잠재력을 최대로 개발하는 형태를 지닌다.

토의 6.1

코칭형 커뮤니케이션에 대해 공부하고 있는 영이에게 철수가 화난 표정으로 다가 왔다. 영이는 평소처럼 또 왜 화가 났느냐고 묻지 않으려고 크게 숨을 한 번 들이 쉬고 철수와 마주 앉았다.

다음은 영이와 철수의 대화 내용이다.

철수 : 실력도 없고, 성실하지도 않은 친구가 취직은 나보다 먼저 했어.
영이 : 화가 많이 났네,
철수 : 성적도 형편없고, 수업도 늘 땡땡이치고 그랬거든.
영이 : 그 분은 어떻게 그렇게 쉽게 취직을 했대? 뭔가 남다른 점이 있었을까?
철수 : 글쎄.. 뭐.. 동아리 활동은 많이 하는 것 같았어.
영이 : 그리고 또 뭐가 달랐지?
철수 : 선배들과 친하게 지내더라구.
영이 : 한 가지 더 생각해 본다면?
철수 : 기업에 있는 선배들도 많이 찾아다니니까 현장 정보는 많았어.
영이 : 정리를 한 번 해보자. 다시 한꺼번에 말해봐.
철수 : 생각해보니, 학교는 꼬박꼬박 나오진 않았지만, 전공분야 선배들과 네트워크가 잘 되어 있었네. 사회가 필요로 하는 대인관계가 좋은 것도 한 몫 했을 테고. 그에 비하면 나는 성적만 믿고 사회로 나갈 실제적인 준비가 덜 되어 있었군.

위의 사례에 대해 다음 질문에 대해 각자의 생각을 정리하고 팀원들과 공유하시오.

① 대화를 하기 전에 철수가 생각하고 있던 친구는 어떤 사람인가? 철수가 친구의 강점을 생각하게 된 계기는 무엇인가?
② 이제 철수는 친구를 어떤 사람으로 생각하게 되었는가? 철수의 생각이 변화해 가는 과정에서 영이의 역할은 무엇인가?
③ 위의 사례를 코칭의 개념과 연계하여 설명해 보시오.

2. 코칭소통의 자원 : 질문하기

사람들이 생각하는 방식만큼이나 다양한 커뮤니케이션의 방법들 중에서 코칭소통이라고 부를 수 있는 것들을 살펴보면 크게 두 가지 특징을 찾아볼 수 있다. 하나는 소통하고 있는 상대방의 존재 자체를 다루고자 노력한다는 것이다. 그의 존재를 귀하게 생각하게 되면 그 자리에 머물러 있거나 퇴보하지 않도록 성장으로 향하는 대화를 하게 된다. 두 번째는 소통의 말미에 그래서 앞으로 어떻게 할 것인지를 질문함으로써 스스로 액션플랜을 세우게 하고 자랑스럽게 말할 수 있게 하는 것이다.

표 6-1 코칭소통의 방향성

특징	설명
존재감	상대의 존재를 인식하고 귀하게 여긴다.
자율성	스스로의 수준에서 계획을 세워 실행하게 한다.

코칭소통은 적절한 질문을 통해 생각이 열리고 응답을 위해 다양한 생각을 하게 하는 과정을 반복한다. 코칭패러다임에 입각하여 상호작용을 하면서 진행되는 질문은 자기변화의 속도와 방향에 가장 크게 영향을 미친다. 효과적인 질문을 통해 스스로 해답을 끌어낼 수 있게 해주기 때문이다.

- 그래서 무엇을 하려고 했지?
- 좋은 생각이야, 그래서 그게 최선일까? 또 다른 방법이 있다면 어떤 걸까?

편안하게 대답한 나의 실행계획을 듣고 인정하고 격려한 다음, 또 다른 방법에 대해서 묻는다면 뭐가 더 있을까 하고 생각하게 된다. 다양성은 가능성의 세계를 활짝 열어준다. 코칭소통은 서로가 신뢰를 바탕으로 목표를 향해 나아갈 수 있도록 지원한다. 대화 속에서 발견되는 동기, 태도, 사고 등을 소통의 과정에서 질문기반으로 활용한다.

1) 질문의 역할과 힘

질문을 받으면 알고 있는 어떤 것을 찾아내어 문장으로 만들어 대답한다. 대답을 할 수 없었던 질문은 수시로 다시 생각하게 되어 자신이 보고, 듣고, 느끼는 것을 주의 깊게 관찰하고 해석해서 알고 있고자 노력하게 된다. 사전적으로 그러한 현상을 자각능력이 강화된 것으로 본다. 자각능력은 관련된 사실과 정보를 받아들이는 능력과, 해석하고 판단하는 능력을 말한다.

문제의 원인을 정확하게 알고 싶은 경우, 질문을 받고 문제점에 대해 다시한번 생각을 해보게 됨으로써 스스로가 문제의 원인을 이해하고 명확하게 설명할 수 있게 된다. 대답을 하면서 미처 문제라고 생각하지 못했던 점에 대해서도 알게 된다. 좋은 질문은 문제에 대해 직면하게 하고, 구체적으로 어디에 어떻게 힘을 쏟아야 할지 알게 됨으로써 다음 행동을 결정하게 하는 힘이 있다.

▸ 그것에 대해 자세하게 말해볼래?
▸ 구체적으로 무슨 뜻이지?

질문은 생각을 여는 스킬이다. 질문을 받으면 그 내용에 대해 생각을 해보고 질문에 의해 해결방법을 찾고자 노력하게 된다. 답변하는 과정을 통해 자신의 문제에 대해 여러 시각으로 바라볼 수 있도록, 질문의 내용과 방향성에 집중함으로써 코칭소통이 그 성과를 나타내게 된다.

▸ 망설이고 있는 것에 대해 한번 얘기해봐.
▸ 진정으로 원하는 게 뭔데?

스스로에 대해 말하는 것이 익숙하지 않은 경우, 질문을 받고 자기자신에 대해 말하게 됨으로써 객관적으로 볼 수 있는 기회가 된다. 객관성은 사회적 관계망을 지속시키는 경쟁력이며, 자기 성장을 위한 시작점이다. 스스로를 사회 속의 존재로 놓고 객관적으로 볼 수 있는 경험은 질문하고 대답하는 과정에서 반복적으로 연습하면서 성장한다.

좋은 질문은 경험의 반복, 성장의 구현에서 중요한 역할을 한다. 특히 자신에 대해 제대로 이해하고 객관화하는 기회를 갖게 하는 것은 질문이 가진 강력한 힘이다.

철수 : 이번에 A사에 입사원서를 내기로 정했어.

영이 : 그래? 그럼, 합격통지서를 받았다고 생각해봐, 어떤 기분이겠니?

철수 : 좋긴 하겠지, 엄마 아빠가 좋아하시겠네.

영이 : 너는?

철수 : 글쎄... 취업전쟁에서 벗어난 건 좋지만, 내 인생이 이렇게 되는 건가 싶기도 하네.

영이 : 그러면, 입사해서 1년 되는 날이라고 상상해 봐. 기분이 어때?

철수 : 별로 기쁘게 다닐 것 같지는 않네. 내 전공 영역도 아니고, 그저 취직한 일벌레 같이 살게 될 거야. 휴우, 힘들어서 아무데나 쉽게 가려고 했는데, 하는 김에 조금 더 열심히 노력해야겠구나. A사 입사원서는 잠시 유보! 내가 하고 싶은 일을 하는 데를 찾아 가야겠어.

코칭소통에서 질문의 역할을 정리하면 다음과 같다.

- 객관적인 정보를 얻고 사실관계를 파악한다.
- 주제를 바꾸거나 진행을 촉진시킨다.
- 생각을 열어 해답을 찾아 가게 한다.

질문과 대답 과정에서 지금까지 말로 표현한 적이 없는 새로운 내용을 담게 되는 순간, 서로의 감정은 깊이 공감하게 되고 다음에 다시 그런 기회를 갖고 싶게 된다. 질문과 대답을 통해서 새로운 목표를 향해 나아갈 수 있는 상태가 되는 것, 그것이 질문이 해야 하는 역할이다.

질문의 역할은 세 가지로 정리하면 적절성, 정확성, 세심함으로 나눌 수 있다.

표 6-2 질문의 역할

구분	역할
적절한 질문	긴장을 풀어준다. 편안한 마음이 들기 시작하면 그때부터 소통이 이루어지는 여건이 조성된다. 그렇게 대화의 장이 형성되어야 우리는 서로 복잡한 속내를 정리하고 털어놓게 된다. 질문이 제 힘을 발휘하는 순간이 되는 것이다.
정확한 질문	생각을 하게 한다. 정확하게 질문을 하면, 대답을 하기 위해서 새로운 정리를 하게 된다. 미처 생각해 본 적이 없는 영역으로 이끌어 가기도 하고, 새롭게 개념을 정리하기도 한다. 창의성이 발현되는 경험을 하게 된다.
세심한 질문	묻는 사람의 관심과 애정이 느껴지게 한다. 좀 더 성실하게 질문에 대해 생각하면서 답을 고르게 한다. 주고받는 대화의 내용이 섬세해지고 서로 행간을 읽어 빠르고 깊이 있게 대화를 이어 나갈 수 있게 한다.

코칭소통은 질문을 통해 서로 도움이 되는 정보를 교환하고 성장을 지원한다. 좋은 질문은 가능성과 기회에 대해 생각하게 하고, 의미와 가치를 찾아가도록 돕는다. 가능성이란 내 안에서 지속적으로 뿜어져 나오는 샘물과 같다. 스스로가 그 가능성을 믿어야 자신 있게 새로운 시도를 하게 된다. 하지만 스스로를 객관적으로 보는 것은 쉬운 일은 아니다. 코칭소통은 가능성을 향해 가도록 방향을 잡아주는 역할을 하면서, 객관적으로 생각을 정리해서 실천하게 지원한다.

2) 좋은 질문의 조건

살아가면서 매일 많은 질문을 하게 된다. 스스로에게 하는 질문도 있고 상대방에게 묻는 질문도 있다. 좋은 질문은 스스로가 자신의 상황에서 최선의 해답을 찾게 하는 자극이 된다. 그 어느 질문도 질문 그 자체가 좋은 질문과 나쁜 질문으로 구별되는 것은 아니다. 그러나 좋은 질문으로 사용되는 사례는 매우 많다.

철수 : 추석연휴에 뭘 할 거야?

영이 : 집에서 꼼짝 않고 책이나 왕창 읽으려고.

철수 : 좋은 생각이네, 이번에는 추석연휴가 열흘이나 되던데 몇 권이나 읽을 건데?

영이 : 다섯 권짜리 전집을 다 읽어야지.

철수 : 그게 실현가능한 거야? 성묘도 가야할거고, 친척들도 오시지 않니?
영이 : 음.. 조금 어렵겠네.. 조카들이 오면 내 방에서 나가질 않아. 두 권만 읽어야겠다.
철수 : 그래, 그 정도는 가능하겠네. 읽고 나면 어땠는지 내게 말해줘.

생각만 한 계획과 말로 선언한 계획은 실천력에서 많은 차이를 보인다. 누군가가 이렇게 물어봐주고, 과정을 구체적으로 설계할 수 있게 관심을 보여주면 스스로의 계획이 smart하게 자리 잡힌다. 코칭소통은 한번 툭 묻고 지나는 것이 아니라 상대방의 존재를 인식하고 두세번 더 깊이 물어봐 줌으로써 상대의 실현가능성을 높여주는 것을 의미한다.

질문은 상대방과 나를 잇는 연결에서 가장 큰 역할을 하는 매개체이다. 상대방에게 관심이 있어야 좋은 질문을 할 수가 있다. 질문이 상대방의 흥미를 유발하지 못하면 다양한 관점의 대답을 기대하기 어렵다. 성의 있게 대답하지 않는 상대방으로부터 필요로 하는 대답을 기대할 수 없다. 정보와 생각이 흐르지 않게 된다. 코칭소통에서는 현재 상태와 원하는 상태 사이에 존재하는 차이와 장애물들을 제거하고자 다양한 질문을 통해 돕는다. 질문을 받으면 주변에서 일어나는 일에 대해 생각하고, 자신에게 일어나고 있는 일들을 명확하게 인식하게 된다.

〈질문〉 "지금 그 일을 계속하지 않으면 무슨 일이 생길까요?"

- 질문을 받으면, 그 순간 습관적으로 해오던 일에 대해 목적과 절차, 그리고 소요시간을 생각해 보는 기회를 갖게 된다. 필요 없는 일이라고 생각되면 중단할 기회가 찾아오는 순간이다. 효율성을 높여야겠다고 생각한다면 앞으로는 자유롭게 쓸 수 있는 시간이 조금 늘어난다는 것을 의미한다.

〈질문〉 "다른 사람이 대신 할 수 있는 일인가요?"

- 그 일을 내가 해서 생기는 효용과 다른 사람에게 넘기는 것에 대해 생각하게 된다. 그 시간에 더 중요하게 해야 할 일에 매진할 수 있는 기회

를 생각해 보게 된다. 혹은 시스템을 점검해서 낭비를 줄이고 생산성을 높이는 방식을 찾아냄으로써 혁신하게 된다.

스포츠카를 사고 싶은 사람에게 어느 브랜드의 무슨 색깔을 사고 싶은지를 묻는 질문과, 스포츠카를 타고 뭘 하고 싶은지를 묻는 질문은 매우 다른 생각을 전개하게 한다. 질문의 방향 뿐 아니라 앞으로 나아가게 하는 데 필요한 자원을 찾게 한다. 자원이란 다른 사람과의 차이, 자신만의 경험과 장점, 재능과 상상력 등을 말한다. 자원으로 장애물을 대체하도록 구체적 계획을 세우고 목표를 향해 전진하게 한다. 사이토 다카시는 좋은 질문을 다음과 같이 정리했다.

- 구체적이고 본질적인 질문
- 머릿속을 정리해 주는 질문
- 현재와 과거를 연결하는 질문

사이토 다카시가 예를 들어주지 않더라도 각자 구체적이고 본질적인 질문이 어떤 생각을 끌어낼지 상상하는 것은 어렵지 않다. 머릿속에서 어떤 콘텐츠를 끌어서 정리해야 할지 명확한 방향성을 짚어주고 있기 때문이다. 혼란한 머릿속 전체를 다 정리해주지는 않을지라도 그 사안에 대해서는 대답을 준비하느라 정리를 하게 된다. 짧게 지금 한 순간만을 보는 게 아니라 그와 관련하여 과거와 현재를 연결한다면, 그 대답에는 미래를 향한 열쇠도 지니고 있게 된다. 좋은 질문은 이렇게 다양한 머릿속 활동을 촉진시킨다.

3) 코칭 질문의 실제

질문을 함으로써 상대방이 자신이 생각하고 있는 것을 정리해서 간결하게 대답하게 만들면, 그 질문은 좋은 질문이다. 자신이 생각하고 있는 것이 뭔지 알지 못하면서 살아가고 있는 경우, 질문을 받고 자신의 생각을 정리해보는 기회를 갖는다는 것 자체가 개인의 발전을 위해 중요한 경험이 된다.

코칭질문은 특히 묻는 사람의 호기심만을 충족시키는 질문이 되지 않도록 조심한다. 대답을 하는 사람의 발전에 도움이 되는 질문이 좋은 코칭질문이다.

(1) SMART 질문

질문은 대답을 기대하는 행동이다. 대답에 내가 원하는 내용이 들어 있으려면 질문에서, 대답에 기대하는 내용을 가이드로 담아야 한다. 대답의 내용이 구체적이어야 하고, 질문에 따라서는 측정가능함으로써 가늠이 되어야 한다. 막연하지 않고 행동으로 옮길 수 있으면서 적정한 기간을 정해 마무리가 될 수 있어야 스스로 발전했는지 평가해 볼 수 있게 된다. 그러한 내용을 생각하면서 구체적으로 대답하게 하는 것, SMART기법이다.

표 6-3 SMART 질문기법

특성		설명
S	Specific	구체적인가?
M	Measurable	측정가능한가?
A	Actionable	행동으로 실행가능한가?
R	Realistic	현실적인가?
T	Timeline	시의적절하고 마감이 정해져 있는가?

(2) 상대성 질문

좋은 질문을 잘할 줄 아는 것은 학습을 통해서 향상시킬 수 있는 역량이다. 질문 역량을 키워나가게 되면 질문내용을 정리하는 힘이 향상되고 질문체계에 익숙해진다. 본질을 탐구하고 해답을 찾아내는 방식을 알기 위해서는 질문 또한 구조화되어야 한다. 대답을 하게 될 상대방이 어떤 상황에 있는가를 고려하면서 질문을 하게 되면 원하는 대답을 얻을 확률이 훨씬 높아진다. 상대방을 고려한 질문의 스킬은 두 가지 방식으로 나눌 수 있다.

- 짧은 질문을 반복하기
- 구체적으로 질문한 뒤 상대방으로 하여금 길게 대답하도록 유도하기

짧은 질문을 반복하는 방식은 상대방이 그 질문에 대해 대답할 내용이 정리되어 있지 않은 상황에서 활용된다. 이 경우에는 질문의 주도권을 가지고 질문을 함으로써 상대방이 생각을 잘 정리하도록 도와야 한다. 즉, 전체적인 질문내용을 디자인할 필요가 있는 경우이다. 디자인의 중심에는 상대방과 공감하려는 마음이 자리잡고 있어야 한다. 무엇을 묻고 싶은지, 왜 그것이 궁금한지, 그래서 어떻게 질문을 이끌어 갈 지에 대해 선택지를 가지고 있어야 한다. 전체적인 것과 세부적인 것에 대해 구조를 확인하고 다음 질문은 어떤 내용을 확인할지 판단해야 한다. 질문과 대답이 연속적으로 이뤄지면서 대답 속에서 다음 질문을 구성하는 요소를 찾는다. 현재의 상황에 가장 근접하는 적절한 질문을 선택해가면서 큰 흐름을 읽고, 머릿속에서 구조화 하면서 다음 소통 포인트를 찾는다. 짧은 질문을 반복해서 함으로써 문제를 해결하고 실행할 액션플랜을 수립하게 하려면, 질문의 방향을 정하는 것이 중요하다.

또 하나는 구체적으로 질문한 뒤 상대방으로 하여금 길게 대답하도록 유도하는 방법이다. 상대방이 질문의 내용에 대해 이미 잘 알고 있고, 같은 내용의 대답을 한 경험이 풍부할 때에는 굳이 중간 중간 끊어서 이야기의 흐름을 방해할 필요는 없다. 이 질문방식은 상대방의 주인의식을 인정하고 듣는 것에 집중하는 것이 중요하다.

(3) 열린질문

코칭소통이 강력한 힘을 발휘하는 이유로는 열린 질문의 역할이 크다. 열린 질문은 마음대로 대답할 수 있는 기회를 준다. 대답의 범위가 정해져 있지 않으므로 대답을 하려면 이리저리 생각을 해봐야 한다. 닫힌 질문이 예/아니오로 대답하게 하는 역할을 한다면, 열린 질문은 문제의 본질을 파악하게 하고, 스스로 해답을 찾을 때까지 계속 나아갈 수 있게 한다.

- 닫힌 질문 : 오늘 버스타고 왔지? → 예/아니오로 대답하게 한다.
- 열린 질문 : 오늘은 뭘 타고 왔니? → 버스, 지하철, 택시, 자가용, 도보 등 다양한 경우의 수를 생각하게 한다.

닫힌 질문은 예/아니오로 대답하게 한다. 닫힌 질문이 필요할 때도 있지만 항상 그렇게 질문한다는 것은 상대방에게 다양한 경우의 수를 생각하지 않고 제한된 두세 가지의 대답 중에서 골라서 대답하게 한다. 생각의 범위를 넓히는 데 도움이 되지 못한다는 의미다.

코칭소통에서는 상대방의 생각을 열게 하는 것을 중시하므로 열린 질문을 선호한다. 열린 질문은 다양한 경우의 수를 생각하고, 여러 가지 방법으로 대답할 수 있는 여지를 준다. 열린 질문은 대부분 '어떻게'와 '무엇을' 이라는 문장을 사용하게 된다. 대부분의 "왜" 질문은 자신을 방어하게 만든다. 같은 상황이라도 '어떻게' 라는 질문은 이유에 대해 변명하지 않고 미래지향적으로 문제해결을 위한 방법을 찾아 대답할 수 있게 한다.

- 왜 그렇게 했니? ▶ 어떻게 하려고 했니?
- 왜 늦었니? ▶ 어떻게 하면 제 시간에 도착할까?
- 왜 그걸 하니? ▶ 무엇을 하려고 하니?
- 왜 제때 끝내질 못했니? ▶ 어떤 장애물이 있니?
- 왜 그걸 거절했니? ▶ 거절하고 난 뒤 어떻게 하려는 생각이니?

(4) 연결질문

좋은 질문을 했더라도 다음 단계로 연결이 되지 않으면 그 질문은 빛을 잃고 만다. 질문 하나를 던지고 마는 경우는 매우 드물기 때문이다. 질문은 다음 질문을 불러온다. 질문과 대답을 하는 과정에서의 행동도 코칭소통의 중요한 요소가 된다.

질문과 대답을 하는 과정에서 고개를 끄덕이면서 대답이 깊이를 더해가도록 촉진하고, 핵심단어를 발음해 보기도 하면서 열정을 보태는 행동을 하는 비언어적 행동처럼, 질문으로도 그런 효과를 나타낼 수 있다.

- 아, 거기서 그렇게 하셨어요?
- 어처구니가 없었다는 말씀이지요?

질문 방식에 문제가 생기면 전체 내용이 잘 연결되지 않고 생각은 확대되지 않는다. 산만한 질문은 깊이 있는 생각을 이끌어 낼 수 없다. 질문 내용에 대해 현재 진행초반에 있는 경우에는 미시적 관점에서 보게 되고, 진행 후반으로 갈수록 거시적 관점에서 대답을 하게 된다. 현재 상황을 파악하는 것이 다음 질문을 선별하는 데 중요한 역할을 한다. 미시적 관점의 사람에게 거시적 질문을 하면 적절한 답변을 얻을 수 없다. 진행시점을 모르고 질문을 하게 되는 경우에는 간단하면서도 막연한 질문을 던져 그의 시점을 추측하는 방법이 효과적이다.

▶ 이번 프로젝트에 대한 솔직한 느낌은 어떠십니까?
- 왜 지난 학기 성적이 나빴는가? ▶ 이번 학기 수강과목의 좋은 점이 뭔가?

코칭소통에서는 질문과 반응을 통하여 공통으로 이해하는 영역을 넓혀간다. 질문은 세심하게 구조화하여 차근차근 묻게 되지만 해결방안을 제시하지는 않는다. 소통의 통로는 질문이다. 해주고 싶은 말이 있다면 질문에 그것을 담아야 한다.

토의 6.2

매번 미루는 습관 때문에 힘들어 하는 친구와 코칭소통을 하려고 한다.

① 어떤 질문들을 할 수 있을까, 실제 문장을 적는다.

ground rules

- 코칭소통의 기본은 상대방에 대한 존재인식과 가능성임을 충분히 고려한다.
- 포스트잇 한 장에 하나의 질문만 적되, 1인당 10개씩 적는다.
- 전체 팀원의 질문이 적힌 포스트잇을 책상 중간에 모아놓는다.
- 팀별로 모아놓은 질문들을 같은 내용으로 분류한다.
- 분류된 그룹들을 먼저 질문할 것과 나중에 질문할 것의 순서로 정리한다.

② 다음과 같은 시각에서 팀원들과 논의하고 그 결과를 조별발표를 통해 공유한다.

- 질문의 순서로 적당한가?

- 적절한 단계로 나아가고 있는가?
- 방향성은 적당한가?
- 대답하기 곤란한 질문이 있는가?
- 단순한 호기심이나 주관적인 내용을 묻고 있는 질문이 있는가?
- 성장과 변화를 촉진하는 질문으로 구성되어 있는가?
- 가능성을 넓혀주고 존재감을 증진시키고 있는가?

3. 코칭소통의 기반 : 접점 찾기

사람 사이의 관계에서 마음을 얻는 것이 가장 힘들다. 마음을 얻는다는 것은 서로의 다른 성격과 경험 속에서 공감할 수 있는 요소를 찾고, 그 영역을 넓혀 나가는 것이다. 코칭소통은 공감요소, 즉 소통접점을 찾는 것을 중시한다. 온전히 귀 기울여 잘 들어주는 것은 코칭소통에서 가장 중요한 역량이지만, 듣고도 상대와의 접점을 찾지 못하면 관계를 이어 나가기 어렵게 된다.

상대방이 말하는 내용을 마음과 몸을 기울여서 잘 듣는다는 것은 상대방의 관점을 지레짐작이나 편견 없이 이해하려는 노력이다. 대화가 진행되면서 상대방이 말하는 내용에서 주요 관심포인트를 찾는 접점찾기의 노력을 통해 소통을 원활히 하고 상호관계를 진전시킬 수 있다. 소통하는 순간에 관심포인트를 찾고 그에 대해 질문함으로써 접점을 공유할 때 코칭소통이 시작된다. 코칭소통에서의 접점찾기는 〈표 6-4〉에서와 같이 의견, 행동, 판단의 세 가지 요소에 대해 유의해야 한다.

표 6-4 코칭소통에서의 접점찾기의 요소

요소	설명
의견	상대방의 의견에 동의하거나 반대하는 것이 아니라는 것
행동	문제를 해결하도록 직접적인 실행방안을 제시하지 않는다는 것
판단	상대방을 판단하지 않는다는 것

코칭소통에서 접점찾기는 소리를 들어서 내용을 이해하기 보다는 마주보고 있는 상대방의 전체를 이해하려는 역량으로 볼 필요가 있다. 눈과 입, 몸, 그리고 마음이 모두 동원된다는 뜻이다. 이를 구체적으로 설명하면 다음과 같다.

- 상대방과 시선을 교환한다. 자기 생각에 진솔해지는 효과가 있다.
- 상대방을 향해 가까이 앉는다. 서로 집중할 상대를 인식하는 효과가 있다.
- 상대방이 말하는 동안 맞장구를 치거나, 조용히 따라 발음해보거나 요약한다.
- 흥미와 성의를 가지고 말의 의도를 느끼며 상대의 마음을 편하게 해준다.

1) 지원요소

판소리에서 고수가 창의 중간 중간에 흥을 돋우기 위한 추임새를 넣거나, 노래하는 사람들에게 박수로 다 같이 박자를 맞춰주면 흥이 나고 기분이 고조되는 경우가 있다. 코칭소통에서도 그런 식으로 흥을 맞춰주면 말하는 사람의 열정이 강화된다. 상대방에게 말을 잘 듣고 있으며, 그 입장에서 이해하려고 노력하고 있음을 보여주는 방법이다. 똑같은 말로 추임새를 넣는 것이 아니라 다른 말로 바꿔서 표현하게 되는데, 상대방 얘기에서 추출한 관심포인트를 다른 표현으로 말해봄으로써 코칭소통의 분위기를 참신하게 해주면서 관심영역의 액션플랜 수립으로 나아가게 한다.

- 이러이러한 것을 해보고 싶으신 거군요.
- 이러이러하게 되어야 한다고 믿고 계시네요.

관심포인트의 방향으로 한 단계 더 깊이 들어가게 하려면 상대방이 말하려는 의도를 짧고 정확하게 짚어주는 것이 필요하다. 얘기에 집중하느라 자신의 진짜 감정에 대해 명료하게 반영하고 있지 못할 때 효과적이다.

- ~게 느끼셨나 봅니다.
- 그래서 어떻게 하시고 싶으셨어요?

이야기가 다른 갈래로 넘어가거나 산만해지려고 할 때, 혹은 마무리 과정으로 넘어가야 할 시간이 되었을 때에는 상대방의 이야기를 요약하여 핵심만 간단하게 말해줌으로써 코칭소통의 내용이 제자리를 찾거나 한 단계 진전하게 된다.

- 제가 맞게 들었다면 ~하다는 말씀인가요?
- 정리하자면 ~이렇다는 말씀이죠?

2) 저항요소

개인의 주관적 경험이 접점찾기에 개입되면 이해하는 데 방해가 된다. 자신이 경험한 것과 비교하면서 듣게 되면 자신의 가치관과 일치하는 것은 받아들이고, 그렇지 않은 것은 귀담아 듣지 않고 흘려버리게 된다. 자신의 기준에 맞춰 분석하고 판단하면서 듣는 평가형 소통과, 자기가 듣기 좋은 말만 골라서 듣는 선택형 소통의 경우가 접점찾기에 방해가 되는 요소이다.

상대방의 말 자체를 귀 기울여 듣지 않고, 들리는 내용을 자신의 기분에 따라 듣게 되면 상대방이라는 존재를 그 자체로서 존중하는 것이 아니라 나를 구성하는 부속요소로 여기는 것이라 하겠다. 코칭소통에서는 지속적인 건강한 관계를 중시하므로 자기 판단을 내려놓고 상대의 이야기에 귀 기울이며 나와의 접점을 찾으려는 노력을 중시해야 한다.

토의 6.3

팀원들은 모두 두리번거리거나 고개를 들지 않고 종이만 바라보면서 들리는 내용에 집중한다. 진행하는 중간에 질문을 하거나 논의하지 않는다. 다른 주의사항은 없다. 팀장은 다음 내용을 읽어준다. 팀원들은 조용히 들으면서 중심 단어를 포스트잇에 적는다. 포스트잇 한 장에 하나의 단어만 적는다. 적는 단어의 총 개수는 10개 이상으로 정한다.

"뉴욕을 여행하면서 102층이나 되는 높은 건물에 올라가 본 적이 있거든. 그 꼭대기까지 엘리베이터를 타고 가는데 정말 순식간에 옥상층까지 가더라. 전광석화! 빠르다는 느낌조차 없었지. 문이 열리자마자 얼른 뛰어 내렸어. 와우! 전혀 다른 세상에 가 있는 거야. 생각해 봐라, 이십층 아파트에서 내려다 봐도 높이가 아찔한데, 백층이 넘잖니. 내려다보는 순간 온 몸이 굳는 걸 느꼈지. 저 까마득한 아래에 차들이 지나가는데 버스들이 하나의 점처럼 꼬물꼬물 움직이고 있었어. 우리가 배운 초끈이론이 눈 앞에 현실로 나타난거지. 거기까지 올라가는 데 몇 분 안걸렸는데, 금세 새로운 세상에 와 있는 기분, 시각이 달라지더라. 내가 저 아래에서 매일 복닥거리면서 살고 있구나 하는 생각이 들었어. 나의 비전, 원대한 삶의 목표, 뭐 그런 게 갑자기, 너무 속 좁고 세속적이라는 느낌이 오는 거야. 메타비전을 제대로 느끼고 왔지. 그 건물이름이 뭐더라? 엄청 오래된 건물인데. 좋은 경험이었어. 다음에 한번 같이 가면 좋겠다. 아, 우리 잠실 롯데 건물 꼭대기에 한번 가볼까? 그게 몇 층짜리 건물이지?"

① 단어 적기가 종료되면 각자 자신의 종이를 들고 나와서 칠판에 붙이시오.
② 적힌 단어들이 얼마나 같은지 혹은 다른지 살펴보고, 같은 단어를 적어 놓은 경우에 몇 개인지 적어보시오.
③ 적어놓은 단어의 개수는 서로 어떤 차이가 있는지 살펴보시오.
④ 이 활동이 시사하는 점은 무엇이며, 코칭활동에 어떻게 적용할 수 있을까요?

PART 3

논리와 비즈니스 커뮤니케이션

Leader's Communicatio

Leader's Communication

Chapter 07

논리적 사고와 스토리텔링

Chapter 07 논리적 사고와 스토리텔링

학습 목표

논리적 사고와 창의적 사고를 기반으로 한 스토리라인에 대하여 학습한다. 피라미드 논리구조에 대해 학습한 후 창의력 개발방법과 스토리텔링에 대해 탐구한다.

1. 논리적인 사고의 의미와 원칙을 설명할 수 있다.
2. 피라미드 논리구조를 적용할 수 있다.
3. 창의적 사고의 의미와 기대효과를 설명할 수 있다.
4. 창의적 개발방법을 적용할 수 있다.
5. 스토리텔링의 조건을 설명할 수 있다.

1. 논리적 사고

논리적 사고는 개념적 수단, 특히 언어를 사용하는 논리법칙에 적합한 사고방식이다. 일을 처리하는 과정에서 자신의 주장을 설득력 있게 전달하기 위해 논리적 사고가 필요하다.

1) 논리적 사고의 기본 원리

사고는 기본적으로는 개념에다 개념을 덧붙이거나 개념과 개념을 떼어내는 활동이다. 예를 들면, "사람은 동물이다"는 사고는 '사람'이라는 개념에 '동물'이라는 개념을 덧붙이는 활동이고, "사람은 짐승이 아니다"는 생각은 '사람'이라는 개념과 '짐승'이라는 개념을 분리시키는 활동이다. 이런 기본적 활동을 토대로 사고는 그 기본 단위를 분해하고 합성하면서 전개되어 나간다.

2) 논리적 사고의 원칙

단위 요소를 알맞게 형성하고, 그 단위 요소의 결합과 분리가 확실한 근거 위에서 정합하게, 즉 앞뒤가 서로 맞게 수행되는 사고를 말한다. 이런 사고활동에서 그것을 올바르게 이끌어 가는 지도 원리로 볼 수 있는 것에 '사고 확실성의 원리'와 '사고 정합성의 원리'가 있다.

(1) 확실성의 원칙

사고의 확실성은 크게 보아 두 점에서 생각할 수 있다. 하나는 어떤 생각이 명료한가, 즉 다른 생각들과 뒤섞여 있지 않고 분명한가 하는 점이고, 또 하나는 그 생각이 충분한 근거를 가지고 있는가 하는 점이다.

이런 두 측면에서의 사고의 확실성은 사고가 "순전히 이성이나 지성의 활동에만 의거하느냐" 혹은 "경험에 기초한 것이냐"에 따라 그 자체로서 자명하게 받아들여질 수도 있고 검증을 통해 확인될 수 있다.

(2) 정합성의 원칙

사고가 올바르려면 그 자체로서 확실해야만 한다. 뿐만 아니라 한 사고를 이루는 구성 요소들은 그 요소들 상호 간에, 그리고 한 사고는 다른 사고와 서로 알맞게 어울릴 수 있어야 한다. 여기서 '다른 사고'란 나의 다른 사고는 말할 것도 없고 다른 사람의 사고도 포함한다.

"나는 지금 앉아 있다. 그리고 동시에 걷고 있다"는 생각이 어떤 사람에게 제아무리 확실하다고 하더라도 이것은 서로 앞뒤가 맞지 않는 생각이다.

또한 "나는 철수를 아침에 강화도에서 분명히 보았다"는 생각이 나에게 제아무리 확실하다고 하더라도, 그 시간에 "철수는 영국 런던에서 박물관을 관람하고 있었다"는 사실을 철수 자신이 여러 증빙 자료를 통해 확인해 주고, 또 많은 사람들이 그 사실을 보증할 때는 나의 '확실한' 생각은 문제가 되지 않을 수 없다.

그렇기 때문에 한 생각은 다른 생각과 알맞게 어울릴 때 올바른 생각일 수 있다고 우리는 받아들인다. 이것은 우리가 정합성(整合性)을 사고의 원리로 인정하기 때문이다.

3) 피라미드 논리 구조

피라미드 논리 구조는 결론을 중심으로 결론에 대한 근거, 혹은 결론을 실현하기 위한 방법이 유기적으로 연결되어진 구조를 의미한다. 피라미드 논리 구조는 'So what?/Why so?'와 'MECE'의 두 가지 개념을 핵심으로 한다.

(1) So what?/Why so?

피라미드 논리 구조의 세로 방향은 결론을 중심으로 'So what?/Why so?'의 관계가 성립한다. 이는 "결론은 Y이다. 왜냐하면 A, B, C이기 때문이다"라고 상대방에게 설명할 때 이의가 없어야 한다는 것이다. 여기서 A, B, C는 근거, 또는 결론이 액션(시책)인 경우에는 실행을 위한 방법이 된다.

우리는 결론을 이야기 할 때 '따라서~', '그러므로~', '~에 의해서'와 같은 말을 자주 사용한다. 이때 이런 연결사의 전후 내용이 비약되지 않고 자신의 의사를 전달 · 설득하기 위해서는 결론과 근거, 결론과 방법 사이에 맥락, 또는 논리적 일관성이 유지되어야 한다. 이와 같이 내용의 논리적 비약을 방지하는 개념이 'So what/why so?'이다.

① So what?

'So what?'은 현재 가지고 있는 사실, 데이터, 국내외 사례, 또는 전문가들의 의견 등을 토대로 특정 과제와 관련된 의미있는 결론, 주장을 도출하는 것이다. 즉 다양한 근거를 토대로 특정 이슈, 또는 과제와 관련하여 "결국 어떻다는 것인가?", "핵심이 무엇인가?", "결론이 무엇인가?"에 대한 답변을 제시하는 것을 말한다.

② Why so?

'Why so?'는 'So what?'한 것, 즉 자신의 결론, 주장에 대해 상대방이 "무슨 근거로 그런 결론을 내렸는가?", "왜 그렇게 주장하지?"라는 질문을 할 때 현재의 정보와 데이터로 명확하게 설명할 수 있어야 한다는 것을 의미한다. 즉 'Why So?'는 결론과 주장의 타당성과 신뢰성을 구체적인 사실과 데이터, 사례 등을 통해 검증 · 확인하는 것이다.

(2) MECE

피라미드 논리 구조에서 가로 방향의 모든 요소는 MECE한 관계에 있다. MECE는 'Mutually Exclusive and Collectively Exhaustive'의 머리글자를 모아서 만든 말로서 "어떤 개념이나 사항을 중복 없이, 그리고 누락 없이 분류 · 기술하는 것"이다.

MECE에는 크게 두 가지 유형이 있다. 첫째는 성별, 연령, 직급, 근속연수, 지역 등과 같이 전체 집합을 중복과 누락없이 완전하게 분류할 수 있는 경우이다.

그리고 다른 하나는 잘 활용하면 커다란 정보의 중복과 누락은 피할 수 있는 MECE 프레임으로, 이는 현상 분석과 결론 도출을 위한 일종의 사회적 약속이자 비즈니스 커뮤니케이션의 수단이다. 예를 들어, 특정 기업의 경영환경을 분석할 때 많은 사람들이 3C분석을 한다. 고객(customer), 경쟁사(competitor), 자사(company)의 3C 요인은 경영환경을 전체 집합으로 했을 때 중복과 누락없이 기업에 영향을 미치는 제반 요인을 망라했다고 생각하는 일종의 사회적 약속이다.

MECE 프레임은 다시 요소형 프레임과 절차형 프레임으로 나눌 수 있다. 요소형 프레임은 정보를 체계적으로 분류하기 위한 것으로 5W1H, 3C, 4P, 7S, SWOT 모델 등이 이에 속한다.

한편, 절차형 MECE 프레임은 인과적 관계나 시간적 속성 등 논리적 흐름의 타당성(Flow, 스탭)과 연관된 것으로 '과거-현재-미래' 순의 분석이나 '현황-원인분석-대안수립-세부실행계획-실행-평가 · 피드백'의 문제해결 프로세스, 그리고 비즈니스 시스템(Value chain) 분석 등이 이에 속한다.

피라미드 논리 구조는 [그림 7-1]과 같이 요약할 수 있다. [그림 7-1]에서 결론과 A, B, C 간에는 'So what?/ Why so?' 관계(결론과 근거)가 성립하여 논리의 비약이 없어야 한다. 또한 A, B, C는 MECE, 즉 서로 중복과 누락이 없는 관계이어야 한다. 마찬가지로 a-1, a-2, a-3의 세 가지는 A에 대해서, b-1, b-2, b-3의 세 가지는 B에 대해서, 그리고 c-1, c-2, c-3는 C에 대해서 'So what?/Why so?' 하고 'MECE' 해야 한다.

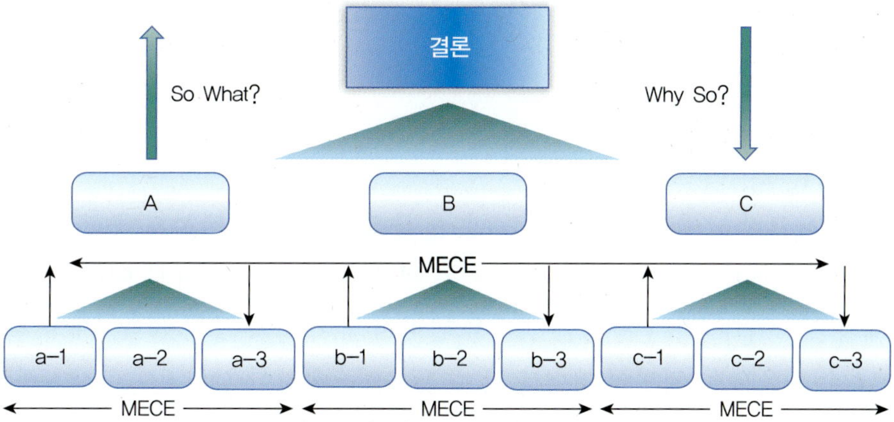

그림 7-1 피라미드 논리 구조

토의 7.1

비전경영(주)의 남자 직원 평균임금은 450만원으로 여자 직원의 평균임금인 250만원보다 무려 200만원이나 높은 것으로 나타났다.

① 사례의 자료를 토대로 할 때 "비전경영(주)는 성별에 따른 임금격차가 존재한다."라는 주장의 진위 여부에 대한 의견을 'So what?/Why so?'의 개념을 적용하여 제시하시오.

② 비전경영(주)의 가상의 임금분포(또는 수준)을 정한 후, 다양한 MECE 기준을 적용하여 분류하시오.

③ 5W1H, 4P, 7S, SWOT 모델 각각에 대해 설명하시오. 이 밖에 현황분석 등에 자주 활용되는 MECE 프레임을 조사하여 제시하시오.

2. 논리를 기반으로 한 창의적 사고

1) 창의적인 사고란?

창의적 사고란 남들이 생각하지 못한 걸 묻고, 남들이 생각하지 못한 것을 답해 보는 것을 말한다. 새가 한 마리 날아가는 것을 보고 우리는 과연 어떤 생각을 할까? '새가 날아가네.'하는 평범한 생각을 넘어서 남이 하지 않는 생각, '새가 천천히 뒤로 날 수 있을까?', '깃털이 없어도 날 수 있을까.' 이것이 창의적으로 생각하는 첫 걸음이다. 즉, 끝 없는 Why는 창의적인 사고의 폭을 끝없이 넓힐 수 있다.

표 7-1 창의력을 높이는 Why

창의력을 높이는 Why		
배가 고프면 화가 난다	화가 나면 배가 고파진다?	다른 원인은?
강아지도 배가 고프면 화가 난다	어떤 표정을 지을까?	얼마나 고프면?
액세서리를 착용하면 더 이쁘다	사람마다 다르지 않을까?	과연 정말?
조용하면 잠이 더 잘 온다	바람이 불면 잠이 더 잘 올까?	잔잔한 음악은?

2) 창의적 사고의 기대효과

창의적으로 생각하면 무엇이 좋을까?

창의적인 사람이라고 하면 많은 사람이 빌 게이츠를 떠올린다. 그럼, 조금 더 생각해 보자. 이 사람이 한 일은 어떤 의미가 있을까? 그는 새로운 컴퓨터 운영체제를 개발하여 세계에서 손꼽히는 부자가 되었다. 하지만 엄청난 재산 자체에 의미가 있는 것은 아니다. 무엇보다 그가 새로운 컴퓨터 운영체제를 개발해서 인류에게 편리함과 유익함을 가져다 주었다는 것에 큰 의미가 있다. 크게 보면 창의적인 사고는 나뿐만 아니라 내 주변 사람들에게 유익한 결과를 가져올 수 있고 결정적인 변화를 일으킬 수도 있다. 또한 작게 보면 흥미로운 대화를 통해 원만한 대인관계는 물론 활기찬 조직 생활을 기대할 수 있다.

3) 창의력을 높이는 방법

창의력을 높이는 방법은 무수히 많으며 다양하다. 창의적으로 생각하기 위해서는 주변 세계에 관심을 가지고 관찰하는 태도를 길러야 한다. 항상 자세히 살펴보고 관찰하면 새로운 것을 발견할 수 있다. 또한 새로운 관점으로 바라보고 다양한 경우를 생각해 보는 연습을 꾸준히 해야 한다. 창의적인 사람은 따로 있는 게 아니다. 자기가 평소 생활습관을 어떻게 들이느냐에 따라 창의력은 키워질 수도 있고 그렇지 않을 수도 있다.

2016년 세계일보 기사에 실린 '당신의 창의력을 높이는 5가지 방법'을 소개한다.

(1) 걷기

주말 오전. 좀 더 자볼 심산으로 뒹굴지 말고 당장 침대에서 나와 몸을 움직이자. 2014년 스탠포드 대학에서 실시한 연구결과에 따르면 주기적으로 산책을 나가는 사람이 높은 창의력을 보인 것으로 나타났다. 이러한 신체활동을 통해 증가되는 창의력은 '확산적 사고'로 불린다. 런닝머신이든 공원이든 당장 걷기를 시작하자.

(2) 취미생활하기

최근의 연구결과에 따르면 업무와 무관한 취미생활을 하는 것이 업무 수행 역량을 높이는 것으로 나타났다.

예컨대, 당신이 제빵사가 될 생각이 없더라도 케이크 만들기 수업을 듣고, 케이크를 장식하면서 당신을 표현하는 방법을 깨닫게 될 수 있는 것이다.

연구를 수행한 심리학자 케빈 에슐레만은 "취미 생활을 통해서 자신을 표현하는 방법을 깨닫고, 나아가 스스로를 더 잘 이해할 수 있게 된다"고 말했다.

(3) 공상에 잠기기

하루에 10분이라도 좋다. 마음을 어디에도 두지 말고, 이리저리 떠돌게 하자. 그렇게 고삐 풀린 마음이 어디로 가는지 가만히 지켜보면, 당신이 발견하는 사실들에 당신은 놀랄 수밖에 없을 것이다. 산타 바바라에 위치한 캘리포니아 주립대학의 연구팀은 공상이 우리를 괴롭히는 문제를 창의적으로 해결하는 데 도움이 된다고 밝힌 바 있다.

(4) 어지름의 미학

대개 어른들은 관습적으로 '책상을 잘 정리하는 사람이 일도 잘 한다'고 말한다.

하지만 창의력은 관습적인 것을 깨버리는 것이다. 관련 연구들은 잘 정돈된 책상이 '선택 행동'에는 적합하지만 정리되지 않은 채 산만한 책상이 오히려 새로운 생각이 떠오르도록 자극을 줄 수 있다고 말한다. 미네소타 대학의 캐슬린 보즈는 "무질서한 환경은 전통과 관습을 타파하고, 새로운 통찰력을 갖는 데 도움이 된다"고 말했다.

(5) 어둑어둑한 커피숍에서 일해보기

너무 시끄럽거나 반대로 고요하면 집중력이 떨어질 수도 있지만 '백색소음'처럼 적당한 크기의 소음은 창의력에도 도움이 된다. 또 불빛이 너무 밝지 않고, 살짝 어두우면 창의력이 서서히 높아지는 것을 느낄 수 있다.

3. 스토리텔링 기법

1) 스토리텔링이란?

스토리텔링(Storytelling)은 '스토리(story) + 텔링(telling)'의 합성어로서 말 그대로 '이야기하다'라는 의미를 지닌다. 즉, 상대방에게 알리고자 하는 바를 재미있고 생생한 이야기로 설득력 있게 전달하는 행위이다. 미국 영어교사위원회(National Council of Teachers of English)에서는 스토리텔링을 음성(voice)과 행위(gesture)를 통해 청자들에게 이야기를 전달하는 것이라고 정의하는데, 대개 스토리텔러(storyteller)들은 이 단어를 이야기를 말하는 사람과 이야기를 듣고 상상력을 발휘하는 청자 간의 인터랙티브한 과정이라 말한다.

또 셜리 레인즈(Shirly Raines, 스토리텔러)는 이야기(story), 청자(listener), 화자(teller)가 존재하고, 청자가 화자의 이야기에 참여하는 이벤트라고 주장하기도 한다.

오늘날 우리 일상생활에서 스토리텔링은 여러 가지로 유익하고 설득력 있는 수단으로 이용되고 있다. 인류가 등장한 이래 스토리텔링은 인간끼리의 의사소통에 있어 늘 중심적인 역할을 해왔기 때문이다. 스토리텔링은 매체의 특성에 따라 다양하게 발현되고 하는데, 영화 · 비디오 · 애니메이션 · 만화 · 게임 · 광고 등의 원천적인 콘텐츠로 활용되고 있다.

특히, 최근 들어 스토리텔링은 현대 조직사회에서 효과적인 커뮤니케이션 방법으로 활용되기도 한다.

2) 스토리텔링 방법

스토리텔링이 원활하게 되면 듣는 사람의 기분이 좋아진다. 듣는 사람의 기분이 좋아진다는 것은 말하는 사람이 무슨 말을 하는지 그 의도와 뜻을 분명히 이해한다는 것이다.

나는 어릴 적 할아버지 무릎에서 듣던 옛날 이야기를 아직도 기억한다. 할머니로 변한 호랑이를 피해 해와 달이 되는 남매 이야기. 이처럼 명료한 스토리의 그 옛이야기 구조를 기본 틀로 삼아 거기에 살을 붙이는 것이 가장 뛰어난 스토리텔링이라고 생각한다. 이 기본 논리는 시사 · 다큐멘터리 · 예능 · 드라마 등 어떤 포맷에도 통한다. 문제는 어떻게 살을 붙일까 하는 것이다.

잘 만든 스토리야말로 상대방에게 어떤 주제를 전달할 때 쓸 수 있는 가장 효과적인 방법이다. 스토리는 구성의 틀과 같이 전달되는 내용의 형식이 된다.

(1) 서론 · 본론 · 결론의 기본적인 스토리 구성법

이야기를 만들어가는 과정 안에도 기승전결은 분명이 존재해야 한다. 전달하고자 하는 스토리가 있다면 두서없이 이야기하기보다 서론, 본론, 결론을 짜임새 있게 논리적으로 전달하는 것이 효과적이다.

표 7-2 스토리 전개 예시

구분	내용
서론	적당한 스트레스는 우리 삶에 필요하다고 생각한다. 스트레스라고 해서 무조건 다 나쁜 것은 아니다. 때때로 적당한 자극이 되어 성장의 밑거름이 되는 걸 나는 경험하기도 한다.
본론	가령, 나보다 훨씬 성적이 좋은 친구를 보고 스트레스를 받았다고 해보자. 그 자극은 열심히 해야겠다는 다짐과 결심을 만들었다. 나는 스트레스를 받으며 열심히 공부했다.
결론	그랬더니 다음 학기 성적이 그 친구보다 더 높은 것을 확인할 수 있었다. 이렇듯 스트레스라는 것이 모든 나쁜 결과를 초래한다고 말할 수 없다.

(2) 기승전결의 흥미와 몰입을 부르는 스토리 구성법

① 기(起)는 이야기를 시작하는 것이다

본격적으로 몸을 움직이기 전의 스트레칭 단계다(유연적 사고). 그러나 단순한 스트레칭이 되어서는 안 된다. 몸의 각 부분이 정상적으로 작동해서 최고의 컨디션을 발휘하기 위해 치밀하게 계산된 스트레칭이어야 한다.

② 승(承)은 이야기를 발전시키는 것이다

등장인물들이 본격적으로 등장해서 자신들이 풀어갈 이야기를 하나씩 하나씩 선보인다. 상대는 몰입감이 상승하고 긴장한다. 앞으로 어떤 이야기가 전개될 것인지 기대감이 팽배해진다.

③ 전(轉)은 전환이고 역전이다

한참 풀려 가던 스토리가 반전된다. 앞에서 말한 파도 타기 이론의 리듬감 때문이다. 이 전환으로 지루함이 해소된다.

④ 결(結)은 기승전의 단계

이야기의 갈등구조가 해소되고 결론에 도달한다.

구성자가 제기했던 많은 의문들에 대해 상대의 호기심이 모두 해소된다.

기승전결이 각각의 완결성을 가지고 서로가 침범하지 못하는 것은 결코 아니다. 기승전결은 각 부분에서 하위의 기승전결을 가질 수 있다. 기승전결 각각의 완결성을 제대로 정확히 알려면 스토리를 쓸 때 주요한 내용만 간결하게 써 보면 된다. 전체 스토리는 시놉시스로 써 보고 그것을 바탕으로 각 부분의 스토리를 간결하게 써 본다. 여기서 '간결하게'는 주요 등장인물 중 둘째 라인까지만 등장시키는 스토리라인을 말한다.

(3) 이야기 구조의 논리성

스토리텔링은 논리적 흐름에 기초한다. 스토리텔링에서 논리란 이야기의 구조이며 주제를 쉽게 풀기 위한 방법이다.

스토리텔링은 어려운 주제를 쉽게 이해시키기 위한 방법이다. 어려운 주제를 어렵고 헷갈리게 이야기한다면 스토리텔링은 필요가 없다. 〈표 7-3〉의 예시를 통해 스토리 구성 시 주의해야 할 점들을 체크해보자.

표 7-3 스토리텔링 저해 예시

순서	예시
1	같은 이야기를 반복한다. 이야기를 한 것 같은데 또 하고 또 한다.
2	이야기가 복잡해서 도대체 무슨 이야기를 하는지 모르겠다.
3	도대체 결론이 무엇인지 모르겠다. 무슨 이야기를 하려는지 헷갈린다.
4	재미가 없다. 흐름에 긴장감이 없어서 재미가 없다.
5	일방적으로 혼자만 계속 이야기를 이어간다.
6	적절한 예시가 없고 단조롭다.

토의 7.2

자유로운 주제를 선정한 후 서론, 본론, 결론의 예시를 바탕으로 짜임새 있는 스토리를 구성해본다. 첫 번째 스토리의 경우 가볍고 즐거운 주제로 선정하여 스토리를 구성해 본다.

주어진 시간은 10분이며 스토리를 통해 자유로운 토론을 실천해 본다.

반드시 전달한 스토리 안에 교훈을 넣어 구성한다.

주제 예시 1 : 최근 본 영화를 스토리로 구성하여 전달해본다.

주제 예시 2 : 최근 있었던 사건을 스토리로 구성하여 전달해 본다.

주제 예시 3 : 목표한 일을 이루게 된 사건에 대해 스토리를 만들어 본다.

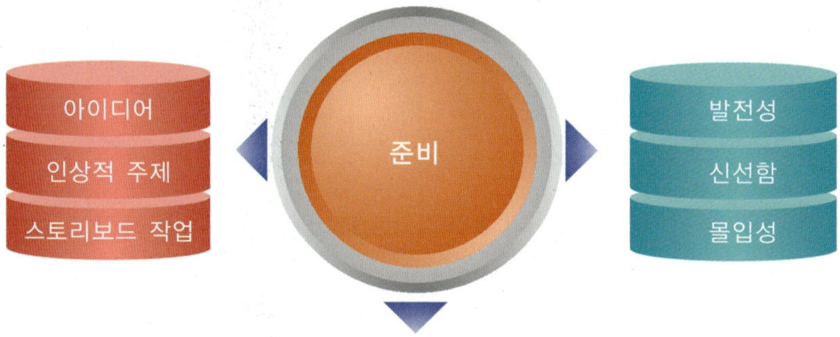

〈토론 방법〉

1. 4인 1조로 또는 2인 1조로 구성한다.
2. 스토리텔러를 선정한다.
3. 필요한 도구가 있다면 충분히 활용한다.
4. 스토리보드를 작업하여 풍부한 사건과 사례를 간결하게 구성한다.
5. 스토리텔링 주제에 맞는 질문을 통해 활기찬 분위기를 만들어 본다.

〈발표 방법〉

1. 논리적으로 스토리를 잘 구성하였다면 전달력 또한 매우 중요하다.
2. 전달력을 높일 수 있는 보이스 연출 및 표정관리, 자세 등을 점검한다.
3. 발표자로서 갖추어야 할 단정한 용모, 복장에 유의한다.

4. 스토리를 전달하는 스토리텔러가 반드시 한 명일 필요는 없다. 생생한 스토리를 전달하기 위해 창의적 아이디어를 통해 발표한다.
5. 주어진 시간, 주어진 조건은 반드시 맞추어 연습할 수 있도록 한다.

자유로운 주제를 통해 주어진 10분 동안 스토리를 알차게 구성하였는가? 청중의 몰입도를 높일 수 있을 만큼 신선하고 흥미로운 스토리였는가? 스토리텔링을 적절한 전달이 되었는지 청중에게 질문 또는 설문을 통해 점검하는 시간을 가져 보자.

〈토론에 대한 12가지 피드백 방법〉

1. 내용은 신선하였는가?
2. 몰입이 잘 되었는가?
3. 느낀 바가 있는가?
4. 스토리텔러의 발표력은 좋았는가?
5. 스토리는 짜임새 있게 잘 구성되었는가?
6. 주어진 시간을 적절히 활용하였는가?
7. 스토리텔러는 발표자로서 용모, 복장이 단정했는가?
8. 적절한 제스처, 올바른 상황별 태도를 갖추었는가?
9. 목소리는 적당한 크기였는가?
10. 10분이 길게 느껴졌는가? 짧게 느껴졌는가?
11. 길게 느껴졌다면 이유가 무엇인가?
12. 개인적으로 스토리텔러에게 하고 싶은 이야기나 질문이 있는가?

4. 스토리텔링의 조건

1) 논리적 구조가 명료하다

전달하고자 하는 바를 명확히 이해할 수 있도록 구성하였으며, 상대가 이해할 수 있는 적절한 사례나 논리적 근거가 뒷받침한다.

2) 이야기 흐름이 유려하다

스토리텔링에서 이야기의 흐름이 유려하다는 것은 군더더기가 없다는 것이다. '군더더기'란 본 줄거리의 흐름을 저해하거나 역행하는 곁가지 이야기다. A씨 이야기를 한참 하다가 A와 관련이 있는 B씨 이야기로 간다. B는 A씨와 연관성 속에서만 상대는 이해하기가 쉽다.

그러나 B의 이야기를 A와 연관성 속에서 하다가 B와 연관이 있는 C로 슬며시 간다. 문제는 C가 A와 관련성이 없다는 것이다. 물론 C는 A와 연관성이 없어도 B를 통해서 A와 간접적으로 연관을 가지기 때문에 스토리 내에서 가치를 가질 수 있다. 그러나 이런 경우 이야기의 흐름은 깨지고 왜곡되기 쉽다.

스토리텔링에 대한 논리 전개가 마치 드라마나 소설을 위한 것이라고 생각하기 쉽다. 그러나 스토리텔링은 드라마나 다큐멘터리나 시사나 탐사나 뉴스나 어떤 영상 제작물에서 혹은 소설에서도 그 근본 원칙은 다르지 않다. 스토리를 상대에게 논리적으로 잘 이해시킬 수 있는 방법이다.

3) 신선하고 느끼는 바가 있다

전달하는 스토리에 신선함을 더 한다면 상대로부터 호감을 불러일으킬 가능성은 훨씬 더 커진다. 그뿐 아니라 스토리에 대한 몰입을 기대할 수 있다. 전달하고자 하는 이야기를 짜임새 있는 스토리로 구성할 때 상대가 가질 수 있는 교훈이 있다면 더욱 기억에 오래 남을 것이다. 단지 내용만을 전달하기보다 스토리를 통해 느낄 수 있는 사건이나 예시 등도 함께 구성한다.

토의 7.3

창의적인 스토리텔링을 위하여 다음 이미지를 활용하여 스토리를 구성하는 연습을 해보자.

그림을 통해 스토리 라인을 설계한다. 주어진 20개의 이미지를 모두 활용하여 청중의 기대를 부르는 알찬 내용을 구성한다. 서론, 본론, 결론의 짜임새를 반드시 지키며 주어진 시간은 없다. 주어진 시간이 없다는 것은 20장의 이미지를 통해 자유로운 구상을 기대하는 것이다.

틀에 박힌 내용과 틀에 박힌 시간을 넘어 자유로움 속에 창의적 사고를 기대한다.

〈전달력을 높이는 스토리텔러〉

1. 스토리를 전달하는 과정 속에 감정이입을 위해 최선을 다한다.
2. 감정이입의 방법으로 스스로, 스토리 안에 주인공이 되어 본다.

3. 내용만을 전달하기보다 중간 중간에 팀원을 이용하여 '역할극'도 참여해본다.
4. 창의적이고 기발한 아이디어로 청중의 몰입과 흥미를 유도한다.
5. 원맨쇼가 아닌 쌍방의 커뮤니케이션이 될 수 있도록 적절한 퀴즈나, 질문을 준비한다.
6. 청중과 시선처리를 정확히 하며, 음성과 표정이 일치할 수 있도록 노력한다.
7. 마지막까지 최선을 다하는 모습을 보여 준다.

> 주어진 시간은 없었다. 모두에게 부여된 20가지의 이미지를 활용하여 스토리를 구성하고 발표해 보았는가? 긴 시간 흥미로운 스토리를 잘 구성한 팀이 있었는가? 평균 발표시간은 어느 정도였는가? 스토리텔링이 흥미롭거나, 지루한 팀이 있었다면 그 이유는 무엇 때문인가? 이미지를 활용함에 있어 모두가 비슷한 주제나, 내용을 구성하지는 않았는가? 우리는 모두 창의적이였는가?

여러 가지 질문을 통해 우리는 스토리텔링이 원활하게 되었는지를 점검해볼 수 있을 것이다. 듣는 사람의 기분이 좋아진다는 것은 말하는 사람이 무슨 말을 하는지 그 의도와 뜻을 분명히 이해한다는 것이다.

스토리는 구성의 틀과 같이 전달되는 내용의 형식이 된다. 그것이 창의적일 때 흥미를 부르며 좀 더 논리적일 때 청중의 이해도를 높일 수 있다.

창의력을 높이는 방법은 무수히 많으며 다양하다. 창의적으로 생각하기 위해서는 주변 세계에 관심을 가지고 관찰하는 태도를 기르자. 항상 자세히 살펴보고 관찰하면 새로운 것을 발견할 수 있다. 또한 새로운 관점으로 바라보고 다양한 경우를 생각해 보는 연습을 꾸준히 할 때 창의력은 향상된다. 다양한 토의방법을 선택하여 논리적으로 전달하기, 창의적으로 내용을 만들어가는 방법들에 대해 학습하자.

똑같은 말하기를 통해 우리는 소통하며 살아간다. 인기 있는 사람의 공통점이 뭐냐고 질문했을 때, 다수가 말하기를 "말 잘하는 사람", 즉 똑같은 얘기도 즐겁게 하는 사람이다. 무작정 말하기보다 논리적인 사고를 통해 말하는 방법, 스토리텔링 기법을 통해 완벽히 학습할 수 있다. 반복적인 연습은 습관을 부른다. 그것은 적절한 타이밍에 필요한 스토리를 멋지게 만들어 내는 전략이 된다.

Leader's Communication

Leader's Communication

Chapter 08

문서를 통한 커뮤니케이션

Chapter

08 문서를 통한 커뮤니케이션

학습 목표

비즈니스 문서의 종류와 작성원리를 숙지하고 용도에 맞는 비즈니스 문서 작성방법에 관해 학습한다.

1. 비즈니스 문서의 정의와 종류를 이해할 수 있다.
2. 비즈니스 문서의 작성원리와 절차를 적용할 수 있다.
3. 자료 및 정보를 수집 · 가공하여 문서에 활용할 수 있다.
4. One Page 보고서 작성원칙을 설명할 수 있다.
5. 이메일 작성지침에 따라 비즈니스 이메일을 작성할 수 있다.

1. 비즈니스 문서의 정의와 작성법

인터넷과 정보 기술의 발달로 조직 업무의 많은 부분이 이메일, 메신저, 전자문서 등을 통하여 처리되면서 직장인의 글쓰기 능력은 더욱 중요해졌다. 특히, 서로 간의 명확한 의사소통이 중요한 비즈니스 상황에서 구두로만 정보가 전달될 경우에는 그 뜻이 왜곡될 수도 있기 때문에 글로 작성하여 문서화된 자료로 남기는 것은 매우 중요하다.

1) 비즈니스 문서의 정의

비즈니스 문서란 조직에서 문자나 기호를 사용하여 사람의 의사 또는 사물의 상태, 현상, 관계 등을 표시하여 기록한 것으로 업무상 취급하는 일체의 서류를 말한다.

비즈니스 문서는 정확성과 객관성, 논리성과 체계성이 요구되며, 목적과 상황에 적합한 지식과 정보, 자료가 명확하고 깔끔하게 정리되어야 한다. 일반적으로 조직에서 문서를 작성하는 경우는 조직 내외부 이해관계자들 간에 업무 내용이 복잡하여 언어적 의사소통만으로는 부족한 경우, 업무추진에 고려해야 하는 요인이 많은 경우, 자료를 제공하거나 업무 협조를 필요로 하는 경우, 업무 처리의 근거나 그 결과를 남겨야 하는 경우이다. 오늘날 기업 활동에서 정보 전달의 대부분은 문서를 매개로 하여 이루어지고 있으며 비즈니스 문서는 경영활동을 촉진시키는 역할을 한다.

2) 비즈니스 문서의 종류와 작성요령

일반적으로 가장 빈번하게 사용되는 비즈니스 문서는 〈표 8-1〉과 같다.

표 8-1 일반적인 비즈니스 문서의 종류

문서 종류	주요 내용
품의서	• 정의 : 업무 진행 시 실행 단계마다 상사의 의견을 듣고 확인받기 위해 작성하는 문서로 회사마다 정해진 양식에 작성 • 작성법 : ① 기안번호, ② 기안연월일, ③ 기안책임자, ④ 안건명, ⑤ 기안취지, ⑥ 실시방법, ⑦ 비용, ⑧ 실시기일, ⑨ 첨부자료, ⑩ 결재자 인 등 10가지 요소를 반드시 포함해야 함 • 주안점 : 업무의 목적, 실행계획, 예상 비용 등 정확한 정보가 담겨야 함
보고서	• 정의 : 발생한 업무의 진행 상황이나 결과에 대해 상세히 보고하는 문서 • 작성법 : 결론을 먼저 제시하고 세부 사항이나 원인을 기술. 내용을 함축적으로 드러내는 제목을 선정. 본문은 한눈에 알아볼 수 있도록 항목으로 나누어 정리하고 그래프나 표를 이용하여 객관적인 사실부터 작성하고 개인적인 견해는 문장 마지막이나 별지로 구분 • 주안점 : 현황보고서는 현재 진행 중인 중요한 경영활동의 현황을 계획대비 실적 또는 추진현황을 중심으로 정량적으로 비교 분석, 결과보고서는 품의서의 실행계획 대비 결과와 집행비용을 객관적으로 분석하고 수치화하여 상세하게 기술
기획서	• 정의 : 새로운 일을 생각하고 추진하고자 할 때 방향과 방법, 전략 등 전체적인 내용을 정리하여 허락을 구하는 문서 • 작성법 : 기획 목적과 의의를 명확히 밝히되 주관적인 의견은 배제할 것. 내용을 항목별로 나누어서 핵심을 전달. 기획서 서식이 정해져 있는 경우 필요한 사항을 한 장에 기입한 후 상세 자료를 첨부하기도 함 • 주안점 : 회사의 이익과 기대효과에 중점을 두고 기획의 배경과 궁극적인 목적, 계획을 명확히 기술
안내문	• 정의 : 직원들에게 알리고 싶은 사항이나 연락사항을 게시나 회람 등을 통해 안내하는 문서 • 작성법 : 제목에는 '알림'과 '안내' 등을 표기하고 안내 배경이나 취지를 설명한 후 용건을 기술. 회사의 행사나 복리후생과 관련된 내용으로 인사말을 포함하여 읽은 사람에게 예의를 갖추는 표현으로 작성 • 주안점 : 읽는 사람들의 흥미와 관심을 유발시킬 수 있도록 일목요연하게 작성하고 특히 행사 일정, 장소, 접수방법 등을 정확히 알림

3) 비즈니스 문서 작성 원리

비즈니스 문서를 작성할 때는 정확한 정보와 적절한 용어를 선택하여 상대방이 문서의 내용을 쉽게 이해하고 그에 따른 적절한 조치를 취할 수 있게 하는 것이 중요하다.

(1) 읽는 사람을 중심으로 접근하라

문서 작성자는 읽는 사람의 요구와 의도를 파악하여 핵심 메시지를 논리적이고 설득력 있게 구성한다. 또한 이해하기 쉽고 보기 편하도록 가독성 높게 작성해야 한다.

(2) 문서의 목적을 명확히 하라

문서는 명확한 목적을 바탕으로 그 목적을 충족시킬 수 있는 내용과 형태로 작성되어야 한다. 문서를 읽고 난 후에 이 문서가 왜 작성되었는지, 이 문서를 통해 무엇을 하고자 하는지 알 수 있도록 드러나야 한다.

(3) 내용을 구조화하라

문서 작성자의 의도가 상대방에게 정확히 전달될 수 있도록 내용을 체계적으로 정리한다. 이때 제7장에서 다룬 논리적 전개로 스토리라인을 만들고 전달하고자 하는 내용이 누락되거나 중복되지 않도록 주의한다.

(4) 근거가 되는 정보를 수집 활용하라

객관적이고 신뢰할 수 있는 문서를 작성하기 위해서는 이와 관련된 자료와 정보를 찾고 이를 분석하여 문서 내용에 기술하거나 도식화한다. 때로는 보고나 결재 시 상사의 질문들을 예측하여 이를 뒷받침하기 위한 자료를 준비한다.

(5) 메시지는 단순하고 짧게, 긍정문으로 서술하라

가급적 단어는 적게 사용하면서 전달력을 높일 수 있도록 간결하게 문장을 구성한다. 추상적이고 일반적인 용어보다는 구체적인 용어를 쓰며, 막연하거나 불분명한 표현과 과장된 표현은 피한다. 복잡한 내용의 경우 가급적 결론이나 핵심메시지를 먼저 제시하고, 이후에 세부 내용을 구체화하는 두괄식 구성을 따른다.

4) 비즈니스 문서 작성 절차

(1) 계획하기

문서의 목적을 정하고 상대방의 욕구와 의도를 분석하여 행동 순서를 결정하는 단계이다. 작성자는 부서(팀) 내 · 외부의 요청사항을 파악하여 문서에서 다룰 주제와 내용 범위, 마감기일 등을 생각하며 계획을 수립한다.

tip

문서를 계획할 때는 육하원칙을 고려한다

- 문서는 왜 써야 하는가(Why)
- 어떤 내용을 담아야 하는가(What)
- 누가 누구에게 보고하는가(Who)
- 언제까지 완성해야 하는가(When)
- 관련 자료들은 어디서 찾아야 하는가(Where)
- 어떻게 결재를 받아야 하는가(How)

(2) 조사하기

주제와 내용을 뒷받침하는 자료를 체계적으로 조사하는 단계이다. 조사 분량과 소요시간은 문서의 성격과 중요도에 따라 다르다. 길고 복잡한 문서일수록 시간과 비용이 많이 든다.

(3) 작성하기

문서의 종류에 따라 적합한 서식을 선택하고 수집된 자료와 아이디어를 연결시켜 초안을 구성하는 단계이다. 일반적으로 문서의 구성 요소는 〈표 8-2〉와 같다.

표 8-2 문서의 구성 요소

구성 요소		내용
두문	문서번호	문서의 증빙과 보관상 편의를 위하여 조직전체 또는 부서에서 정한 규칙에 따라 기재
	작성 연월일	문서 발신 날짜 기재
	수신인	내부 보고 목적의 문서는 수신 부서를 기재하고, 외부 발송 문서는 회사의 이름을 첫 행에, 직위명과 성명은 그 다음줄에 기재
	발신인	회사·부서·직위와 이름을 쓰되 필요한 경우 대표자의 성명을 먼저 기재
	제목	문서의 목적과 내용을 알 수 있는 제목 기재
본문	첫머리	내부 문서는 의례적인 인사말은 생략 가능하나 외부 문서는 기재
	내용	문서의 용건에 해당하는 부분으로 문서작성 원리에 따라 기재 항목별로 번호체계를 이용하여 작성
결문	맺음말	끝 표시 또는 공손한 인사말 기재
	다음 및 별첨	본문 이외에 추가적인 내용이나 다른 문서가 첨부될 경우 기재

자료 : 강성범(2010). 수정

(4) 시각화하기

작성된 초안에 도표, 그래프, 특수문자, 서체 등을 사용하여 상대방의 주목을 끌고 읽기 쉽게 디자인하는 단계이다.

(5) 교정 및 편집하기

글의 목적에 맞게 작성된 문서의 내용을 평가하고 고쳐 쓰는 단계이다. 교정은 단어나 문장, 그리고 단락을 더하거나 재조직하는 활동이며 편집은 잘못된 문법, 맞춤법 및 구두점을 바로잡고, 숫자, 약자, 영문자와 같은 것에 주의하여 문서를 일관성 있게 기술하는 작업을 말한다. 작성자는 다음의 사항을 반영하여 자신의 의사가 적절히 문서로 표현되었는지 판단한다.

표 8-3 문서 교정 체크리스트

구분		항목
정확성	표기의 정확성	• 한글 맞춤법과 표준어 규정을 준수하였는가? • 띄어쓰기를 정확하게 하였는가? • 외래어 표기법과 국어의 로마자 표기법을 준수하였는가?
	표현의 정확성	• 어휘를 적합하게 선택하였는가? • 문장을 문법에 맞게 표현하였는가?
경제성	짧고 간결한 구성	• 중복된 표현이나 무의미한 언어를 사용하지 않았는가? • 불필요하게 동의어를 사용하지 않았는가? • 문장을 길게 작성하여 의미가 혼동되지 않았는가?
명료성	명확한 의미 전달	• 수식관계를 분명하게 표현하였는가? • 비교대상을 분명하게 표현하였는가?
다양성	다양한 표현 사용	• 동일한 단어, 조사, 어미 등이 반복되지 않았는가? • 동일한 구조가 반복되지 않았는가?

사례 1 품의서 전자문서 양식

품 의 서

결재	차 장	부 장			부사장
	성명				
	날짜				

결재					

부 서 : 총무팀 　　　 성 명 : 홍길동

기안일자 : 2018. 04. 28. 11:05 　　　 문서번호 : 총무-2018-198

제 목	

2018년 상반기 서울 상공회의소 회비를 아래와 같이 납부하고자 하오니 재가하여 주시기 바랍니다.

- 아 래 -

1. 회원가입의무 : 상공회의소법 제10조 3항
   - 특별시 소재하는 자가 매출세액이 OO억 이상인 경우에는 당연 가입회원에 해당
   - 당사는 2010년 3월 당연 가입회원으로 가입된 상태임

2. 회비산정 : 전년도 각 반기별 매출액 x 10%(부가세율) x 1/1,000(정부인가 회비부과율)
   - 매출액은 부가세법상의 매출액으로 당사의 빌딩 임대매출 및 브랜드 사용료가 해당됨

3. 회비 금액 : 총 1,360,000원
   - 17,000백만원 ('17년 상반기 매출액) x 10% x 1/1000 x 80% (공제율 감안)

   * 납부기한내 납부할 경우, 20% 공제받음

4. 납부기한 : 2018년 5월 15일

이상.

토의 8.1

① 직장에서 자주 사용하는 비즈니스 문서의 종류는 어떠한 것이 있는지 찾아보고, 문서의 종류별로 작성 시 유의할 점에 대해 토론해 보자.

② 직장인으로서 문서작성능력을 향상시키기 위해 어떤 노력이 필요한지 의견을 공유해 보자.

2. 정보 수집과 활용

하루에도 수천, 수만의 새로운 지식과 정보가 탄생하는 정보사회에서는 필요한 자료와 정보를 수집할 수 있는 능력이 필수적이다. 평소 정보의 출처에 대한 관심을 가지고 정보가 필요할 때, 필요한 곳에 가서 찾아온다면 문서 작성을 위한 기초 자료를 쉽게 마련할 수 있다. 특히, 비즈니스 문서를 작성할 때 전략적으로 의미 있는 정보를 기반으로 하되 직접적으로 관련된 내용뿐만 아니라 참고하거나 근거가 될 만한 자료들도 넓게 수집하여야 한다.

1) 정보 수집방법

자료 및 정보의 수집방법은 문서의 목적에 따라 광범위하다. 조직에서 필요한 문서의 대부분은 사내 인트라넷의 정보공유시스템에 축적된 경우가 많으므로 먼저 이러한 자료들을 검색하여 활용한다. 일반적으로 다음과 같은 경로와 방법을 통하여 자료와 정보를 수집한다.

표 8-4 자료와 정보 수집경로

구분		내용
인쇄매체	기업 내 정보	보고서류, 정관, 규정집, 계약서, 회의록, 결재문서, 홍보자료 기업의 재무제표(자산규모, 자본금, 부채, 매출액, 순이익 등)

구분		내용
인쇄매체	기업 외 정보	신문(일간지, 경제지, 전문지), 정비/비정기 간행물, 잡지, 학회지, 협회지, 논문집 등
영상매체	TV자료(국내)	뉴스, 다큐멘터리, 기획프로그램, 경제정보프로그램 등
	TV자료(국외)	해외뉴스, 해외정보프로그램, 해외지사 취재프로그램 등
컴퓨터 / 전산자료	통신 및 인터넷자료	뉴스그룹, 동호회, 게시판, 정보검색자료, 정보센터(인물, 경제지표, 기업신용, 뉴스, 생활정보, 공개자료 등)
	전문 데이터베이스 자료	신문데이터베이스, 학술자료, 해외 전문데이터베이스 등
관찰법	비공식적인 데이터 수집 방법	필요한 정보를 가지고 있는 응답자에게 행동으로 표현하게 하고 이를 관찰
설문조사	전화조사, 인터뷰	특정 주제와 관련된 설문내용을 구성한 다음 전화 또는 대인면접 인터뷰 실시

tip

정보 수집 시 주의할 점

- 기존 자료부터 수집할 것
- 믿을만한 곳에서 수집할 것
- 수집을 위한 다양한 방법을 활용할 것
- 최신 자료를 수집할 것

(1) 신문스크랩

신문기사들을 스크랩할 때 주제별(관련 업종 기사, 주가 동향, 해당기업 기사, 인물동정 등)로 구분하여 자료를 정리해두면 검색이 용이하다. 또한 기사의 내용에는 반드시 출처(정보원)와 날짜정보가 포함되어야 한다.

(2) 인터넷 정보 검색

다양한 정보를 효율적으로 찾기 위해서는 인터넷을 이용하는 것이 바람직하다. 일부 대기업에서는 홍보실 등에서 매일 아침 정리된 뉴스와 정보를 공유하기도 하지만 자신이 작성할 문서와 관련된 정보를 좀 더 신속하고 정확하게 검색하여 내용을 확보하려는 노력이 필요하다.

① 신문 기사 검색

많은 사무실에서 최신 뉴스를 검색하고 기사를 정리한다. 국내 뉴스를 무료로 검색할 수 있는 곳으로 한국언론진흥재단의 뉴스 아카이브 분석시스템인 빅카인즈(www.kinds.or.kr)가 대표적이다. 이 사이트는 44곳의 종합일간지, 경제지, 지방일간지, TV 방송 뉴스, 시사 잡지까지 검색할 수 있는 종합 뉴스 데이터베이스이다.

② 뉴스 클리핑

클리핑이란 관심 있는 분야를 미리 등록해 놓고 어느 때이든 접속하여 관련 기사를 검색할 수 있는 방식을 말한다. 종합일간지 및 경제지, 전문지의 내용을 총괄하여 관심분야만 검색할 수 있는 서비스로 한번 관심분야를 입력해 두면 오늘 날짜의 기사까지 검색하여 정리가 가능하다.

③ 인물 정보 검색

인터넷을 통하여 인물 정보 검색 서비스를 이용하면 인물에 대한 정보를 손쉽게 얻을 수 있다. 언론사나 검색 포털 사이트에서는 국내외 주요 인사에 대한 인물 정보를 무료 혹은 유료로 제공한다.

④ 회사 정보 검색

인터넷 사이트의 회사 정보 검색 서비스를 이용하여 해당 회사의 기본적인 정보뿐만 아니라 회사 자산상태나 연간 보고서 등에 관한 세부적인 정보를 검색할 수 있다.

2) 정보의 활용

필요한 자료와 정보를 수집했다면 이를 분류 · 정리하며, 이용하기 쉽게 가공하여 신속하게 사용할 수 있어야 한다. 글자로만 표현된 비즈니스 문서는 상대방의 집중도를 유지시키기가 힘들고 근거가 부족하여 설득력이 떨어질 수 있다. 시각적인 효과를 높이기 위해 그래프와 차트, 도표의 특성을 잘 파악하여 수집된 자료를 적절하게 가공하여 사용한다.

(1) 그래프

그래프는 복잡한 수치 데이터를 시각적으로 비교하여 이해할 수 있게 한다. 그래프를 통해 글자로는 표현되지 못하는 데이터의 시계열적 경향과 추이를 파악할 수 있으며 한가지 현상에 대한 분석적 이해와 동시에 총괄적인 이해가 가능하다. 또한 조직원에게 목표나 도달점을 쉽게 전달할 수 있다.

표 8-5 자료와 정보 수집경로

종류	내용
막대그래프	비교 중심 메시지 : 양의 크기를 막대의 길이로 표현한 것으로서 수량의 상대적 크기를 비교하려 할 때 사용. 시간적인 변화를 나타내는 경우에는 적합하지 않지만 어느 특정 시점에서의 수량을 상호 비교하는 경우에는 사용 가능
꺾은선 그래프	시간 및 도수 분포 중심 : 가로축에 시간, 세로축에 수량을 잡고, 데이터를 차례로 타점하고 선으로 이음. 막대그래프와 더불어 보기 쉬운 그래프 중 하나로 작성이 간단하고 한눈에 알기 쉬우며 시계열적인 추세나 경향을 파악하는 데 도움을 줌
원그래프	비율 중심 메시지 : 원 전체를 100%로 보고 각 부분의 비율을 원의 부채꼴 면적으로 표현한 그래프. 전체와 부분, 부분과 부분의 비율을 볼 때 사용. 항목은 일반적으로 시계방향에 따라 크기순으로 배열하며 특정 생산품의 브랜드별 시장점유율이나 각종 구성비를 시각적으로 나타낼 때 유용하게 사용됨

(2) 사진과 그림

사진과 그림은 전달하고자 하는 이미지를 표현할 때 시각적인 효과를 상승시켜 상대방이 문서를 이해하는데 도움을 준다. 또한 상상할 수 있는 여유를 제공하고 흥미를 유발함으로써 작성한 문서를 효율적으로 전달할 수 있다.

tip

시각자료 작성 시 유의할 점

- 여러 장의 자료를 준비할 때는 각 장마다 형식을 통일시킨다.
- 상하 좌우 여백을 적절히 안배하는 것이 보기에 부담이 없다.
- 명조체보다 글자에 각이 진 고딕체가 더욱 선명하게 화면에 나타난다.
- 제목이나 강조할 내용은 굵게 하거나 적절한 크기로 확대한다.
- 'one page one message'의 원칙을 지켜 내용에 대한 집중을 높인다.
- 시각 자료의 장수는 지나치게 많은 것보다 꼭 필요한 자료나 그래프를 선별한다.
- 숫자는 도표보다 그래프화하는 것이 효율적인 전달방법이며, 문장은 요약, 단문화시킨다.

사례 2 현황보고서 사례

Mobix Q 사업부 6월 현황보고

2018. 7. 3.
사업지원팀 홍길동 과장

1. 개요
   1) 매출액 및 순이익 계획 대비 초과 달성
      - 매출액 1,100억 원(계획 대비 10% 증가), 순이익 66억 원(계획 대비 10% 증가) 달성
   2) 공장가동률 전월 대비 향상
      - 공장가동률 : 90%(5월) → 95%(6월)로 향상

2. 주요 경영성과 분석
   1) 매출 및 순이익
      • 매출 변화 요인(+100억 원)
      - 신규 거래처 발굴 : 110억 원 증가 - 환율 영향 : 10억 원 감소
      • 순이익 변화 요인(+6억 원)
      - 제품 구조 개선 : 8억 원 증가 - 환율 영향 : 2억 원 감소

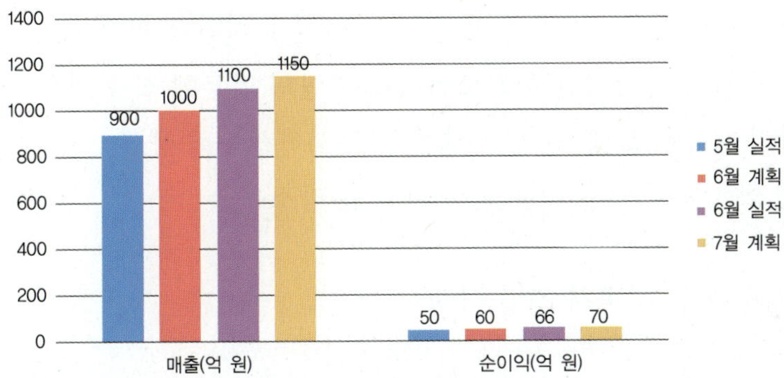

   2) 공장가동률
      • 공장 가동률 향상 요인(+5%)
      - 공정 시간 단축 : 일 2시간 → 1시간으로 향상
      - 설비 기능 개선을 통한 불량률 감소

3. 주요 추진 사항
   1) 적극적인 거래처 관리
      - 6월 신규 거래처의 안정적인 수율 확보를 위한 프로모션 계획 중
   2) 고부가 신제품 개발
      - Hyper Mobix Q 제품 개발 완류에 따른 판매 개시(7월 이후)
   3) 공장가동률 개선 활동
      - 공정 시간 단축 활성화 TFT 운영
      - 불량률 "0"을 위한 사내 아이디어 공모전 진행 중 : 7~8월

4. 향후 계획
   1) 거래처 관리를 위한 CRM 전문가 인력 충원
   2) Hyber Mobix Q 제품 판매 마케팅 강화 : 마케팅팀 내 TFT 발족
   3) 공장가동률 개선을 위한 지속적이고 효과적인 사내 활동 진행

3. One Page 보고서

오늘날 기업환경의 글로벌화와 정보통신기술의 발달로 인해 문서를 통한 커뮤니케이션이 더욱 중요해졌다. 특히, 다른 조직보다 한발 앞서 의사를 결정하고 실행하는 기업만이 경쟁에서 우위를 유지할 수 있기에 보고서는 신속하고 빠른 의사결정을 내리기 위한 전제조건이 된다. 따라서 효율적으로 보고서를 작성하고 적시에 보고할 수 있는 능력이야말로 직장인으로서 꼭 필요한 핵심역량이라고 할 수 있다.

One Page 보고서는 의사결정권자가 검토할 방대한 내용과 자료들을 한 장으로 압축한 보고서를 의미하며 그 효과는 다음과 같다.

- 한 장에 모든 내용이 포함되어 보고서의 시급성 파악 용이
- 의사결정권자가 의사결정을 할 수 있는 충분한 시간을 확보
- 직장인의 문서 작업시간을 최소화하여 본연의 업무에 집중 가능
- 보고서의 내용을 요약, 정리, 기술하는 문서작성능력 향상
- 지면 감소로 인한 인쇄 비용 및 보관 비용 감소

사례 3 One Page 보고서 기업 사례

포스코도 '1페이지 보고서' 의무화

삼성그룹, SK텔레콤 등에 이어 포스코도 사내 보고서 분량을 1페이지로 제한하기로 했다. 짧고 효율적인 보고 절차를 위해서다. 포스코는 27일 비부가가치적인 문서 작업을 최소화하고 본질적이고 창의적인 활동에 인적 역량을 집중하기 위해 '1페이지 보고서 작성'을 전사적으로 시행하기로 했다고 밝혔다.

지난 5월 포스코의 직원들을 대상으로 한 설문조사 결과, 포스코 직원들의 대부분이 하루 근무시간의 3분의 1 이상을 문서 작성에 매달리고 있는 것으로 나타난 것이 계기가 됐다. 보고서를 지나치게 길게 쓰다보니 문서를 작성하고 수정하는 시간이 길어져 분석 또는 아이디어 도출에 투입되는 시간이 줄어든다는 것이 경영진의 판단이다. 또 임원들을 대상으로 한 설문에서는 '보고서의 내용이 장황하고 부연설명이 많아 핵심 내용의 파악이 어렵다', '간단히 구두보고가 가능한 내용도 문서를 작성해 전달한다'는 등 보고서 분량이나 서면 보고 횟수가 지나치게 많다는 의견이 대부분이었다.

포스코는 1페이지 보고서의 작성방법으로 '3스텝', '3S 원칙'을 제시했다. '3스텝'은 보고서의 전개방식을 3단계로 구분해야 한다는 뜻이다. 1단계에서 보고의 목적과 전달내용의 핵심이 되는

결론을 제시하고, 2단계에서 결론을 뒷받침하는 근거를 명확히 한 뒤 3단계에서 향후 실행계획까지 구체화한다는 것이다. '3S 원칙'은 보고서를 핵심 위주로 짧고(Short), 쉽게(Simple), 구체적으로(Specific) 쓰라는 것을 뜻한다. 현재 삼성그룹과 SK텔레콤, 토요타, P&G 등이 보고서 분량의 가이드라인을 1장으로 하고 있다. 국가정보원의 대통령 보고서도 대부분 한 장짜리다. 다만, 포스코는 예외적으로 경영층 전략 및 사업계획, 경영분석 및 연구, 장기 프로젝트 수행결과 등 많은 분량이 요구되는 보고서에 대해서는 분량 제한을 7페이지로 하고, 이사회 · 경영위원회 · 사운영회의 · 임원토론회 등의 회의자료는 한시적으로 페이지 제한을 두지 않기로 했다.

한편, 포스코는 '똑똑하게 일하기'라는 뜻의 '스마트 워크(Smart Work)'를 화두로 제시했다. 이에 따라 언제 어디에서든 이동하면서도 일할 수 있도록 임원 및 그룹리더급에게 스마트폰을 지원하고, 마케팅부서 등 대외 협력부서 직원들에게는 '현지 완결형' 업무처리가 가능하도록 넷북을 지원하기로 했다.

자료 : 머니투데이(2009. 9. 27)

1) One Page 보고서 작성 원칙

One Page 보고서는 여러 장의 보고서를 단 한 장으로 줄여야 하기 때문에 기존의 보고서 쓰기와는 다르다. 다음은 One Page 보고서 작성을 위한 '4C' 핵심원칙을 소개한다(이정환 외, 2010 수정).

(1) 결론(Conclusion)을 먼저 작성한다

4월 11일 오전 10시부터 M사와의 미팅을 수행한 결과 오전의 1차 회의(10~12시)에서는 당사의 신제품에 관한 아이디어를 3건 제시하였으며, 점심식사 이후에 진행된 오후 회의에서 M사는 1시부터 3시까지 전반적인 시장 동향에 대해 발표를 함. 이후에 신제품 공동 개발을 위한 토의 및 토론을 시작하였는데, 당사는 젊은 층을 타깃으로 저가격인 1안이 가장 적합하다고 한 반면, M사는 우수한 기술적 특성을 가진 3안이 더 좋다고 봄. 다만, 품질은 중간 수준이나 조기에 출시할 수 있는 2안에 대해서는 양사 다 관심이 없었음. 5시까지 격렬한 논의 끝에 최종적으로 3안 합의에 이름

↓

1. 미팅 결과(4. 11)
   - 당사 및 M사가 기술적 특성이 우수한 신제품 아이디어(3안) 공동개발에 합의

2. 세부 일정 및 내용
- 10~12시 : 당사 신제품 아이디어 발표
(1안 : 저가격 젊은 층 겨냥, 2안 : 중간 품질 및 조기 출시, 3안 : 기술적 특성 우수)
- 13~15시 : M사 시장동향 발표
- 15~17시 : 신제품 공동개발 토론 및 합의 도출(3안)

(2) 뜻을 정확히(Correct) 전달하도록 작성한다

신차 PQ 5에 대한 품질 테스트 결과를 살펴보면 전자장치에 문제가 있다고 할 수 있다.

↓

신차 PQ 품질 테스트 결과 전자장치에 문제가 있다.

(3) 이해 가능한 용어를 사용하여 명료(Clear)하게 작성한다

수요자가 강조하는 핵심단어와 이해 가능한 용어 사용

1. 애매한 표현
- 2차 Test 결과가 상당히 우수하다. (×)
- 2차 Test 결과가 1차 Test 대비 소음이 20% 감소하였다. (O)

2. 이중부정
- 당사 제품이 타사 제품에 비해 우수하지 않다고 말할 수 없다. (×)
- 당사 제품이 타사 대비 우수하다. (O)

(4) 수식어 사용을 자제하고 문장은 간결(Concise)하게 작성한다

당사는 현재 신제품의 매출액이 지속적으로 감소하고 있으므로 이에 대한 확대가 중요하다. 따라서 외부와의 협력 및 전문가 집단의 자문 등을 통해 최신 기술을 적극적으로 도입하여 2020년에는 신제품 매출을 30%로 증대시키고자 함

↓

2020년 신제품 매출 30% 달성을 위한 기술센싱 능력 확대

2) 요약의 기술

One Page 보고서를 작성하기 위해 때로는 사실과 정보에 중점을 두고 요약하는 기술도 필요하다. 요약을 할 때는 작성자가 담아내고자 하는 내용을 최대한 정확하게 표현할 수 있도록 간결하고 쉬운 어휘와 문장을 선택한다.

(1) 내용을 양적으로 줄이기

큰 의미가 없거나 이해를 돕기 위한 부연설명은 기계적으로 걸러서 버리는 것이다. 이때 보고서를 짧게 만드는 것에만 집중하여 앞뒤 문맥이 맞지 않거나 사실이 왜곡되지 않도록 명확한 기준에 따라 거른다.

(2) 요점을 추려서 코어(Core)만 남기기

요약을 할 때 주요한 사실과 강조할 점을 알고 문맥을 따라가며 해당되는 문맥만 줄이는 것이다. 보고서의 양은 줄어들어도 중심내용은 변하지 않고 그대로 유지할 수 있다. 즉, 줄거리를 만드는 요약이다.

(3) 재해석을 기반으로 설득하기

가장 중요한 사항에 맞춰 요약한 내용을 재해석하여 읽는 사람이 쉽게 이해할 수 있게 줄이는 것이다. 중요한 강조점을 명쾌하게 보여 주면서, 신속한 의사 결정을 내릴 수 있게 한다. 줄거리뿐만 아니라 주요 포인트와 의사결정의 타당성도 갖게 해주는 요약이다.

4. 이메일 작성하기

인터넷과 정보기술의 발달로 이메일을 통해 많은 비즈니스가 이루어지고 있다. 이메일은 신속하고 간편하게 의사와 정보를 전달할 수 있다는 장점이 있지만, 그

편리함으로 인해 정보 전달에 있어 부주의하거나 다소 비형식적이고 예의 없는 문서가 되지 않도록 유의해야 한다.

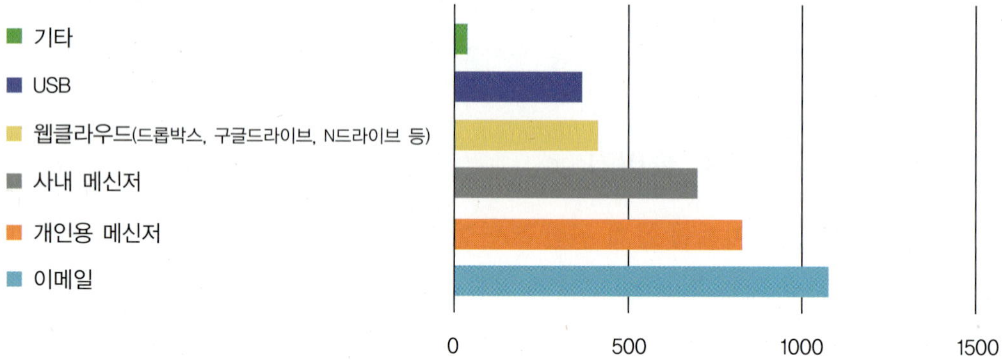

자료 : ESTsoft(2015), 기업 내 업무 커뮤니케이션 실태 조사 보고서

그림 8-1 사무실 내외부에서 공유할 때 주로 사용하는 도구(복수응답)

1) 이메일의 구성요소와 작성 지침

(1) 제목

이메일의 제목은 수신자가 메일을 열고 메시지를 읽게 만든다. 따라서 제목은 내용을 확인할 수 있도록 구체적으로 작성하되 너무 길지 않게 작성한다. 수신자는 수많은 메일을 받기 때문에 제목이 모호할 경우 스팸으로 의심하고 삭제할 수 있기 때문이다. 중요한 요청사항이 있을 경우 [ ]과 같은 글머리 기호를 활용하면 보다 효과적이다.

- 예 : [자료 요청] 3/4분기 결산 보고서

(2) 도입부 및 인사말

도입부는 상대방의 이름과 직위(호칭)를 표기한다. 간단한 인사말과 계절 인사, 안부 글과 보내는 사람의 자기소개를 포함한다.

- 예 : 김호성 부장님께,

  안녕하십니까? 미래전자 비서실의 박미영 과장입니다.

(3) 본문 내용

내용은 간단하고 명료하게 작성한다. 먼저 이메일의 목적을 적고, 사실과 정보를 제공한다. 본문에서 전달하기 힘든 내용이거나 복잡한 사항이 있는 경우에 파일을 첨부하고, 파일을 첨부하였다는 문구를 적는다. 만약 상대방의 피드백이 필요하거나 요구사항이 있다면 줄을 바꾸어 기재한다. 문장은 개조식으로 정리하여 한 줄이 넘어가지 않게 짧게 끊어서 쓰고 밑줄, 굵은 글자, 글자색 등은 꼭 필요한 경우만 하고 이모티콘 사용도 지양한다. 영문 이메일의 경우에는 대소문자 구별에 유의한다.

(4) 끝인사

본문 내용이 완성되면 간단히 끝인사를 하는 것이 향후에 좋은 관계를 유지할 수 있다. 끝인사는 계절이나 근황에 대한 안부나 감사 인사를 전하되 지나치게 친한 표현보다는 부드럽고 깔끔하게 마무리한다.

(5) 발신인 정보 작성

업무상 보내는 이메일은 발신인이 누구인지 명확히 알 수 있도록 발신자명을 설명으로 작성하는 것이 바람직하다. 또 메일 본문의 끝부분에 '서명' 기능을 이용하여 보내는 사람의 소속, 직위, 연락처 등을 등록하여 사용한다. 이름 뒤에는 상황에 따라 '배상', '드림', '올림' 등을 적는다. 일반적으로 발신자명에 포함되는 정보는 다음과 같다.

- 회사와 부서명 : ㈜한국제약 R&D실
- 직위 및 이름 : 대리 홍길동
- 회사 전화번호 : 직통 번호를 기재
- 휴대폰 번호 : 급한 연락을 받을 경우를 대비해서 기재
- 회사 주소 : 상대가 우편물을 보내게 될 경우를 고려해서 작성
- 이메일 주소 : 보내는 이메일 주소와 동일한 경우에 생략 가능

(6) 파일 첨부하기

첨부파일이 있는 경우에는 발송하기 전에 반드시 해당 파일을 첨부하였는지 확인한다. 파일의 용량이 큰 경우에는 가급적 대용량 메일 등을 이용해서 상대방의 메일 용량에 부담을 주거나 용량 문제로 인해 반송되지 않도록 한다.

tip

이메일 작성 시 유의할 점

- 목적과 주제를 명확하게 드러내는 효과적인 제목을 작성하라.
- 되도록 짧게 쓰고, 하나의 주제만 다루도록 하라.
- 구성은 명확하고 단순하게 보이게 하고 어휘, 문장, 문단 등을 최대한 짧고 간결하게 하라.
- 비즈니스 이메일에서는 화려하거나 복잡한 그래픽, 배경화면을 사용하지 말라.
- 수신자가 이메일을 끝까지 읽어 보지 않을 수도 있다는 가정을 하고 주요 항목에 글머리 기호나 숫자 등으로 문단을 구분한다.
- 영문 이메일의 경우 모든 텍스트를 대문자로 쓰지 말라.
- 전달하려는 메시지가 복잡하고 모호하다면 차라리 이메일로 쓰지 말라.
- 이메일로 타인의 감정이나 분노, 비판을 유발하게 되는 경우에는 삼간다(해임, 사직 등).
- 결론에서 원하는 바를 확실히 요청하라.
- 이메일 수신자의 이름과 첨부 파일을 재차 확인하고 발송하라.

토의 8.2

① 본인이 주로 사용하는 자료 및 정보 수집방법은 무엇인지 공유해보고 각자 개선할 점은 무엇인지 토의해보자.

② 비즈니스 문서를 효율적으로 작성하기 위해 표준화된 서식을 활용하기도 한다. 다음에 제시된 방법들로 표준화된 문서를 찾아보고, 본인에게 가장 적절한 방법은 무엇인지 토의해보자.

- 오피스나 한글에서 지원하는 서식 파일
- 마이크로소프트나 한글과컴퓨터 홈페이지에서 제공하는 추가 서식 파일
- 인터넷 문서 서식 사이트(유료)의 정보
- 네이버 문서 서식 사이트 활용
- 비즈니스 문서 서식 책 구매

Chapter 09

스마트 프레젠테이션

Chapter

09 스마트 프레젠테이션

학습 목표

프레젠테이션의 정의와 프로세스에 대해 알아보고 프레젠테이션 자료 작성방법에 대해 학습한다. 효과적인 프레젠테이션을 위한 스킬과 조건에 대해 학습한다.

1. 프레젠테이션의 정의와 프로세스를 설명할 수 있다.
2. 프리젠테이션 자료를 작성할 수 있다.
3. 전달력을 높이는 프레젠테이션 스킬을 적용할 수 있다.
4. 성공적 프레젠티션의 조건을 설명할 수 있다.

1. 프레젠테이션의 정의와 활용범위

1) 프레젠테이션의 정의

프레젠테이션(Presentation)이란, 국어사전에 표기하기를 청중을 설득하기 위해 어떠한 목적이나 계획 등을 발표하는 것을 가리키는 외래어이다. 다양한 전달매체를 활용하여 제한된 시간에 원하는 바를 효과적으로 전달하고 청중의 생각을 유도하여 행동을 유발하는 커뮤니케이션 도구 중 하나이다.

기업의 중요한 사업 설명회나, 신제품 출시 또는 경쟁 입찰 등 다양한 상황에 나름의 목적과 목표를 두고 프레젠테이션을 한다. 주로 시청각 자료를 활용하며, 성패를 가리는 중요한 발표회인 경우 전문 프레젠터를 통해 발표를 진행한다.

2) 프레젠테이션의 활용범위

프레젠테이션의 활용범위는 상당히 넓다. 각 기업에서 신제품 출시, 사업 설명회, 투자 설명회 등 다양한 발표를 프레젠테이션을 통해 전달하고, 목적을 달성하기 위해 노력한다. 학교나 학원 역시 학생과 학부모를 대상으로 입학 설명회, 입시 설명회 등을 하며 정치인들의 중요한 정책 등을 다루는 기조연설 또한 프레젠테이션을 활용하는 것을 볼 수 있다.

미국의 기업가이며 애플 사(社)의 창업자인 고 스티브 잡스(Steve Jobs]) 신제품 출시 당시 직접 프레젠테이션을 하여 소비자에게 호기심과 관심을 주목받아 제품 판매 효과를 높였다.

아무리 좋은 기획력과 획기적인 아이디어라 할지라도 프레젠테이션을 효과적으로 활용하지 못한다면 소정의 목표나 목적을 달성하는 데 한계가 있다.

표 9-1 프레젠테이션 활용

분류	프레젠테이션 활용
기업	신제품 출시, 사업 설명회, 투자 발표회, 전략 발표, 상품 기획 발표
학교	경진대회, 교내 발표회, 학부모 입학 설명회, 입시 설명회, 학술제
입찰	기업과 기업 간의 경쟁 입찰, 관광서 위탁 기관 선정을 위한 경쟁 입찰

2. 프레젠테이션의 프로세스와 자료 작성법

프레젠테이션 프로세스는 크게 6단계로 나눌 수 있으며, 자료 작성법과 함께 알아보자.

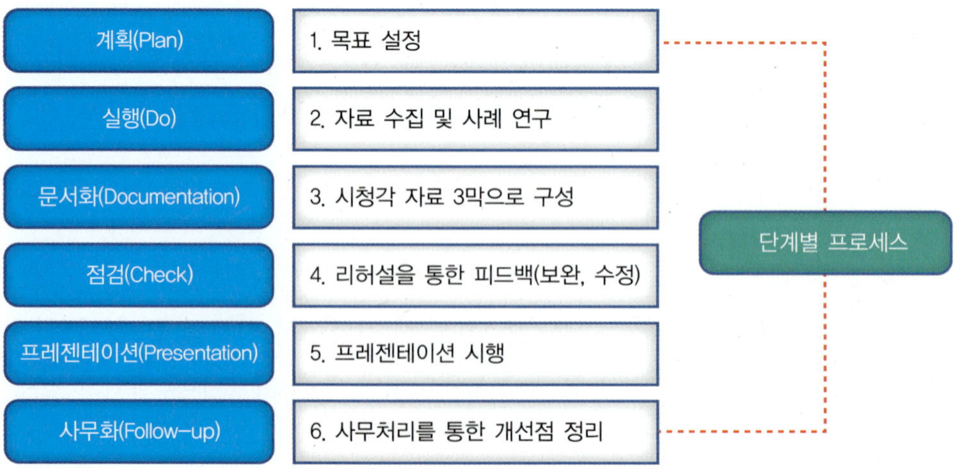

그림 9-1 프레젠테이션 프로세스

1) 계획(Plan)

청중에게 전하고자 하는 메시지가 무엇이냐에 따라 목표를 세울 수 있다. 원하는 바를 성공적으로 이끌어 내기 위해서는 명확한 계획을 세우는 것을 첫 번째 원칙으로 한다.

2) 실행(DO)

전달하고자 하는 메시지를 설득력 있게 전달하기 위해 근거가 될 만한 타당한 사례나 자료 수집이 필요 하다. 자료 수집의 경우 2P를 고려하는 것이 중요하다. 2P란 목적(Purpose) 청중(People)을 말한다. 전달하고자 하는 근본적인 목적에 부합하는 자료 수집은 청중의 기대, 이익을 뒷받침할 근거 자료여야 하며, 청중의 성별, 연령, 수준, 특징을 고려하여 자료를 수집할 때 청중의 이해도를 높일 수 있다.

3) 문서화(Documentation)

효과적으로 전달하기 위해서는 보여지는 시청각 자료가 매우 중요하다. 서론, 본론, 결론의 3막으로 구성하여 전달력을 높일 수 있도록 한다. 사람들의 주의력은 짧다. 빼곡한 글보다는 이미지 위주로 작업하여 흥미, 재미 등으로 청중의 관심을 유도하는 것이 중요하다.

단순하면서도 논리적으로 구성하며 화려한 컬러를 많이 사용하기보다는 3가지 정도의 컬러를 사용하여 첫 슬라이드부터 마지막 슬라이드까지 전체적인 통일감을 유지하는 것이 체계적인 느낌을 살리는 데 도움이 된다.

(1) 서론

서론 부분에는 목적에 부합하는 핵심 내용을 전달한다. 전달자의 입장이 아니라 청중의 입장에서 전달하며, 청중의 기대를 생각하여 이익이 되는 부분을 먼저 언급한다.

(2) 본론

서론 부분에 언급한 메시지의 타당한 근거가 될 만한 자료, 사례 등을 재치 있게 전달하고, 정확한 이유를 들어 신뢰감을 형성하는 것이 중요하다. 어려운 전문용어, 난해한 표현은 삼가고 이해도를 높일 수 있는 내용으로 구성한다.

(3) 결론

결론 부분은 간결하게 정리하며, 긍정의 생각이 행동으로 옮겨갈 마지막 기회라는 점을 고려하여 강조할 부분이 있다면 객관적인 사실과 감성적인 부분을 적절히 활용한다. 주어진 시간이 긴 경우, 내용과 부합하는 적절한 영상을 활용한다. 3분 내외로 시청하는 것이 효과적이며 서론, 본론, 결론의 큰 틀이 흔들리지 않도록 자연스럽게 흐름을 짜는 것이 중요하다.

마무리 시 질의응답 시간이 있다면 예상 질문을 준비하여 답변 및 추가 자료를 준비해두며 이의를 제기할 만한 부분이 없는지 최종 점검 시 한번 더 체크하도록 한다.

표 9-2 문서화 프로세스 예시

프레젠테이션의 목표 : 운동을 하는 것이 좋다

서론	(핵심) Point	운동은 당신이 꼭 하는 것이 좋다.
본론	(이유) Reason (사례) Example	[왜?] 비만, 콜레스테롤 수치 등 건강에 나쁘다. 나도 비만이었는데, 운동을 했더니 건강이 좋아졌다.
결론	(핵심) Point	활기찬 운동을 통해 스트레스 관리도 하고 건강도 찾자. 아름다워지고 싶고 건강을 지키고 싶다면 운동을 당장 하자.

4) 점검(Check)

시청각 자료를 짜임새 있게 잘 구성하였다면 대본을 작성하여 리허설 시간을 갖는다. 처음부터 끝까지 발표하는 연습을 한다. 연습하며 앞, 뒤 중복되는 문장을 다듬고, 불충분한 자료나 내용은 보충하여 완벽한 내용을 확인하는 절차를 점검단계라 한다. 점검 시 주어진 시간에 정확히 끝나는지 체크하여 시간이 부족하거나, 남지 않도록 한다.

또한 프레젠터는 발표자로서 필요한 역량을 통해 말의 속도, 발음의 정확성, 음성이 높낮이 변화, 동선, 표정, 옷차림 등을 사전에 철저히 준비하여 효과적으로 전달할 수 있도록 반복적인 훈련을 할 수 있도록 한다.

표 9-3 핵심 체크리스트 예시

점검 항목	그렇다	그렇지 않다	개선방향
1. 주어진 시간 활용은 우수한가?			
2. 3막의 기본 흐름은 우수한가?			
3. 발표자 전달력은 우수한가?			
4. 발표자의 용모, 복장은 단정한가?			
5. 질의에 응답은 준비되었는가?			

5) 프레젠테이션(Presentation)

사전에 프레젠테이션 장소를 답사하여 레이아웃 및 동선을 파악해두는 것이 좋다. 시청각 자료(빔프로젝터)를 가리지 않고 이동하는 방법을 체크해 둔다. 프레젠테이션 당일 노트북, USB, 유인물 등은 만일을 대비해 여유분을 충분히 준비한다. 1시간 여유 있게 도착하여 철저히 준비한 프레젠테이션을 성공적으로 마무리할 수 있도록 한다. 좋은 컨디션을 위해 하루 전날 만큼은 숙면을 통해 건강하고 밝은 이미지를 보여 주는 것이 좋다.

6) 사무화(Follow-up)

프레젠테이션이 끝나면 사무처리로 마무리한다. 진행된 프레젠테이션의 문제점이나 보완점이 있었다면 잘 체크하여 사후에 있을 프레젠테이션을 대비한다. 혹여 타 기관이나 경쟁사의 프레젠테이션 중 획기적으로 좋았던 부분이 있다면 기록해두었다가 비교를 통한 개선학습이 되도록 벤치마킹하는 것도 좋은 방법이다.

3. 프레젠테이션 스킬

프레젠테이션 스킬은 원하는 목적과 방향을 전달하는 전달자, 즉 발표자의 발표태도를 향상시킴으로써 청중이 알고 싶어 하는 정보를 쉽고 간결하게 설명하는 능력을 말한다. 잘 만들어진 기획안을 바탕으로 시청각 자료를 논리적으로 구성하였음에도 불구하고 전달하는 과정에서 스킬이 부족하다면 청중의 마음을 사로잡기란 한계가 있다.

대상자의 요구(Needs)를 충족시키고 성공적인 결과를 기대한다면 프레젠터의 프레젠테이션 스킬을 반드시 점검해야 한다.

1) 발표자의 마음자세

(1) 자신감(Confidence)

어떤 일에 성패를 가리는 일은, 자신감이 상당히 중요하다. 발표자의 자신감 있는 태도는 청중으로부터 신뢰감을 형성한다. 발표자의 우유부단한 태도나, 자신감이 결여된 모습은 신뢰를 떨어뜨릴 뿐 아니라, 소속된 조직이나 상품에 대한 불신을 키울 수 있다. 누구나 중요한 사안의 프레젠테이션을 한다면 떨리고 긴장하는 것은 당연한 일이다. 사람의 마음을 비추는 거울은 우리의 외적인 모습을 보여 준다. 자신감 없는 태도는 무표정, 건조한 말씨, 얼음 자세, 부정확한 말의 속도나 떨림 등으로 청중의 마음을 함께 흔든다. 자심감을 향상시키기 위해서 철저한 사전 준비와 리허설을 통해 편안한 마음과 자신감을 향상시킬 수 있도록 노력해야 한다.

(2) 열정(Passion)

열과 성을 다했다면 설사 부정적인 결과를 만들었다 할지라도 후회가 적은 법이다. 열정적인 사람은 활기차고 좋은 에너지를 전달한다.

최초의 미국 흑인 대통령 버락 오바마(Barack Obama)는 열정적인 모습의 프레젠테이션을 통해 지지도가 올라갈 정도로 우수한 연설가로 꼽힌다. 그의 훌륭한 표현력은 마음 깊이 자리한 열정에서부터 출발한다. 어떤 작은 일에도 열정 없이는 청중의 호의적인 마음을 살 수 없다. 열정적인 마음을 갖기 위해서는 피하기보다 즐기는 자세, 극복했을 때 오는 성취감 등을 떠올리며 긍정적인 자세를 갖도록 노력한다. 힘들고 무기력한 모습을 버리고 적극적인 마음을 갖는다면 훨씬 더 수월한 프레젠테이션 현장을 기대할 수 있다.

2) 옷차림

대중 앞에 선다는 것만으로 발표자의 옷차림은 조직의 이미지에 중요한 역할을 담당한다. 누구나 예의 없는 사람을 좋아하지 않듯, 단정하고 깔끔하지 못한 옷차림은 신뢰감을 떨어뜨릴 뿐 아니라, 청중의 마음에 불신을 쌓기 쉽다.

목적과 장소에 맞는 세련된 옷차림을 통해 청중의 기대가 배가 될 수 있도록 연출한다.

(1) 남성

남성의 경우 통일감 있는 수트와 바지정장을 입어 단정한 신뢰감을 형성한다.

과한 것은 금물이나, 지나치게 밋밋한 의상도 피하는 것이 좋다. 화이트 컬러의 셔츠와 톤다운된 정장을 입었다면 포켓치프 등을 이용해 포인트를 주거나, 선명한 색상의 타이를 착용하여 포인트를 살리는 것도 청중의 시선을 끄는 데 도움이 된다.

(2) 여성

프레젠테이션의 목적에 따라 다를 수 있으나, 기본적으로 단정한 느낌의 스커트 정장 차림과 강렬하고 도시적인 느낌을 전달하는 바지 정장 중에 선택하는 것이 좋다. 위, 아래 컬러를 통일하여 대중 앞에 단정한 이미지를 전달하는 것이 좋으며, 블라우스보다 셔츠로 입도록 해 체계적인 느낌을 심어준다. 과도한 액세서리 및 흔들림이 있는 귀금속은 피하며 고착형 귀걸이, 깔끔한 시계 정도로 세련미를 갖추도록 한다.

(3) 메이크업 및 헤어

피부톤을 밝고 화사하게 연출하며, 단정하고 깔끔한 페이스가 좋다. 헤어스타일의 경우 앞 머리가 미간을 가리면 답답한 느낌을 주므로 개방된 느낌을 연출할 수 있도록 한다. 잔머리가 앞이나 옆으로 흐리지 않도록 스프레이나 젤을 이용해 고정시킨다. 긴 헤어의 여성의 경우 단정하고 깔끔하게 묶을 것을 권장하며, 남성의 경우 이마와 귀가 잘 보일 수 있도록 정돈하는 것이 좋다. 과한 향수는 프레젠테이션 당일 청중의 코와 머리를 아프게 할 우려가 있으므로 반드시 피하도록 한다.

3) 시선처리

발표 시 연단에 선 프레젠터는 한쪽으로 시선을 고정시키지 않는다. 레이아웃에 따라 다르겠으나 정면을 바라보며 발표를 하며, 다수의 청중과 시선을 마주할 수 있도록 한다. 긴 시간 한 사람의 눈을 지나치게 오래 바라보는 것은 상대를 부담스럽게 할 수 있으므로 피하며, 특정 인과 아이컨텍 시 눈 보다는 미간 사이를 자연스럽게 응시한다.

시청각 자료를 긴 시간 바라보거나, 그대로 읽는 등의 행동은 청중의 몰입도를 떨어뜨리는 행위는 물론 철저한 준비가 미흡한 것으로 판단될 수 있으니 삼간다.

4) 표정

생동감 있는 표정 연출은 청중의 즐거움은 물론 집중력을 향상시킨다. 최초의 오프닝 단계의 표정연출 시 눈썹을 위로 올려 밝고 열정적인 이미지를 각인시키는 것이 중요하다. 초두효과(Primacy effect)란 최초의 각인된 정보가 추후에 인식한 정보보다 더 강력하게 기억되는 현상을 말한다. 프레젠테이션 시작 시 보여지는 옷차림 및 표정, 시선처리는 초두효과로 인해 더욱 중요하다는 것을 알 수 있다. 프레젠테이션 시 진지한 표정, 환한 표정 등 다양한 표정 연출을 통해 청중의 몰입을 기대할 수 있다. 밝은 표정 연출이 어렵다면 입 꼬리를 위로 올리는 연습을 통해 긍정의 이미지를 연출한다.

표 9-4 초두효과 예시

최초의 이미지가 좋은 경우	참 선하게 생겼네 [신뢰감 하락 시] 그럴 리가 없는데…
최초의 이미지가 나쁜 경우	좀 허술해 보이는데 [신뢰감 상승 시] 설마 과연 그럴까…

5) 발음 및 말의 속도

부정확한 발음은 전달력을 떨어뜨릴 뿐 아니라 신뢰감을 저하시킨다. 정확한 발음을 구사할 수 있도록 반복하여 발표할 자료의 대본을 큰 소리로 연습한다. 지나치게 빠른 말의 속도는 듣는 이의 호흡을 힘들게 할 뿐 아니라 서두르는 느낌이 들어 어수선한 분위기를 만들기 쉽다. 말의 속도를 적절히 조절하되, 너무 빠르거나, 너무 느리지 않게 한다. 중간 중간 끊어가는 타이밍을 대본에 체크해가며 연습한다면 도움이 된다. 리허설 시 녹취를 통해 청취한다면 불필요한 어~ 음~ 저~ 와 같이 불필요한 언어들을 재점검할 좋은 기회가 된다.

(1) 발음 연습

프레젠테이션에서 정확한 발음은 발음의 최소 단위인 모음과 자음을 잘 이용하고, 이들 모음과 자음의 결합인 낱말을 제대로 발음하는 것을 말한다. 발음을 연습하기 전에 조음 기관을 풀어 주는 연습은 다음과 같이 한다.

- 손바닥의 볼록하게 튀어나온 아랫 부분을 볼에 대고 시계 방향 또는 시계 반대 방향으로 문질러 준다.
- 얼굴 양 볼에 바람을 넣어 최대한 불룩하게 만든 다음 푸~푸 바람을 뺀다. 이때 위아래 입술이 떨리는 것을 느껴야 한다.
- 입술을 앞으로 내민 상태에서 좌우로 돌린다.
- 혀를 입 밖으로 길게 내밀었다가 다시 입 안으로 깊이 넣는 연습을 처음에는 느린 속도에서 점점 속도를 빨리하며 반복한다.
- 혀를 입 천장에 붙였다가 아래로 튕기면서 똑딱 똑딱 소리를 반복해서 연습한다.

표 9-5 발음 연습 1

가	갸	거	겨	고	교	구	규	그	기	과	괴	귀	궈
나	냐	너	녀	노	뇨	누	뉴	느	니	놔	뇌	뉘	눠
다	댜	더	뎌	도	됴	두	듀	드	디	돠	되	뒤	둬
라	랴	러	려	로	료	루	류	르	리	롸	뢰	뤼	뤄

마	먀	머	며	모	묘	무	뮤	므	미	뫄	뫼	뮈	뭐
바	뱌	버	벼	보	뵤	부	뷰	브	비	봐	뵈	뷔	붜
사	샤	서	셔	소	쇼	수	슈	스	시	솨	쇠	쉬	숴
아	야	어	여	오	요	우	유	으	이	와	외	위	워
자	쟈	저	져	조	죠	주	쥬	즈	지	좌	죄	쥐	줘
차	챠	처	쳐	초	쵸	추	츄	츠	치	촤	최	취	춰
카	캬	커	켜	코	쿄	쿠	큐	크	키	콰	쾨	퀴	쿼
타	탸	터	텨	토	툐	투	튜	트	티	톼	퇴	튀	퉈
파	퍄	퍼	펴	포	표	푸	퓨	프	피	퐈	푀	퓌	풔
하	햐	허	혀	호	효	후	휴	흐	히	화	회	휘	훠

발음을 할 때 명심해야 할 것은 입 모양을 크게 벌리고 앞니를 의도적으로 드러내면서 발음해 보는 것이다. 한자 한자 천천히, 또박 또박, 정확하게 발음해야 한다. 연습 시 거울로 입 모양을 보면서 연습하면 더욱 좋다. 〈발음 연습 1〉 표의 '가'부터 마지막 '하'까지 천천히 반복해서 연습한다.

발성 기관의 근육을 풀어 주고 단련하는 연습을 했다면, 〈발음 연습 2〉 표를 통해 다시 발음 연습을 문장으로 한다. 최저음으로 천천히, 또박또박, 정확하게 발음을 해 보고 횟수를 더해 갈수록 최저음에서 3단계까지 소리를 점차 올려 발음해 보는 것도 좋은 방법이 된다.

표 9-6 발음 연습 2

1	내가 그린 기린 그림은 긴 기린 그림이고 네가 그린 기린 그림은 안 긴 기린 그림이다
2	들의 콩깍지는 깐 콩깍지인가 안 깐 콩깍지인가. 깐 콩깍지면 어떻고 안 깐 콩깍지면 어떠냐. 깐 콩까지나 안 깐 콩깍지나 콩깍지는 다 콩깍지인데
3	간장 공장 공장장은 강 공장장이고, 된장 공장 공장장은 공 공장장이다.
4	저 분은 백 법학박사이고 이 분은 박 법학박사이다
5	상표 붙인 큰 깡통은 깐 깡통인가? 안 깐 깡통인가?
6	신진 샹송 가수의 신춘 샹송 쇼우

7	작년에 온 솥 장수는 새 솥장수이고, 금년에 온 솥장수는 헌 솥장수이다.
8	경찰청 철창살이 쇠 철창살이냐 철 철창살이냐 내가 그린 구름그림은 새털구름 그린 구름그림이고, 네가 그린 구름그림은 깃털구름 그린 구름그림이다.
9	앞 집 팥죽은 붉은 팥 풋팥죽이고, 뒷집 콩죽은 해콩 단콩 콩죽, 우리 집 깨죽은 검은깨 깨죽인데 사람들은 해콩 단콩 콩죽 깨죽 죽 먹기를 싫어하더라.
10	서울특별시 특허허가과 허가과장 허과장

토의 9.1

상대가 안정감을 느낄 수 있는 말의 속도와, 발음으로, 간단한 스피치 훈련을 해 보시오.

① 간단한 자기소개를 통한 발음 및 속도를 훈련하시오.
② 자신감 있는 표정과 시선처리를 훈련하시오.
③ 팀원들의 발표 모습을 보고 그들의 강점과 약점에 대한 상호 피드백을 하시오.

6) 제스처

제스처(Gesture)는 비언어적 의사소통으로서 손이나 신체각도를 이용해 전달하는 의사소통 중 하나이다. 프레젠테이션 시 바른 자세로 선 상태에서 움직임이 전혀 없이 전달하다 보면 적극성이 결여된 느낌을 줄 수 있다. 적당한 손 사용 및 신체 각도를 활용한다면 중요한 부분의 강조뿐 아니라 열정적인 이미지를 심어줄 수 있다.

효과적으로 손을 사용하는 방법은 양손을 가슴과 배꼽 중간쯤에서 사용한다. 열린 자세의 느낌을 심어줄 수 있도록 양손 또는 한손을 적절한 타이밍에서 사용하는 연습을 한다.

표 9-7 제스처 활용방법

구분	내용
시청각 자료를 가리킬 때	시선과 함께 손바닥을 이용해 사용한다.
그래프의 하락 시	손바닥을 비스듬이 아래로 사용한다.
그래프의 상승 시	손바닥을 위로 향하게 사용한다.
넓은 폭에 대한 예시	양손을 가로로 열어 사용한다.
작아지는 폭에 대한 예시	양손을 가로로 점점 좁혀오며 사용한다.
연단카드를 들고 있을 시	연단카드를 든 손의 팔꿈치를 몸 가까이 붙여 사용한다.

7) 연단카드 작성과 활용

프레젠터는 발표에 앞서 프레젠테이션 내용 모두를 이해하고 숙지하는 것이 기본이다. 그러나 예측하지 못한 긴 시간 연설 또는 발표의 경우 시청각 자료 외 대본을 들고 연단에 서는 경우를 볼 수 있다. A4용지를 들거나, 큰 파일을 들고 앞에 서는 것은 피한다. A6 엽서 사이즈 정도의 연단카드를 만들어 한 손으로 들고 간단 간단한 부분을 활용한다.

(1) 연단카드 사이즈

한손으로 들기 좋은 사이즈를 준비한다. 혹여 떨어뜨리거나 헷갈릴 만일의 경우를 대비하여 카드의 상단 부위에 순서대로 번호를 쓴다. 카드의 장수는 발표시간에 따라 달라지겠으나 꼭 필요한 부분만을 담아 10장 내외로 준비하는 것이 좋다.

(2) 연단카드 작성법

프레젠터가 볼 부분은 한눈에 볼 수 있도록 헤드라인은 형광펜 또는 다른 컬러의 펜을 활용하여 잠깐 카드를 봤을 시 한눈에 들어오도록 작성한다. 너무 작은 글씨는 발표 시 연단카드를 길게 보게 되며 청중과의 시선처리가 짧아질 수 있으므로 주의한다.

청중이 보는 뒷면은 조직의 이미지 또는 로고를 활용하여 체계적인 느낌을 심어줄 수 있도록 한다.

(3) 연단카드 리허설

프레젠테이션을 완벽히 준비한 후 리허설을 통해 반복된 연습을 하게 된다. 이때 연단 앞에 들고 나갈 연단카드를 준비했다면 프레젠테이션 리허설 시 반드시 활용하도록 한다. 리허설 시 연단카드의 글씨가 작거나, 한눈에 잘 들어오지 않은 부분이 생긴다면 수정할 수 있도록 한다. 반복된 연습을 통해 연단카드의 수를 줄일 수 있다면 최대한 페이지를 줄여 보조도구로만 활용하도록 한다. 가급적이면 다수의 청중과 시선을 마주하며 진심어린 태도로 프레젠테이션에 임하는 것이 중요하다. 연단카드에 지나치게 의존하는 행동은 실패의 결과를 초래하기 쉽다.

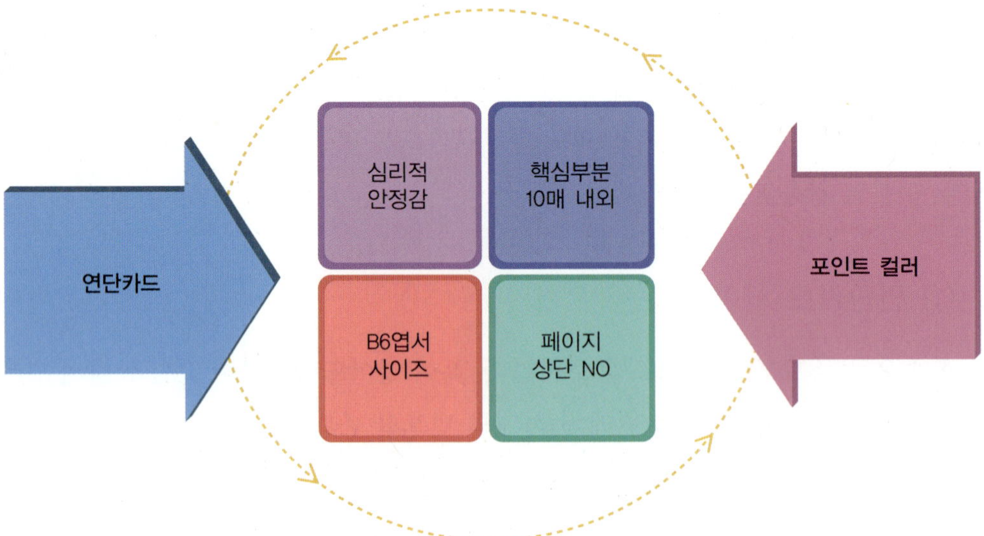

그림 9-2 연단카드 활용법

4. 질의 응답

프레젠테이션 종료 후 질의 응답의 시간을 갖는다. 청중이 질문한 내용에 대해 전달할 때는 주관적인 생각은 피하며 객관적인 사실 범위 내에서 결과부터 내용 순으로 전달한다. 질문한 상대를 가르치려 드는 행위, 어려운 전문용어를 사용하지 않도록 주의한다. 구구절절한 불필요한 내용 전달은 피하며, 질문자의 의도를 명확히 파악하는 것이 중요하다.

표 9-8 질의 응답 시 주의사항

행동	영향
질문자와 시선을 마주 하지 않음	시선을 피할 경우 신뢰감 저하, 내용에 대한 불신
손을 만지작 거리거나 뜯는 행동	불안한 심리상태로 인식됨, 자신감 저하
팔짱을 끼거나 다리를 떠는 행동	거만한 이미지로 인식될 수 있음
빠른 말의 속도, 부정확한 발음	전달력 저하, 건성으로 대답한다는 오해

토의 9.2

신문이나 유튜브 등에서 뛰어난 연설로 유명한 인물로 남성 1명과 여성 1명을 선정하시오. 그리고 다음 각 지문에 자신의 의견을 정리한 후, 팀원들과 공유하시오.

① 그(녀)를 뛰어난 연사로 선정하게 된 이유에 대해 구체적으로설명하시오.
② 이들로부터 벤치마킹할 수 있는 프레젠테이션 스킬(스피치, 표정, 자세, 제스처 등)에 대해 구체적으로 제시하시오.
③ 토의 결과를 토대로 내가 프레젠테이션 발표자로서 배워야 할 포인트나 많은 연습이 필요한 점이 무엇인지에 대한 의견을 제시하시오.

5. 성공적인 프레젠테이션의 조건

(1) 성공적인 프레젠테이션을 위해 지켜야 할 사항

- 사전 계획 및 준비를 철저한다. 3막(서론, 본론, 결론)의 스토리로 구성한다.
- 리허설을 통해 주어진 시간 안에 효과적으로 전달할 수 있도록 한다.
- 시청각 자료나 연단카드에 의존하지 않으며 청중과의 아이콘택트가 가능하도록 숙지한다.
- 프레젠테이션 당일 입을 의상콘셉트부터 액세서리 연출까지 사전에 완벽히 준비한다.
- 환경 조사를 위하여 사전 답사를 통해 레이아웃 및 이동 동선을 계획한다.
- 프레젠테이션 당일 필요한 기자재, 유인물 등을 여유 있게 준비해간다.
- 예정된 시간보다 1시간가량 일찍 도착하여 여유 있는 마음으로 대기한다.
- 프레젠테이션 발표 시 처음부터 끝까지 열정적인 자세로 임한다.
- 질의 응답 시 난처한 상황이 발생할 경우 표정 및 말씨, 말의 속도에 유의한다.
- 쌍방이 유익한 시간이 될 수 있도록 즐겁고 활기찬 분위기를 잊지 않는다.

(2) 성공적인 프레젠테이션을 위해 버려야 할 사항

- 주어진 시간보다, 지나치게 일찍 끝나거나, 늦게 마치지 않도록 한다.
- 프레젠테이션 시작 시 인상적이지 못한 인사말이나 불필요한 군더더기 말은 피한다.
- 시간에 쫓겨 서둘러 맺음말을 하지 않도록 주의한다.
- 시청각 자료만 본다든지, 한쪽 방향으로만 시선을 고정하지 않는다.
- 지나치게 자주 동선을 바꾸거나, 시청각 자료를 가리지 않는다.
- 추상적인 표현, 난해한 전문용어를 사용하지 않는다.
- 소란을 피우거나 무례한 발언을 하는 청중에게 예의를 지킨다.
- 지나치게 과한 향수나 액세서리는 피한다.
- 적절한 타이밍에 손을 사용하되 손가락 사용은 피한다.
- 기만하거나, 청중을 가르치려 들지 않는다.

토의 9.3

효과적인 프레젠테이션을 위하여 하나의 주제를 선정한 후 조원들과 다음의 과제를 수행하시오.

① 프레젠테이션 프로세스와 자료 작성법을 습득하여 계획, 실행, 문서화 단계를 거쳐 발표자료를 만들어보시오.
② 10분에서 15분 내외로 발표를 준비하여 프레젠테이션을 실시하시오.
③ 다른 팀들에 대한 피드백과 우리팀의 피드백을 비교함으로써 무엇을 개선하면 좋을지 토의하시오.

PART 4

상황적 커뮤니케이션

Leader's Communication

Chapter 10 성격 유형과 커뮤니케이션

Chapter 10 성격 유형과 커뮤니케이션

학습 목표

성격이 대인관계에서 중요한 이유를 생각해 보고, 각각의 성격을 DiSC 모델을 통해 파악한 후 커뮤니케이션에 적용한다.

1. 나의 행동경향을 파악하고, 이 행동경향이 타인에게 어떤 영향을 미치는지 알 수 있다.
2. 타인의 행동 유형을 파악하고, 개인 간의 차이를 이해하고 존중하며 그 가치를 인정한다.
3. 원활한 대인관계를 위한 커뮤니케이션 전략을 수립한다.

1. 성격의 중요성

1) 차이는 다른 것이다?

우리의 삶을 구성하고 있는 가치관, 역할, 성격, 표현방식, 행동방식 등은 모든 사람 사이에 차이가 있게 마련이다. 그런데 이 '차이'를 보는 방식에서 문제가 발생할 수 있다.

우리는 흔히 나와 상대가 차이가 있으면 '내가 맞고 상대가 틀리다'라고 생각하는 경향이 있다. 내가 맞으면 상대방이 틀린 것이고, 상대가 맞으면 내가 틀렸다는 이분법적 구조로 판단하면 승자와 패자로 구분이 된다.

하지만 이런 시각을 이렇게 변화시키면 어떨까? 차이는 '틀린 것(Difference=Wrong)'이 아니고 단지 '다른 것(Difference=Different)'으로 생각의 틀을 바꾸는 것이다.

차이를 서로의 다름이라고 인정하면 나도 맞고 상대도 맞는 것. 나도 상대도 승자가 될 수 있고 자연스레 관계가 유연해질 수 있다. 상대를 인정하는 것은 서로의 갈등을 줄 일 수 있고, 원만한 대인관계에 큰 도움이 된다.

그림 10-1 **차이에 관한 두 가지 관점**

결혼 초기 신혼부부들은 사소한 것으로 티격태격하는 일이 자주 발생한다. 꼼꼼하고 섬세한 성격의 남편은 외출 후 집에 돌아오면 신발 정리를 비롯해 그날 입은 옷의 먼지를 털고 옷장에 각을 맞춰 걸어 둔다. 반면, 급하고 털털한 성격의 부인은 신발 정리란 있을 수 없으며, 옷도 벗어서는 여기저기 던져둔다.

여기 저기 굴러다니는 옷들을 제자리에 걸어두며 남편이 한마디한다. 외출 후 집에 들어오면 옷부터 옷장에 정리해서 걸어둘 것과 신발 또한 항상 가지런히 정리해라. 다음에 사용할 때 얼마나 편하겠냐며…

하지만 아내는 남편의 말에 반박한다. 어차피 내일 아침이면 다시 신고 입을 건데 옷장에 걸어두는 것과 소파에 던져 놓는 것의 차이를 모르겠다고. 그냥 내가 편하면 되는 것 아닌가 하는 생각이다.

남자답지 못하고 너무 잔소리가 심하다고 아내는 남편을 비난하고, 여자가 정리정돈을 할 줄 모른다며 남편은 아내를 나무란다.

누가 옳을까? 정리정돈을 하자는 남편의 생각이 옳을 수도 있고, 편하게 생활하자는 아내의 생각이 틀린 것도 아니다.

상대의 행동이 '틀렸다'라고 말하고 고칠 것을 요구할 때 갈등의 시발점이 될 수 있다.

갈등의 원인을 다른 시각으로 바라보는 것. 상대의 시각에서 상황을 바라보고 이해할 수 있을 때 대인관계의 갈등은 줄어들 수 있다.

2) 대인관계 조하리의 창

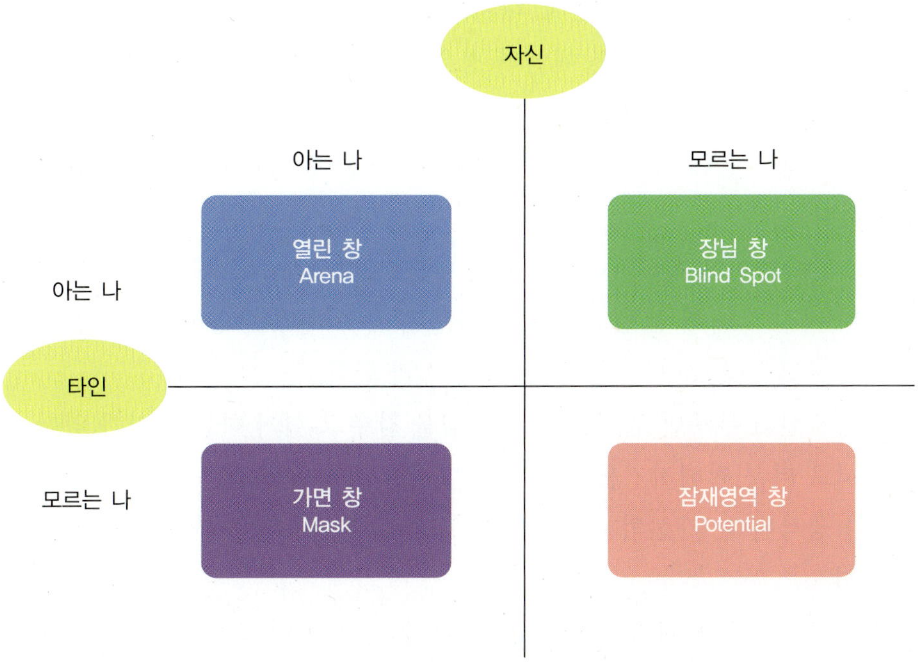

그림 10-2 조하리의 창

나는 나 자신에 대해 얼마나 잘 알고 있을까? 다른 사람을 판단할 때 그 판단의 기준은 무엇이며 그 판단은 옳은 것인가?

조셉과 해리슨이라는 행동과학자들이 자신들의 이름을 따서 '조하리의 창(Johari's Window)'이라는 분석 틀을 개발했는데, 한 사람의 정보가 전달되는 과정을 창문을 통해 알아보는 방식이다. 이들은 대인관계에서 상대에 대해 얼마나 잘 알고 있느냐가 그 사람과의 관계를 돈독하게 할 수도 있고, 멀어지게 할 수도 있다고 주장한다.

[그림 10-2]에서 보는 바와 같이 창은 4가지 영역으로 구분할 수 있는데, 내가 알고 있는 나, 내가 모르는 나, 타인이 아는 나, 타인이 모르는 나로 정리할 수 있다.

먼저, 나도 알고 타인도 알고 있는 영역을 '열린 창(Arena)'이라고 한다. 아레나(Arena)는 로마시대의 원형경기장을 말하는데, 원형경기장의 좌석에서 경기를 보면 경기장의 모든 것을 확실하게 볼 수 있다는 의미이다. 타인과의 관계에서 내가 어떤 사람인지를 정확히 알고, 상대도 나를 정확히 안다면 갈등은 줄어든다. 서로 말이 잘 통하는, 소통이 잘 되는 관계이다.

다음은 '장님 창(Blind spot)'인데, 내가 나에 대해 모르고 있는 부분을 타인이 알고 있는 영역을 말한다. 시각장애인의 경우 나 자신의 행동을 제대로 모르는 반면 타인의 눈에는 그 사람의 행동이 잘 보인다는 것을 뜻한다. 타인이 나를 바라보는 시각을 피드백을 통해 인지하고 수용하며, 안 좋은 점이 있다면 개선하려는 노력이 필요하다.

제대로 받아들이고 개선하려는 노력이 나를 더 발전시키는 데 도움을 줄 것이다.

나는 나 자신에 대해 잘 알고 있지만 타인은 모르고 있는 영역은 가면을 쓰고 살아가고 있는 모습에 빗대어 '가면 창(Mask)'이라 한다.

인간은 자신의 부족한 점이나 잘못된 점을 감추고 싶어 하는 심리가 있다. 연인 간에도 서로 더 친밀해지기를 원한다면 솔직한 자신의 모습을 보여 주는 것이 필요하리라 생각된다. 자신의 좋은 점만을 포장한다면 그 관계가 지속되기 어려울 수 도 있다.

원만한 대인관계를 위해서는 '가면 창'의 부분을 줄이고 '열린 창'의 영역을 확대해야 한다.

자신의 부족한 점을 스스로 밝히고 잘못을 인정한다면 타인 또한 나에게 쉽게 다가올 수 있을 것이다. '열린 창'의 영역을 늘리기 위한 노력이 필요하다.

마지막으로 나도 모르고 타인도 모르는 '잠재영역 창(Potential)'이 있는데, 이 부분은 살아가면서 계속해서 개발해야 하는 영역을 말한다.

나도 알고 있고 타인도 알고 있는 영역 '열린 창'이 넓어질 때 유연하고 원만한 대인관계가 형성될 수 있다. 우리는 제한된 정보로 타인을 평가하게 되는데, 정확한 정보가 전달된다면 서로 오해의 가능성을 줄일 수 있다.

나를 공개하는 것을 두려워하지 말고 타인과의 피드백을 늘리는 것이 중요하다.

이런 '열린 창'의 영역을 분석할 때 분석 틀을 이용하는 것은 효과적인 방법이 될 수 있다. 그 분석 틀로는 MBTI, 애니어그램, DiSC 등의 여러 가지가 있는데, 가장 이해하기 쉽고, 빠르게 적용 가능한 DiSC라는 분석 틀을 이용해 성격 유형의 분석과 함께 효과적인 커뮤니케이션 스킬의 방법을 학습하겠다.

토의 10.1

조하리의 창을 기반으로 자신의 열린 창, 가면 창, 장님 창을 팀원들과 함께 토의 후 공유한다.

① 열린 창(나도 알고 타인도 알고 있는 것)에는 무엇이 있는가?
② 가면 창(나는 알고 타인은 모르는 것)에는 무엇이 있는가?
③ 장님 창(나는 모르고 타인은 알고 있는 것)에는 무엇이 있는가?

3) 동기유발과 욕구

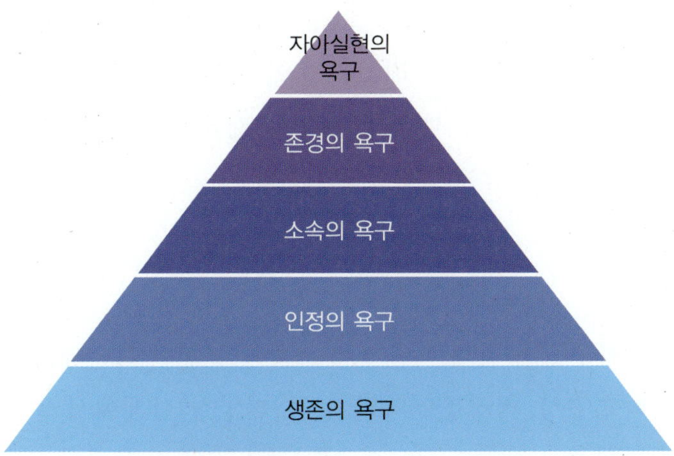

그림 10-3 매슬로의 욕구 5단계

사람은 하루에도 수백 가지 수천 가지의 다양한 행동을 하며 살고 있다. 이러한 행동은 그냥 이루어지는 것이 아니라 여러 가지 원인들이 행동을 하게끔 하는데, 이러한 원인을 우리는 '동기'라고 부른다. 동기가 영향을 미쳐서 다양한 행동을 하게 되는 것이다.

사람이 행동을 하게 되는 여러 이유를 찾기 위해 많은 과학자들이 연구를 했고, 이 원인으로 '욕구(needs)'가 가장 중요한 부분을 차지한다는 결론에 도달했다.

욕구는 충족되지 않은 부분을 말하며 그 부분을 채우기 위해 사람은 행동이라는 것을 하게 된다. 배가 고프면 먹고, 졸리면 자는 것이 욕구가 작용하여 행동으로 나타나는 것이다.

에이브러햄 매슬로(A. H. Maslow)는 인간의 욕구를 5단계로 구분했는데 최하위 욕구가 충족되면 다음 위쪽 단계의 욕구를 추구하게 되고 이에 따른 행동이 나타나게 된다고 설명한다.

(1) 생존의 욕구

사람이 생존하는 데 필요한 가장 최하위의 욕구를 말한다. 흔히 말하는 의식주, 옷을 입고, 음식을 먹고, 편안한 보금자리인 주거지를 원하는 욕구이다. 또한 남녀간의 끌리는 감정으로 종족번식을 원하는 것도 이 부분에 속한다.

(2) 안정의 욕구

사람은 기본적인 생존의 욕구가 해결되면 안정적으로 살기를 희망한다. 안정적인 직장에서 안정적인 수입을 기대하며, 사고나 재해로부터 안전하기를 희망하고, 질병에 노출되지 않도록 건강에 신경을 쓰게 된다.

(3) 소속의 욕구

사람은 관계를 형성하기 위해 어딘가에 소속되고 싶어 하는데, 가족이나 친지의 모임을 비롯해 학교동창, 직장동료와의 모임, 다양한 단체에서의 여러 활동을 통해 서로 나누며 도와주고 관계를 돈독이 이어가며 사회적 욕구를 채워나간다.

(4) 존경의 욕구

기본 의식주가 해결되고 안정적인 삶의 기반에 들어서게 되면 사회적으로 존경받고 싶어지는 욕구가 있다. 사회적으로나 경제적으로 어느 정도 안정기에 접어든 40~50대의 중년 남성이 있다고 하자. 직장에서는 부하 직원에게 인정받는 상사가 되고 싶고, 가정에서는 존중받는 남편이자, 아이들에게는 존경받는 아버지가 되고 싶은 욕구, 이것이 존경의 욕구이다.

(5) 자아실현의 욕구

마지막 단계로는 자아실현의 욕구가 있는데, 자신의 존재의 의미를 찾고 싶어 하고, 조금 더 가치 있는 일에 투자하는 인생을 살고 싶어 하는 욕구를 말한다.

어떤 사람은 부자로 사는 것이 자아실현일 수도 있고, 어떤 사람은 남을 위해 봉사하는 여유로운 삶을 추구할 수도 있으며, 어떤 사람은 명예나 권력을 갖고 싶어 하기도 한다. 자아실현이란 사람마다 삶의 목적이나 가치관이 다르기 때문에 차이가 있다.

여기까지 5단계의 욕구를 살펴보면 사람의 동기를 유발시키는 욕구는 각기 다를 수 있다. 다양한 욕구가 작용하여 인간의 행동이 생기게 되는데, DiSC라는 모델을 통해 다양한 행동 유형을 살펴보겠다.

2. DiSC 행동 유형

사람들은 왜 나를 오해할까?

사람은 태어나서 성장에 이르기까지 각기 다른 동기요인이나 환경적 배경에 의해 나름대로의 일정한 방식으로 행동을 취하게 된다.
그것은 하나의 성향으로 자신의 삶 속에 자연스럽게 녹아들게 된다.

- 행동패턴 또는 행동스타일 -

사람들은 서로 다른 행동 경향을 가지고 있으며, 각자 서로 다른 방식으로 사물을 이해하고 판단한다. 이 행동 경향을 알기 쉽게 4가지로 정리한 것이 DiSC라는 인간행동모델이다.

1920년 머슨(William M. Marsron)박사에 의해 개념화되어 그 후 미국 칼슨런닝사와 연구진이 20여년에 걸친 실험연구를 통해 오늘날의 학습도구로 탄생되었다.

1) 나의 DiSC 유형은?

DiSC 행동유형은 외향성, 내향성과 일중심, 관계중심의 두 가지 유형판단기준에 따라 [그림 10-4]와 같이 주도형, 사교형, 안정형 그리고 신중형의 네 가지로 구분한다. 먼저 D형은 주도형으로 말이나 행동의 속도가 빠르며 외향적이다. 관계보다는 일에 우선을 두는 경우가 많다.

I형은 사교형이라 하며, 사람과의 관계를 중요시하는 매우 외향적인 스타일이다.

S형은 안정형으로 말이나 행동의 속도가 느리고 차분하며 내향적으로 관계를 소중히 여긴다.

C형은 신중형으로 S형과 마찬가지로 일이나 결정의 속도가 느리고, 내향적이나, 관계보다는 일에 우선순위를 둔다.

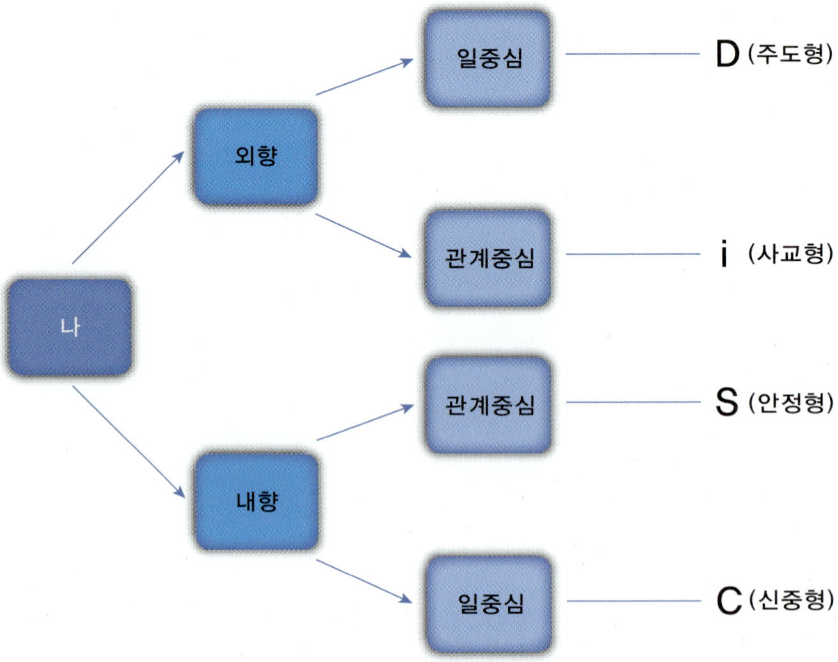

그림 10-4 DiSC 유형

2) 각 유형의 일반적 특성

(1) D형(주도형) : '나를 따르라'

D형은 주도성(Dominance)을 뜻하는데, 주도형이라 불린다. 현대그룹의 창업주 고 정주영 명예회장은 주도형의 대표적인 인물이다. 자수성가한 사업가나 정치인들 중 쉽게 찾아볼 수 있다.

> 나는 강원도 가난한 농가의 아들로 태어났다. 당시 농촌의 삶은 고단했다. 가난도 변함이 없었다. 그런 삶이 싫어서 어린 나이에 몇 차례 가출을 했다.
>
> 1933년 19세의 나이로 네 번째 가출을 했다. 인천에서 부두 하역과 막노동을 하다가 서울로 올라와 복음상회라는 쌀가게에 배달원으로 취직을 했다. 그러다가 주인으로부터 가게를 물려받아 쌀가게 주인이 되었다. 해방 후 현대건설사를 설립해 운영하다가 부산으로 피난한 뒤, 다수의 복구사업을 수주해 마침내 1960년 국내 건설업체 중 도급 한도액 1위를 하게 되었다. 1965년에는 국내 최초로 태국의 파타니 나라티왓 고속도로를 건설했다. 1967년에는 다시 자동차산업에 뛰어들어 현대자동차주식회사를 설립했다.
>
> 현대건설은 1970년에 완공된 경부고속도로 전체 공정의 5분의 2를 담당했다. 1972년에는 현대조선소를 기공했고, 이듬해에는 울산조선소 1호선을 기공한 뒤 현대조선중공업주식회사를 설립했다.
>
> 1998년 통일소 1,000마리를 몰고 판문점을 통해 북한을 방문하고, 마침내 금강산 관광사업에 관한 합의를 얻어내기도 했다.
>
> 나는 우리나라에서 아무도 외국에 진출하지 않았을 때 태국의 고속도로를 건설하고, 사우디아라비아의 항구를 만들었다. 쿠웨이트, 그리스, 영국으로 뛰어다니며 돈을 끌어와 아무것도 없는 울산 바닷가에 현대중공업을 만들었다. 나는 핑계를 대며 할 수 없다는 사람을 보면 "임자 해봤소?"라는 질문을 던져서 그들을 난처하게 만들곤 했다. 왜 해보지도 않고 안 된다는 이야기를 할까? 나는 아무것도 없는 데서 수많은 기업을 만들었는데 말이다.
>
> \- 현대그룹 고 정주영 명예회장 자서전 <시련은 있어도 실패는 없다> 중 발췌 -

주도형은 자의식이 강해 자신의 의견이나 생각을 말하는 것을 두려워하지 않는다. 자신의 생각이 옳다고 주장할 경우 다른 사람에게 양보하지 않으려는 경향이 강하다. 의사결정 또한 빠르며 과정보다는 결과에 집중한다.

자신감이 넘치며, 고집이 세고 자기 주관이 뚜렷하여 독자적인 행동을 하는 것을 좋아하고 다른 사람의 충고를 잘 받아들이지 않는다.

모험심 또한 강하여 새로운 일에 도전하기를 좋아하며 장애를 만나도 쉽게 포기하지 않는다.

일을 빨리 끝내고 자기 뜻대로 일이 제대로 되지 않으면 화를 내기도 한다. 경쟁심이 강해서 운동경기나 게임에서는 이겨야 직성이 풀린다.

가정에서는 자신에 의해서 세워진 규칙이나 원칙을 가족들이 그대로 순종하기를 바란다. 부모의 기준에 위배되거나 반대하면 체벌을 해서라도 지키게 하려 하는 경향이 있으며, 목표를 높게 잡고 일생 동안 매진하여 성공하기를 기대한다.

또한 지시하는 자신의 사항을 가족이 수용하지 못하고 반발하거나 간접적인 저항을 하면 계속해서 잔소리하며 가족들의 불순종을 무시하고 강압적인 부모가 될 수도 있다.

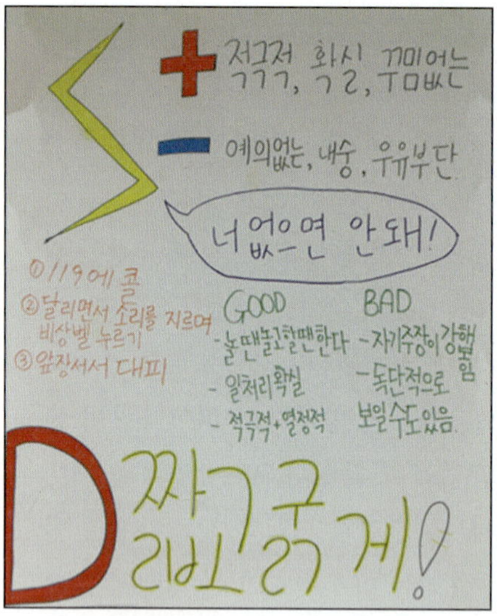

그림 10-5 D형의 특성

주도형의 가장 큰 장점으로는 목표지향적이라는 점이다. 조직 안에서 목표를 세우고 그것을 달성하기 위해 최선을 다하며, 강한 추진력으로 일을 빠르게 처리할 수 있다.

리더십이 뛰어나 팀에서 리더의 역할을 수행하기에도 적합하다.

주도형은 우유부단한 사람이나 부정적이고 따지기 좋아하는 사람, 행동보다 말이 많은 사람, 변명이 많고 본인의 일에 끼어드는 사람을 좋아하지 않는다.

(2) i형(사교형) : '인생은 즐거워'

i형은 사교적인(Influence of others) 유형을 의미하며 사교형이라 부른다.

사교형은 기본적으로 밝고 활발하며 사람과의 관계를 굉장히 중요하게 생각한다. 방송인 노홍철이나 김영철이 대표적인 I형이라 할 수 있다.

이들은 사람과의 사귐을 중요시하기 때문에 쉽게 친구를 사귀며, 상대방의 감정을 잘 파악하는 직관력이 있어 상대의 기분을 잘 맞출 수 있다. 매사 낙천적이고 웃음이 많으며 특유의 유머감각으로 사람들을 항상 즐겁게 하는 분위기 메이커의 역할을 수행한다.

이성 간이든 동성 간이든 인기가 많으며 대인관계의 폭이 넓다. 또한 아이디어가 풍부해 회사에서는 새로운 제품개발에 참여하여 성과를 내며, 이벤트에도 능하다.

가족에게는 애정표현을 잘하며 가족이 원하는 것은 무엇이든지 해주려는 허용적인 부모가 많다. 자녀의 빗나간 행동이나 잘못을 엄하게 다스리거나 일관성 있게 훈육하지 못할 때도 있으며, 가족여행이나 외식 등 가족과 함께 하는 것을 좋아한다.

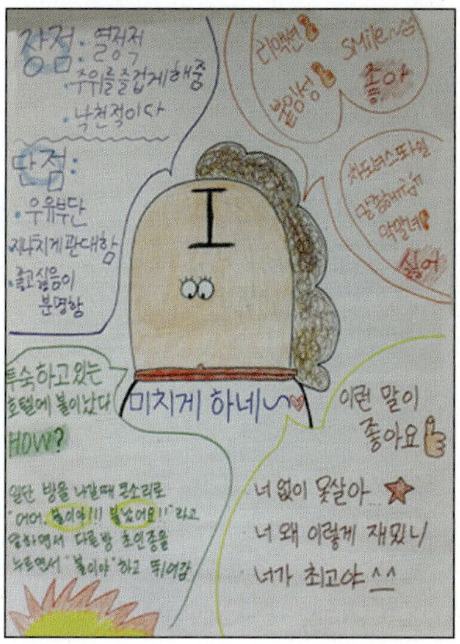

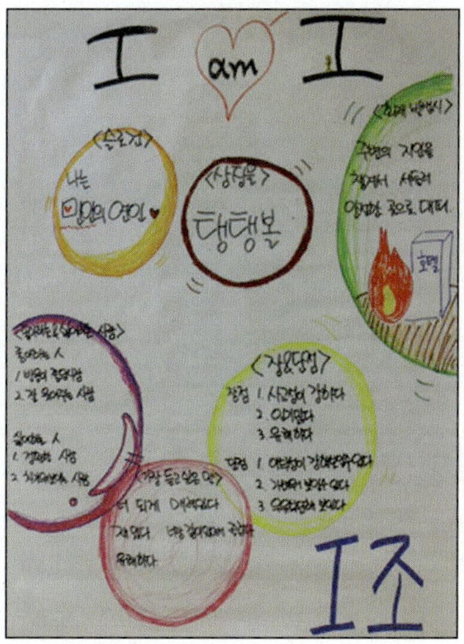

그림 10-6 I형의 특성

사교형은 자신의 말이나 행동에 반응 없는 사람을 좋아하지 않으며, 매사 차갑고 사무적으로 대하는 사람을 어려워한다. 또한 따지기 좋아하는 사람이나 계산적인 사람을 불편해하는 경향이 있다.

예수 : 기록되어 있는 대로 오늘 밤 너희는 다 나를 버릴 것이다. 그러나 나는 다시 살아난 뒤 너희보다 먼저 갈릴리로 갈 것이다.

베드로 : 비록 모든 사람이 당신을 버릴지라도 저는 결코 당신을 버리지 않겠습니다.

예수 : 내말을 잘 들어라. 오늘 밤 닭이 울기 전에 너는 세 번이나 나를 모른다고 할 것이다.

베드로 : 저는 당신과 함께 죽는 한이 있더라도 결코 당신을 모른다고 하지 않겠습니다.

....

여종1 : 당신도 저 갈릴리 사람 예수와 함께 다니던 사람이군요?

베드로 : 무슨 소린지 나는 모르겠소!

여종2 : 이 사람은 나사렛 예수와 함께 다니던 사람이에요!

베드로 : 사람 잘못 보았소. 맹세컨대 나는 그 사람을 알지 못하오.

무리들 : 틀림없이 당신도 그들과 한패요. 당신의 말씨만 들어도 알 수 있소.

베드로 : 거짓말이라면 천벌이라도 받을 것이오! 나는 그 사람을 알지 못하오!

(닭 우는 소리, 밖으로 나가 몹시 우는 베드로)

- <성서의 기록> 중 예수와 베드로의 대화 내용 발췌 -

베드로는 i형이다. 때로는 충동적인 모습과 자신의 감정을 그대로 표현하는 스타일이다. 성서에서 i형들은 마지막 의사결정을 위해 공감대를 형성시키고 다른 사람의 열정을 이끌어 내 단합하게 하는 특성을 보인다.

(3) S형(안정형) : '좋은 게 좋은 거지'

S형은 안정성(Steadiness)을 의미하며 안정형이라 부른다. 안정형은 대부분 따뜻한 느낌이며, 굉장히 편안하고 안정적인 이미지를 가지고 있다. 일반적으로 조용하며 좋은 사람이라는 평을 자주 듣는다.

조직에서도 사람들을 잘 도와주고 양보하며 매사 우호적이라 직원 간 좋은 관계를 형성하고 있다.

또한 자신에게 주어진 일은 조용히 성실히 진행하며 꾸준히 할 수 있는 인내력이 있다.

남들 앞에 나서기보다는 뒤에서 조용히 도와주는 서포트의 역할을 잘하며 주장이 강하지 않고 한 발 물러서는 경우가 많다.

그러나 변화를 두려워하고 지금 현실에 안주하고자 하는 경향이 있으며, 모험심이 부족해 새로운 일에 도전할 때면 스트레스에 많이 노출되는 스타일이다.

결단력이 부족해 우유분단해 보일 수 있으며, 의사결정에 시간이 오래 걸려 주변 사람들이 답답해 할 수도 있다.

가정에서의 안정형은 가족에게 세심하게 주의를 기울이는 한편 조용하기 때문에 편한 관계를 유지한다. 가족과 다른 사람에게 봉사하고 희생하며, 화가 나도 속으로 삭히므로 가족 간 갈등도 적다. 그러나 지나친 수용성이 자녀를 부모의존형으로 나약하게 만들 수도 있다.

안정형은 독재적이고 독선적으로 행동하는 사람을 부담스러워 하고, 말이 너무 많은 사람이나 약속을 안 지키는 사람을 불편해한다.

우리가 알고 있는 연예인 중에는 방송인 유재석이나 이금희 아나운서, 배우 김혜자 등이 대표적인 안정형의 유형이라 할 수 있다.

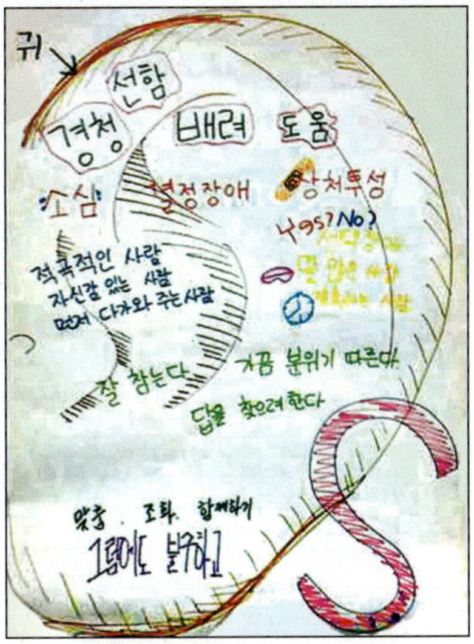

그림 10-7 S형의 특성

(4) C형(신중형) : '돌다리도 두드려보고 건너자'

C형은 신중함(Conscientiousness)을 의미하며 신중형 또는 분석형으로 칭한다. 정확하고 정중하며 꼼꼼한 사람, 매사 분석적이고 숫자를 좋아하는 사람이 주변에 있다면 신중형일 가능성이 매우 높다.

신중형의 가장 큰 장점이라면 분석을 잘 한다는 것이다. 모든 일을 분석하고 체계적인 계획을 세워 일을 하므로 실수가 적고, 정확도가 높다. 또한 예의 바르고 약속을 잘 지켜 주변사람들로부터 신뢰가 두텁다. 또한 자기절제를 잘해 사회규범이나 원칙에 벗어나는 행동은 잘 하지 않는다.

자신에 대한 기준이 높고 상대에 대한 기준 또한 높기 때문에 본인의 기준에 맞지 않을 때는 불편하게 생각하거나 상대를 비판할 가능성이 높다.

또한 예민한 성격의 특성 때문에 매사 걱정이 많고 스트레스 받는 일이 자주 있다. 스트레스를 줄이기 위해서라도 조금은 너그러운 마음으로 사람과 세상을 바라볼 필요가 있다.

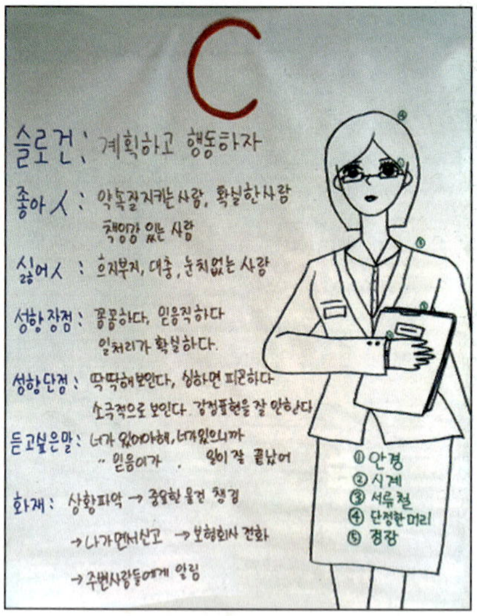

그림 10-8 C형의 특성

가정에서의 신중형은 자녀 교육에 있어 남들에게 인정받고 칭찬받는 완벽한 자녀로 키우기 위해 노력한다. 가족들에게 감정표현을 잘 하지 못하며 칭찬에 인색하다. 자신의 요구사항을 자세하고 꼼꼼하게 설명하고 가족이 그대로 실행하고 있는지 때때로 체크하여 가족에게 스트레스를 줄 수도 있다.

신중형은 자기주장이 강해 매사 강요하고 공격적인 사람을 좋아하지 않으며 자기중심적으로 행동하며 막무가내로 몰아붙이는 사람을 불편하게 생각한다.

또한 일 처리를 대충 대충하며 약속을 지키지 않는 사람을 신뢰하지 않는다.

DiSC 행동 유형별 특성을 정리하면 [그림 10-9]와 같다.

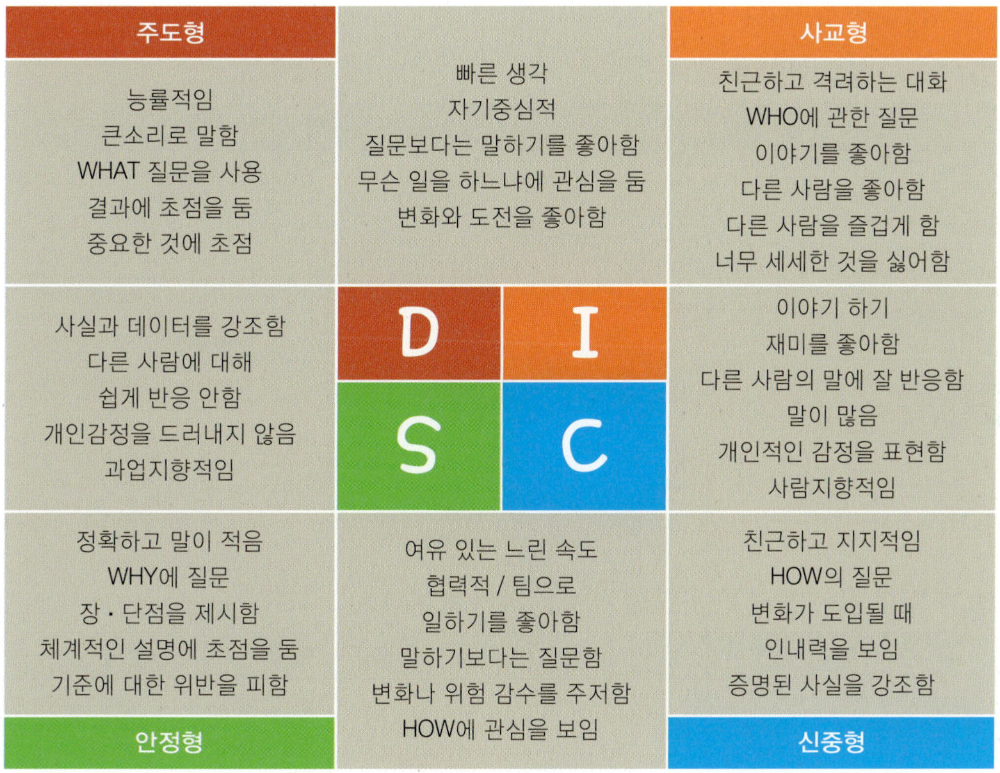

그림 10-9 유형별 특성

토의 10.2

우리 각자의 행동에는 나름대로의 동기가 있다. 외향적인 사람은 결정을 내리면 즉시 일을 처리하지만 내성적인 사람은 실행의 속도가 느린 경우가 많다. 반대로 이런 속도감이 성격을 더욱 외향적, 내향적으로 만들기도 한다. 지금부터 여러분 자신과 타인의 마음속 여행을 떠나보겠다.

① 나의 유형을 파악해 본다.

나의 유형	나의 행동 유형 특징
	1. 2. 3. 4. 5.

② 가족 및 친구 등 주변 사람의 유형을 파악해 본다.

타인의 유형	타인의 행동 유형 특징
1.	
2.	
3.	

③ 나와 비슷한 유형은 누구인가? 그들과의 관계는 어떠한가? 그리고 그 이유는 무엇이라고 생각하는가?

3. 행동 유형이 다른 사람과의 커뮤니케이션

1) D형 특성이 강한 사람과의 관계 전략

D형은 자기감정에 솔직하고 결론을 빨리 내기를 원하는 사람이다. 따라서 대화 시 바로 핵심적인 본론으로 들어가는 것이 좋다. 또한 명료하고 간략하게 말하며 논리적으로 사실을 제시하고 과정보다는 결과를 먼저 말한다.

주로 '무엇'이라는 질문에 대답해 주는 것이 필요하며 성과에 대해 격려해 주는 것이 필요하다.

의사결정을 위한 대안은 제시해 주되 최종 결정은 D형에게 넘기며 권위를 세워 주는 것 또한 중요하다.

상대방 유형에 따른 D형의 대인관계 전략은 다음과 같다.

표 10-1 D형의 대인관계 전략

상대 유형	대인관계 전략
D형 주도형	• 내가 좋아하는 커뮤니케이션 기법을 생각해 본다. • 상대방 D형의 권한과 주도권을 인정한다.
i형 사교형	• 인간적인 부분에 신경 써라. • 업무에 대한 부분보다는 사적인 일에 대화의 초점을 맞춘다.
S형 안정형	• 속도를 늦추고, 더 친절하게 대하라. • 새로운 것을 요구하지 말자.
C형 신중형	• 충분한 사실과 증거를 제시하라 • 모든 질문에 대답할 수 있도록 철저히 준비하라.

2) i형 특성이 강한 사람과의 관계 전략

i형은 대화 시 사교적인 분위기와 자유로운 토의 등을 하는 것을 즐긴다. 주변의 사소한 이야기나 사적인 대화를 좋아하고 자신의 이야기에 열정적으로 반응해 주는 것을 좋아한다. 기본적으로 유머감각이 있기 때문에 대화는 항상 즐겁고 재미있는 분위기를 유지한다.

자칫하면 대화의 주제에서 벗어날 수 있으므로 벗어나지 않도록 때때로 방향을 제시해 준다.

일에 대해서는 지나치게 세부적으로 이야기하면 부담스러워하므로 필요 이상의 토론을 피하고, 핵심사항은 메모를 해서 전달한다.

상대방 유형에 따른 i형의 대인관계 전략은 다음과 같다.

표 10-2 i형의 대인관계 전략

상대 유형	대인관계 전략
D형 주도형	• 농담을 줄이고 사적인 이야기는 조금만 해라. • 일 중심적으로 대하고 짧게 이야기를 끝내자.
i형 사교형	• 자신의 본래 모습으로 대하면 I형과의 관계는 좋을 수밖에 없다.
S형 안정형	• S형과 신뢰관계를 형성하려면 충분한 시간이 필요하다. • 생각할 시간을 많이 주고 차분하게 대하라.
C형 신중형	• I형과는 반대의 유형이다. • 정확한 사실 관계에서 대화하고 증거자료를 준비하라.

3) S형 특성이 강한 사람과의 관계 전략

S형은 내성적이고 수동적인 사람이다. 따라서 비공식적이고 편안한 분위기에서 토론하는 것을 즐긴다. 공식적인 자리에서 먼저 이야기하는 것을 부담스러워한다. 이들과는 사적인 이야기는 간단히 하는 것이 좋고 서로에게 관심을 가질 수 있는 충분한 시간적 여유를 두는 것이 좋다. 인간적으로 진정한 관심을 보일 때 신뢰관계를 형성할 수 있다.

'어떻게'라는 질문을 사용하여 최대한 그들의 의견을 이끌어내도록 하며 의사결정에 충분한 시간을 주어 그들이 스스로 결정할 수 있도록 한다.

표 10-3 S형의 대인관계 전략

상대 유형	대인관계 전략
D형 주도형	• 자신감 있게 대화하라. • D형에게 위축되지 말고 당당히 자신의 의견을 피력하라.

i형 사교형	• i형의 친근한 태도를 경계하지 말고 그들의 이야기에 맞장구로 응대하라. • 쉽게 친해질 수 있다.
S형 안정형	• 서로 접근하는 것이 어려울 수 있다. 내가 먼저 다가가고 이야기를 주도하자. • 비슷한 성향의 두 사람은 신뢰관계를 형성하기 가장 쉽다.
C형 신중형	• 논리적이고 사실적인 표현을 사용해라. • 자신감 있게 대헤라.

4) C형의 특성이 강한 사람과의 관계 전략

C형은 개인적인 이야기나 사적인 정보를 노출하는 것을 좋아하지 않으므로 친해지기 전까지는 너무 개인적인 질문은 피하는 것이 좋다.

논리적이고 체계적인 접근을 하는 것이 C형이므로 구체적인 자료나 실제적인 증거 등을 미리 준비하여 대화를 시작하며, 정확하지 않은 정보는 제공하지 않는다.

'아마도…', '그럴 것 같은데요…'등의 표현은 사용하지 않는 것이 좋다.

사람 사이 예의에 대한 기준 또한 높기 때문에 대화 시 호칭, 경어 사용 등에도 신경을 써야 한다.

상대방 유형에 따른 C형의 대인관계 전략은 다음과 같다.

표 10-4 C형의 대인관계 전략

상대 유형	대인관계 전략
D형 주도형	• D형을 압도하려는 느낌을 주지 말아라. • D형을 인정하며 최대한 그의 권위를 세워주며 대화를 진행한다.
i형 사교형	• 세세한 논쟁을 피하라. • 격식 없는 다정함을 받아줘라.
S형 안정형	• 너무 급하게 대하지 말아라. • 자칫 취조하는 느낌을 줄 수 있다.
C형 신중형	• 서로의 눈높이가 비슷해서 쉽게 접근이 가능하다. • 의견이 다를 경우 서로의 고집을 내세우게 되면 감정을 다칠 수 있다.

토의 10.3

① 조직에서(기업, 학교 등) 서로의 갈등을 줄이기 위해 노력해야 할 점은 무엇인가?

② 나를 burn-out(지치고 힘들게 하는-에너지를 소진하게 하는)하게 하는 상사를 만났을 경우 어떻게 대응해야 할까?

③ 현재 나와 갈등관계에 있는 사람을 생각해 보고 관계 개선을 위한 대응 전략을 세워본다.

대상	대상의 유형	갈등요인	해결방안

Chapter 11

성과 세대 그리고 커뮤니케이션

Chapter

11 성과 세대 그리고 커뮤니케이션

학습 목표

남성과 여성의 커뮤니케이션과 세대 간의 커뮤니케이션 차이에서 비롯되는 문제점 및 이를 해결하기 위한 방안을 학습한다.

1. 남성과 여성의 커뮤니케이션의 차이를 이해하고 설명할 수 있다.
2. 조직 내에서 남성과 여성의 커뮤니케이션 차이에서 오는 문제점과 해결방안을 제시할 수 있다.
3. 기성세대와 신세대 간의 세대 차이를 인식하고 그에 따른 커뮤니케이션 전략을 수립할 수 있다.
4. 밀레니얼 세대의 가치관과 특징을 이해하고 조직에서 기성세대와 협력할 수 있는 방안을 제시할 수 있다.

1. 성별 커뮤니케이션

"남자는 길을 잃었을 때 다른 사람에게 물어보지 않는다." 이 문장은 사회언어학자 데보라 태넌의 책 〈You Just Don't Understand〉에서 길을 묻지 않는 남자의 이야기에서 소개되었다. 물론 모든 남자가 길을 묻지 않는 것은 아니다. 그러나 일반적으로 남자와 여자의 심리와 행동에는 구별되는 어떤 경향이 있다고 받아들여지고 있다. 또한 이러한 남자와 여자의 '경향' 차이는 동일한 상황이나 업무환경에서 반응하는 행동 방식과 커뮤니케이션 방식의 차이로 나타나 소통의 문제를 가져온다.

1) 남성과 여성의 차이

남성과 여성의 언어는 뇌 발달과정, 성장과정, 사회적 역할 등 여러 요인들에 의해 달라져왔다. 오랜 기간 지속되어 온 남성과 여성의 역할 차이가 남녀 뇌 구조에 영향을 주었다는 견해를 살펴보자. 원시시대부터 사냥과 전쟁을 통해 가족과 부족을 지켜야 했던 남성은 사냥과 전쟁터에서 살아남기 위해 빠르게 판단하고 행동하였고, 목표로 정한 사냥감에 집중하고 문제를 해결하는 능력을 관장하는 뇌를 발달시켰다. 이에 비해 여성은 공동체 생활로 함께 양육하고 대화하며 정보를 교환하면서 감성과 창의성이 발현되는 뇌가 더 발달해왔다. 따라서 남성은 공간적 · 시각적 · 수리적 사고와 직관을 담당하는 좌뇌의 기능이 더 활성화되어 능력이나 효율, 업적 등을 중시 여긴다. 또한 여성은 추상적이고 감성적인 좌뇌와 우뇌를 골고루 사용하며 사랑, 친밀감, 대화를 중시 여긴다. 또한 목소리를 낼 때 남성의 성대는 1초에 100~150회 떨리고 여성의 성대는 200~250회 정도로 남성보다 빨리 떨리게 된다. 여성의 목소리 톤은 대체로 남성보다 높고 맑은 느낌의 친밀감이 있고, 여성보다 톤이 낮고 굵은 남성의 목소리는 대체적으로 여성보다 위압감을 나타낸다.

남성과 여성은 생각하고 느끼고 이해하는 방법, 표현하는 방법, 즉 커뮤니케이션 방식에 차이가 존재한다. 물론 이 장에서 제시하는 방식이 '모든' 남성과 여성에게 해당된다고 볼 수는 없지만, 지금까지 연구 결과는 '대다수'의 사람들이 그런 차이를 보이고 인정해왔다. 그레이(Gray, 1992)는 남성과 여성이 형식 면에서는 같은 언어체계를 사용하지만 서로 다른 의미로 사용하는 데서 오해가 빚어진다고 본다(나은영, 2016). 즉, 사용하는 어휘는 같지만 그 내용 면에서는 남성과 여성의 언어가 다르다는 것이다. 남녀 간의 커뮤니케이션에서 표현하는 언어의 의미 차이를 살펴보면 다음과 같다.

표 11-1 언어 표현방식의 남녀 차이

여성들의 언어(감정 표현)	남성들의 언어(사실 전달)
"우리는 좀처럼 외출을 하지 않아요."	"무슨 소리요? 우린 지난 주도 외식했잖아.
"모두들 나를 무시해요."	"안 그런 사람도 있어요."
"나는 너무 피곤해서 아무것도 못하겠어요."	"당신은 그렇게 무기력하지 않아요."
"모든 것을 다 잊고 싶어요."	"당신 일이 마음에 안 들면 그만두면 되잖소."
"우리 집은 늘 엉망이에요."	"늘 그런 건 아니지."
"이제 아무도 내 말에 귀 기울여 주지 않아요."	"지금 내가 당신 이야기를 듣고 있잖소."
"제대로 되는 일이 없어요."	"그게 내 잘못이라는 거요?"
"당신은 이제 더 이상 나를 사랑하지 않잖아요."	"당신을 사랑하니까 내가 여기 있는 거지."
"우리는 늘 허둥대며 살아요."	"그렇지 않아요. 지난 금요일엔 편히 쉬었잖소."
"나는 좀 더 로맨틱한 기분을 느껴 보고 싶어요."	"그럼 당신은 내가 로맨틱하지 못하다는 말이오?"

자료 : 나은영(2016). 인간커뮤니케이션과 미디어, 수정 발췌.

(1) 가치 판단 차이 : 사실전달 VS 감정표현

남성은 목표지향적이다. 그래서 문제해결에 집중한다. 따라서 남성들의 언어는 목적을 가지고 사실을 전달하는 경우가 많다. 그러나 여성들은 친밀한 관계에서 감정을 나누며 대화하는 것을 좋아한다. 이때 여성은 자기 감정을 충분히 전달하기 위해 과장하거나 은유법을 사용하거나 다소 막연하게 표현한다. 만약 여성이 "한 번도 …… 한 적이 없다"거나 "늘 그런 식이다"라고 말한다면, '한 번도'나 '늘'이라는 부사어는 감정의 정도를 나타내는 것일 뿐 '사실적 빈도'를 나타내려는 것이 아니다. 또한 여성이 감정에 관한 내용을 있는 그대로 표현할 경우라도 남성들은 그 이야기가 자기에게 책임을 묻거나 해결해달라는 요구로 받아들일 가능성이 있다.

(2) 언어 차이 : 직접화법 VS 간접화법

남자는 사실과 정보를 전달하기 위해 직접화법을 사용한다. 그러나 여성은 관계지향적이므로 본인의 말이 누군가를 공격하거나 불편하게 만들고 싶지 않기 때문에 직접적인 표현을 자제하고, 간접화법을 사용한다. 대체로 여성은 간접적으로 표현하고서도 남성이 그 속마음을 알아주기를 바라는 경우가 많은데, 남성은 직접적으로 표현할 경우 비로소 이해한다. "우리는 좀처럼 외출을 하지 않아요."라고 여성이 말할 때 그것은 외출을 하지 않는다는 사실을 말하고자 하는 것이 아니라 "함께 외출하고 싶다"는 감정을 뜻하고 있다. 간접표현에 익숙하지 않은 남성들은 그 의미를 바로 파악하기 힘들어 하고 외출한지 얼마 되지 않았다는 사실을 알려주려고 할 것이다.

(3) 스트레스 상황 차이 : 동굴 VS 우물

남성은 대체로 스트레스를 받으면 자기 동굴(자기만의 세계)로 들어가 문을 걸어 잠근다. 혼자서 조용히 생각하며 스스로 해결책을 찾으려고 한다. 반면에 여성은 가까운 사람과 이야기를 하며 우울한 기분을 털어버린다. 여성이 힘든 상황을 말할 때는 위로받고 싶어 한다는 것이다. 또한 여성은 이전에 괴롭혔던 문제가 해결되지 않은 채로 남은 경우에, 언젠가 비슷한 상황에 직면했을 때 또 다시 그 감정의 우물로 들어가는 성향이 있다. 남성들은 여성이 우물 속으로 들어갈 때 공감하며 들어주고 여성들은 남성이 동굴에서 문제를 혼자서 해결하려고 할 때 굳이 도와주려고 애쓰지 말고 믿고 기다려 준다.

(4) 동기부여방법 차이 : 신뢰 VS 관심

남성은 자신의 존재가치를 인정받을 때 힘이 나며 마음을 움직인다. 특히, 남성은 여성이 자기를 신뢰해 주기를 바라며, 여성의 신뢰와 인정을 받기 위해 웬만해서는 조언을 구하지 않는다. 여성은 항상 자기에게 관심을 가져 주기를 바라며, 누군가 자기를 사랑하고 있다고 느낄 때 의욕이 생긴다. 여성은 상대가 마음으로부터 관심을 가져 주고 이해해 주기를 원하기 때문에 직접 표현하지 않아도 '알아서' 해주기를 원하는 것이다. 여성이 도움을 주려고 할 때, 남성은 오히려 여성이 자신을 신뢰하지 않아서 하는 간섭으로 느끼고, 반대로 여성은 남성이 자신에게 간섭하지 않을 때 무관심으로 느낀다.

2) 직장 내 커뮤니케이션

한 취업포털사이트의 설문조사에 따르면 직장인 56.8%는 직장에서 이성 직원과 일을 할 때 어려움을 느끼고 있다. 남성 직장인들이 여성 직원과 일할 때 겪는 어려움은 사용하는 단어나 태도 등 의사소통방식이 다르다는 응답이 가장 많았으며(76.8%), 그 다음으로는 상대가 업무보다 인간관계나 가정을 우선시 할 때(63.4%)였다. 반면에 여성 직장인들이 남성 직원과 일할 때는 상대가 책임져야 할 일들을 회피하거나 결정을 미룰 때(75.0%)와 사용하는 단어와 태도 등 의사소통방식이 서로 다를 때(53.4%)가 가장 어렵다는 응답이 있었다. 남성과 여성이 함께 공동의 목표를 달성하고 성과를 내기 위해서는 서로 간의 의사소통방식을 이해하고 보다 효과적으로 커뮤니케이션하려는 노력이 필요하다.

(1) 성별 커뮤니케이션 차이

일반적으로 조직의 문화와 기업의 규칙들은 남성들이 적응하기 쉬운 구조로 되어 있다. 신속한 의사결정과 실적 위주의 평가, 경쟁체제는 남자들의 생각과 행동방식과 잘 어울리는 듯 하다. 따라서 여자들이 일하기에는 편하지 않을 수 있다. 우선순위를 정해서 하나에 집중하는 남성과 여러 상황과 아이디어를 고려하는 여성의 의사결정방식, 이 두 가지는 기업이 처한 상황에 따라 둘 다 효과적일 수 있다.

〈표 11-2〉는 남성과 여성이 직장에서 인정받는다고 느끼는 때가 어떻게 다른지 남성과 여성의 시각 차를 보여 준다. 일상적인 생활에서 나타나는 남성과 여성의 사고, 행동방식, 언어의 차이는 직장생활에서도 유사하게 적용된다.

표 11-2 직장에서 인정받는다고 느끼는 때 남녀 차이

남자들이 인정받는다고 느낄 때	여자들이 인정받는다고 느낄 때
• 과업을 달성할 수 있는 사람으로 지목되었을 때 • 자신의 능력을 보일 수 있도록 혼자 내버려둘 때(이것을 믿음과 신뢰의 표시로 여김) • 해결책에 집중할 수 있도록 중간에 꼬치꼬치 캐묻지 않을 때 • 회의시간에 자신의 우수한 능력과 자신이 라이벌보다 낫다는 사실을 드러낼 수 있을 때(다른 사람의 공로를 굳이 인정할 필요는 없다) • 결과에 대해 인정받고 보상받을 때	• 과업을 달성할 팀원으로 선택되었을 때 • 요구하지 않아도 믿음의 표시로 지지를 보내주고 서로 공유하는 관계를 수립할 때 • 다른 사람들과 서로 질문하고 협력하면서 해결책을 찾아갈 때 • 회의시간에 서로 모든 이의 기여를 인정하고 서로의 아이디어를 솔직하게 공유할 수 있을 때 • 결과에 대한 보상뿐 아니라 그 과정에 있었던 도전과 기여를 인정받을 때

자료 : 존 그레이 · 바바라 애니스(2015). 나선숙 옮김. 직장에서 만난 화성남자 금성여자, 수정발췌.

여성들은 자신이 필요로 하는 것을 직접적으로 말하지 않아도 남성들도 자신들과 똑같이 이해하고 반응할 것이라고 기대한다. 여성이 간접적으로 부탁하거나 요청할 때, 여성의 진짜 의도가 무엇인지 다음의 사례를 살펴보자.

표 11-3 여자의 질문과 남자의 해석 차이

여자의 질문(간접표현)	여자가 하고 싶은 말	남자의 해석
이 일을 끝내는 데 시간이 얼마나 걸릴까요?	당신이 이 일을 도와줬으면 좋겠어요.	필요하면 나한테 도와달라고 얘기하겠지.
당신 혼자 프레젠테이션을 준비해도 괜찮겠지요?	내 도움이 필요하면 말씀하세요.	나 혼자 이걸 못 해낼거라고 생각하는 거야?
이해가 안돼요. 왜 아직도 제품이 도착하지 않은거죠?	제품 도착이 늦어지는 이유를 알아봐주세요.	제품이 왜 아직 안오는지 내가 어떻게 알아?
손님에게 이런 식으로 해도 괜찮을까요?	내 생각에는 괜찮은거 같은데, 당신 의견은 어떤지 얘기해봐요.	당신이 하라는 대로 할 테니 그냥 얘기하시지.
그게 정말이에요?	어머나 놀라워라.	이 여자가 날 못 믿는군.

여성들은 남성들이 우선순위를 정해놓고 차례대로 처리하는 성향이 있으며, 과정보다 결과에 집중하고 실적을 중요시한다는 점을 잊지 않도록 한다. 명확하고 직접적인 커뮤니케이션이 이루어질 수 있도록 노력한다. 만약 여성들의 의도와 생각이 제대로 전달되지 않거나 남성들이 여성의 감정을 잘못 해석한 경우에는, 지지를 끌어낼 수 있는 방식으로 정확히 이야기하고, 협력하고 싶은 마음이 생기도록 대화를 끌어간다.

남성들은 자신의 행동이 여성들에게 어떻게 해석될 것인지 보다 예리하게 알아차려야 한다. 여성들도 남성들만큼 목표지향적이다. 다만, 목표를 위해 가는 과정을 가치 있게 여기고, 서로 협력하면서 다양한 관점을 고려하다 보면 의사결정을 내릴 때까지 시간이 좀 더 걸릴 수 있으며, 이는 더 나은 결과를 얻을 수도 있다. 여성들은 질문을 주고받는 과정에서 최고의 아이디어가 나온다고 생각한다는 점을 인식해야 한다. 최대한 함께 일하는 여성들이 편안하고 환영받는 느낌이 들게끔 말하고 행동한다.

다음은 회의와 관련하여 남녀 간의 커뮤니케이션 방식을 보여 주는 내용이다. 여성은 사실 대화를 나누고 싶을 뿐인데, 남성들은 현재 사실에 맞춰 자신의 요점을 전달하고, 충고하려고 말을 막고 끼어든다. 여성들은 보통 이야기를 시작한 후에 차츰 초점 맞출 부분을 찾아가지만, 남자들은 미리 초점을 맞추고 나서 이야기를 하는 경향이 있다.

표 11-4 회의 중 남녀 간 커뮤니케이션 차이

여자의 발언	여자가 하고 싶은 말	제대로 듣지 않은 남자 반응
먼저 말씀 좀 들어보세요.	이 말씀을 들으면 요점이 뭔지 분명해질 거예요. 관련이 있는 이야기예요.	그건 이 일과 아무 상관 없는 말이에요.
결정하기 전에 그 결과를 미리 생각해봐야 할 것 같아요.	꼼꼼하게 좀 더 잘 생각해 봅시다.	우린 이미 좋은 계획을 세웠습니다.
질문 하나 해도 될까요?	나한테 더 좋은 생각이 있어요.	질문은 나중에 하고 다음 건으로 넘어갑시다.
저더러 그 회의에 참석하라는데 고민이에요.	거기 가야 할지 말아야 할지 잘 모르겠어요.	생각할 게 뭐가 있어요? 참석하시죠.
저는 오늘 안에 이 일을 못 끝낼 거 같아요	당신하고 잠시 이야기하면 기분이 좀 나아질 것 같아요.	걱정하지 말아요. 어차피 중요한 것도 아니예요.

(2) 효과적인 커뮤니케이션 방안

과거 농경사회에서는 남녀의 역할이 뚜렷하였으나 시대가 지나면서 점차 남녀 역할의 구분이 사라졌다. 특히, 오늘날 비즈니스 세계에서 성별 역할과 차이를 구분하는 것은 논란이 있을 수 있다. 그러나 지금까지 살펴 본 바와 같이 직장생활에서 남성과 여성의 사고의 차이에 기반한 행동방식과 커뮤니케이션 방식에는 차이가 있다. 따라서 각자의 차이를 서로 존중하며 이해하려고 노력하는 것이 중요하다. 남녀 간의 특성의 차이를 생각할 때 여성들은 남성을 인정하고, 칭찬해주는 일에 힘써야 하고, 남성들은 여성의 말을 들어주고 공감해주어야 한다.

① 먼저 자신의 대화 스타일을 이해한다. 자신의 커뮤니케이션 방식이 상대방에게 어떤 영향을 미치며, 상대방은 어떻게 받아들이는가? 상대방의 방식에 자신은 어떻게 반응하는가? 등을 파악한다. 또 문제가 되었던 상황과 대화를 분석하여 적절한 해결방법도 찾아본다.

② 남성에게는 조언을 삼가고 여성에게는 관심을 갖고 대화에 귀기울여 준다. 남성이 원하지 않는 조언이나 도움은 오히려 기분을 상하게 할 수 있다. 또한 여성의 기분이나 감정을 존중하지 않고, 해결책을 제시하는 것은 상처를 줄 수 있다.

③ 남성에게 도움을 요청하기 위해서는 직접적이고, 간단히 "~을 해주시겠어요?" 라는 표현을 사용한다. 말을 빙빙 돌리거나 장황한 이유를 늘어놓는 것은 오해를 불러일으킨다.

④ 남성을 야단칠 경우 직접표현을 한다. 가령, '조금', '약간', '~인 것 같아' 등과 같은 불확실한 표현보다는 '다시 하세요', '잘못 됐군요'라고 명확하게 표현한다. 또한 여성을 야단칠 때는 "당신은 왜 이렇게 했나요?"라고 말하지 말고 "이 보고서에는 결과가 빠져 있다"고 사실만 이야기한다. '당신'이란 단어 때문에 여성은 관계 문제로 해석하여 상처를 받을 수 있다.

⑤ 여성은 관계를 중요하게 생각한다는 것과 관계의 친밀성이 여성의 업무 속도를 높일 수 있다는 점을 명심한다. 반면에 남성은 목적달성이 더 중요함을 알고 정확한 목적을 달성한다.

⑥ 우리 사회 고정관념 중 하나는 '여자들은 질문이 너무 많다.'이고, 반면에 여성들은 남성들이 자신들의 말을 귀담아 듣지 않는다고 불평한다. 남녀가 생

각하는 경청의 기준이 얼마나 다른지, 상대방의 말을 귀담아 들을 때 대화가 얼마나 더 부드럽게 이루어질 수 있을지 예상한다.

⑦ 여성은 문제를 해결해가는 과정을 중시여기고, 특히 질의와 응답을 통해 최적의 결과가 도출된다고 믿는다. 또한 평상시에 문제가 없어도 조금이라도 상황을 개선하고 더 낫게 만들기 위해 행동하는 경향이 있다. 남성들은 이러한 여성의 특성과 행동을 존중해준다.

비즈니스 세계에서 남성의 특징이라고 여겨져 온 목표 지향적이고, 추진력 있게 문제를 해결하는 능력과 여성들이 가진 대인관계를 기반으로 하는 공감능력과 창의성은 모두를 성장시킬 수 있는 동력이 된다. 직장에서 이성 동료의 장점을 인정하고 협동할 때, 능률적으로 공동의 목표를 달성할 수 있을 것이다.

토의 11.1

신문기사 사례를 읽고 다음의 토의사항에 대한 당신의 의견을 정리하시오. 그 결과를 팀원과 공유하시오.

무심코 쓰는 차별적 용어, 괜찮을 것일까?

2016년 한 해는 '혐오의 시대'라 해도 과언이 아니다. 여혐·한남충·개저씨·틀딱충·급식충과 같이 특정 성별·연령층을 '혐오'하는 신조어가 대거 탄생했다. 강남역 묻지마 살인이나 국정농단 사태 등의 사회 분위기 탓도 있지만, 사실 '혐오 용어'가 올해만 만들어졌던 건 아니다. 의도적 혐오·차별 용어의 원조격인 '된장녀(2006년 신조어)'가 등장한 이래 10년간 우리 사회에선 이 같은 용어가 끊임없이 재생산됐다.

앞서 언급한 혐오 용어들이 '알면서도' 의도적으로 쓰는 말인 반면, '몰라서' 혹은 특별히 대체할 말이 없어 습관적으로 쓰는 차별 용어도 적지 않다. 장애인·성별·인종·연령의 네 가지 분야에서 주로 쓰이는 비하·차별 용어들을 정리했다(이하 성별 관련 내용만 발췌).

▶ 여류 OO, 여OO

어떤 전문적인 일에 능숙한 여자를 일컫는 '여류'나 여교사, 여검사, 여배우 등 직업 앞에 '여(女)'를 붙이는 건 대표적인 성차별 용어 사례다. 반대말인 남(男)선생, 남검사, 남배우라는 용어는 쓰지 않는다. 이 말은 어떤 재주나 직업을 말할 때 남성을 기준에 두고 있다는 뉘앙스를 풍긴다. 여성의 사회 진출이 남성만큼 많아진 현대사회에서는 굳이 성별을 강조할 필요가 없다.

▶ ~녀, ~년, 미스(Miss)
'된장녀'를 비롯해 사회적으로 이슈를 일으킨 여성들에게 'OO녀'라는 별명을 붙이는 것도 비하하는 용어다. '~놈'과 '~년'은 서로 상응하는 단어이지만, 남성에게 쓰이는 '~놈'과 달리 '~년'은 욕설의 의미가 강하다. 2016년 초에는 '병신년(丙申年)'을 이용한 패러디물이 쏟아지며 논란이 됐다. 욕설은 아니지만, 영미권에서 결혼하지 않은 여성에게 붙이는 미스(Miss)도 우리나라에서는 여성을 낮춰 부를 때 종종 쓰인다. '미스 김', '미스 박' 등이 그 예다.

▶ 처녀작, 처녀비행…
첫 작품, 첫 비행 등 완전한 첫 행위를 뜻할 때 습관적으로 붙이는 '처녀~'도 엄연한 성차별 용어다. 반대말인 '총각 OO'이 없다는 걸 생각해보면 쉽게 알 수 있다.

▶ 여편네
남자가 자신의 아내를 얕잡아 부르는 '여편네'는 본래 비하의 의미가 담긴 단어가 아니었다. 현재도 쓰이는 '남편(男便)'이란 단어의 반대말인 '여편(女便)'이 그 어원이다. 그러나 오늘날에는 여편이란 단어가 완전히 사라지고 '무식한', '막돼먹은' 등의 부정적인 수식어와 주로 결합하는 여편네만 남겨졌다. 아내를 지칭하는 용어 중 '집사람', '안사람' 같은 것도 과거 가부장제의 잔재이다.

▶ 미망인
남편이 죽고 혼자 남은 여성을 가리켜 흔히 '미망인(未亡人)'이라는 표현을 쓴다. 그런데 미망인을 한자 그대로 풀이하면 따라 죽지 못한 사람이란 뜻이다. 남편이 죽으면 아내도 따라 목숨을 끊어 곧은 절개를 보여야 한다는 중국의 사상에서 유래했다. 여러모로 현대 사회와는 어울리지 않는 단어인 데다가, '고(故) OOO씨의 부인'이라고 하면 굳이 어려운 한자어를 쓰지 않아도 된다.

▶ 복부인 · 치맛바람
'복부인'이란 용어는 부동산 개발 열풍이 한창이던 1970년대 탄생했다. 남편보다 부동산과 재테크에 더 밝아 복덕방을 들락날락하는 부인이라는 뜻의 합성어다. 그러나 여기에는 투기꾼이라는 부정적인 시각이 포함되어 있다. 이와 비슷하게, '치맛바람'이란 용어도 자녀 교육에 열성적인 여성(엄마)들을 폄하하는 말로 쓰인다.

▶ 학부형
과거에는 학교의 가정통신문 등에 '학부형(學父兄)'이란 용어가 많이 쓰였다. 한자어대로라면 학부형은 학생의 아버지나 형을 가리킨다. 학생의 실질적인 보호자인 아버지와 어머니를 칭하는 게 아닌 셈이다. 요즘은 학부형 대신 '학부모(學父母)'가 공식적으로 쓰이고 있지만, 여전히 보호자를 학부형으로 잘못 말하는 경우가 많다.

▶ 브로그래머(brogrammer)
미국의 실리콘밸리에서 등장한 신조어인 '브로그래머(brogrammer)'는 유행에 민감하고 사람들과 잘 어울리는 남자 프로그래머를 뜻하는 말이다. 미국에서 남자들끼리 부르는 호칭인 '브로(bro)'와 프로그래머가 합해졌다. 프로그래머라고 하면 창백한 얼굴에 지저분한 몰골로 컴퓨터를 들여다보는 괴짜 이미지가 강했는데, 요즘은 그렇지 않다는 걸 나타낸다. 그러나 여기엔 여성의 실리콘밸리 진입이 어려운 현실이 은연중에 드러나 있다.

자료 : http://news.chosun.com/site/data/html_dir/2016/12/28/2016122801160.html

① 위의 사례에서 나온 성 차별적 용어 외에 다른 사례는 무엇이 있는가?

② 한국사회에서 남성성 · 여성성에 대한 문화적 압력이 커뮤니케이션에 미치는 영향에는 무엇이 있는가?

2. 세대 간 커뮤니케이션

"요즘 젊은이들은 버릇이 없다." 어디선가 들어본 듯한 이 말은 기원전 1700년 전에 수메르 시대에 쓰인 점토판에 새겨진 글이다. 기성세대와 신세대의 세대차는 동서고금을 막론하고 존재해왔다는 것을 알 수 있다.

최근의 대한민국은 청년 실업률 증가와 비정규직 확대로 인해 미래가 불확실한 젊은 세대들이 "3포 세대", "N포 세대"로 내몰리고 있다. 또한 고령화 사회에 대비가 부족한 베이비 부머들은 은퇴를 앞두고 불안한 시대를 맞이하고 있다. 정보 기술의 발전을 어려서부터 경험한 신세대와 산업화 시대에서 성장한 기성세대들이 한 직장에 근무하며 생겨난 세대차이는 기업의 성장과 발전을 위해 극복해야 할 주요 과제이다. 세대차이를 극복하기 위해서는 먼저 각 세대 간의 가치관을 이해할 필요가 있다. 가치관의 변화와 특징은 기성세대와 신세대의 시각차의 기반을 이해함으로써 궁극적으로는 직장 내에서 세대 간의 효율적인 커뮤니케이션을 가져올 것이다.

1) 가치관의 변화와 조직문화

세대 간 가치관의 차이는 세대 간 커뮤니케이션의 보이지 않는 장애물이 될 수도 있다. 따라서 세대 간 커뮤니케이션 문제를 해결하기 위해서는 국민적 차원에서 가치관의 변화와 세대간 차이를 분석하고 살펴볼 필요가 있다. 한국인의 가치관은 1997년 IMF 구제금융과 2008년 금융위기를 기점으로 큰 폭으로 변화되었다. 30년간 한국인의 가치관의 변화를 살펴보면 가장 큰 특징은 개인주의와 남녀평등의식의 증가이다. [그림 11-1]에서 볼 수 있듯이 1979년에는 '자신과 가족'보다 '나라'

를 중요시하는 비율이 높았다면, 2010년에는 '자신과 가족'을 택한 비율이 크게 늘어났다. 신세대(20대)뿐만 아니라 구세대(50대)도 같은 양상을 보이고 있는데, 이는 나 자신과 가족을 위해서라면 나라를 떠날 수도 있는 시대가 된 것이 된 것이다(나은영, 2016).

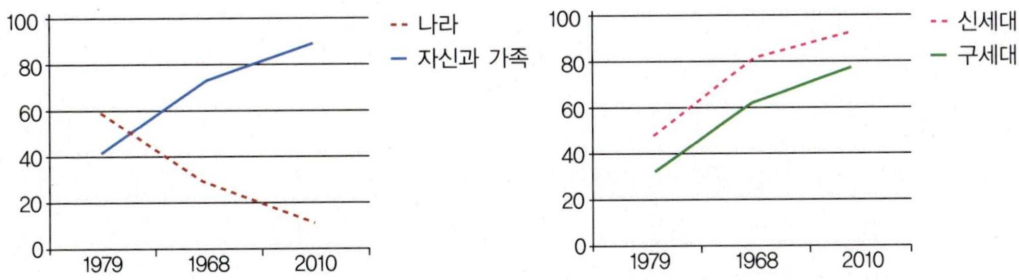

자료 : 나은영(2010), '한국인의 가치관 변화추이 : 1979년, 1998년 및 2010년의 조사 결과 비교

그림 11-1 30년간 한국인의 가치관 변화와 세대차 증감 : 나라보다 자신과 가족

또한 '남녀평등의식'의 경우 결혼한 여자가 시댁과 친정을 동등하게 대우해야 한다고 생각하는 비율이 크게 증가하여 2010년 들어서는 남성 85.7%, 여성 94.5%가 시댁과 친정을 동등하게 대해야 한다고 응답하였다. 특히, [그림 11-2]와 같이 '시댁과 친정을 동등하게 대우해야 한다'는 생각은 2000년 이후 신세대보다 구세대의 변화 폭이 매우 커서 현재는 세대차가 거의 나지 않는다. 이는 기성세대들이 대세를 따라 빠르게 변화한 것으로 볼 수 있다.

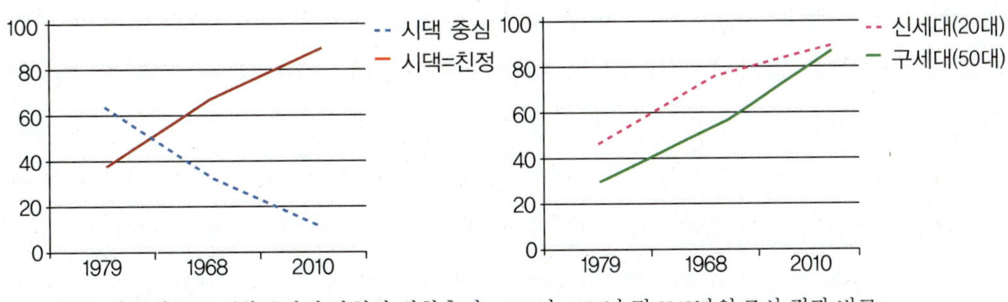

자료 : 나은영(2010), '한국인의 가치관 변화추이 : 1979년, 1998년 및 2010년의 조사 결과 비교

그림 11-2 30년간 한국인의 가치관 변화와 세대차 증감 : 시댁과 친정

조직 문화와 직장 내 커뮤니케이션에 있어 세대 간의 가치관의 차이를 살펴보면 다음과 같다. 첫째, 직장생활에서 중시하는 가치는 과거 '금전적 보상'에서 최근 '안전성'으로 변화하였다. 또한 '이상실현'과 '내면적 인격도야'를 중시하는 가치관은 낮아진 반면, '대인관계'와 '과제해결'과 같은 실사구시 가치관이 강화되었다. 둘째, '사회 질서 유지에 중요한 것'으로 신세대는 '직능 구분', 구세대는 '상하구별'을 중요하게 생각하고 있다. 셋째, 권위주의 수준은 부모-자녀 사이의 권위주의 수준은 낮은 반면 직장상사-부하 간 권위주의 수준은 가장 높은 것으로 나타났다. 넷째, '집단주의', '비공식주의', '혁신주의', '낙관주의'와 같은 한국적 사고방식은 모두 약화되고 개인주의적 서구화 경향이 표출되었다. 이상과 같은 결과들을 종합하면, 한국인은 안전성을 중시하고, 개인주의적 성향을 가지며, 권위주의와 갈등하는 가운데 전문성을 중시한다고 볼 수 있다.

이러한 가치관의 변화와 세대 간 가치관의 차이는 한국의 조직문화와 인사관리 차원의 체계적인 변화를 요구한다. 즉, 구성원이 추구하는 가치를 받아들여 이전의 집단주의, 상명하복적 권위주의와 결과 중심의 조직에서 변화와 다양성 수용, 협력적이고 수평적인 조직관계, 개인의 경력관리를 강화하는 추세이다.

2) 신세대의 등장 : 밀레이얼 세대

새로운 시대에는 언제나 그 세대를 이끌어 갈 세대들이 존재하며 사회적으로 특정 용어를 사용하여 세대를 구분하여 왔다. 오늘날 새롭게 주목받고 있는 세대는 '베이비붐 세대', 'X세대', 'N세대'에 이어 'Y세대'라고 불리는 '밀레이얼 세대(Millennials)'이다. 밀레니얼 세대는 1980년대 초반부터 2000년대 초반에 출생한 현 10대에서 30대 사이의 연령층을 위미한다. 기술이 급속도로 발달한 사회환경에서 인터넷을 청소년기 혹은 더 어린 유년기부터 접하며 자라면서 새로운 기술을 거부감 없이 받아들이는 세대이기도 하다. 인터넷을 사용한 모바일, SNS, 소셜미디어 등 정보기술(IT)을 능숙하게 사용할 줄 아는 밀레니얼 세대는 이전 세대와는 전혀 다른 특성을 보여 준다.

엄청난 잠재구매력을 지녔으며 소셜미디어를 통해 접근할 수 있는 주요 소비자층이기 때문에 기업이 제품마케팅을 하거나 신제품을 개발할 때 밀레니얼 세대의 성향을 분석하고 예측하는 것은 매우 중요한 일이 되었다. 또한 이들의 가치관과 특징은 근무 환경의 변화, 기성세대와의 커뮤니케이션 방식, 인사관리의 제도의 변화 등 직장의 문화를 바꿔 놓을 만큼 강력하다.

(1) 밀레니얼 세대의 주요 특징

2013년 타임지 표지에 등장하면서 더욱 주목받게 된 밀레니얼 세대는 "ME ME ME GENERATION"이라는 표지 문구처럼 '나' 중심으로 행동하는 세대이다. 개인주의적 사고를 지닌 이 세대는 집단보다는 개인 대 개인의 직접적인 의사소통을 원할 뿐 아니라, '자기와 비슷한' 사람들로부터 '자기가 좋아하는' 정보만을 선택적으로 즐기는 경향이 있다(나은영, 2016). 이들은 그 어떤 세대보다도 대학 진학률이 가장 높은 세대로 교육에 있어서는 가장 혜택을 많이 받은 세대이다. 기성세대와 다른 밀레니얼 세대의 주요 특성은 다음과 같다.

- 남의 시선을 크게 의식하지 않으며 개방적인 행동을 한다.
- 자신의 삶, 행복, 건강을 중시하며 일과 삶의 균형을 유지하려고 한다.
- 업무를 수행할 때 한 가지에만 집중하던 기성세대와 달리 멀티태스킹에 능숙하다.
- 자기 표현이 분명하여 좋고 싫음을 표현하는 것에 대해 기성세대보다 거침이 없다.
- SNS 등을 통해 개인의 사생활 노출에 익숙하지만, 업무시간 외의 사생활은 회사로부터 보호받아야 한다고 생각한다.
- 기성세대는 게임, SNS, 모바일 이용을 노는 것으로 인식하는 데 반해 밀레니얼 세대는 커뮤니케이션 수단으로 여긴다.
- 칭찬과 보상, 인정에 대한 욕구가 강하며 특히 개인의 실적에 따른 평가와 보상을 선호한다.
- 전문성 성장 기회 부족과 결과에 대한 보상의 결여 등 현재 처한 상황이 나아지지 않을 것이라 판단하면, 조직에 순응하기보다는 직장을 바꾸는 데 적극적이다.

표 11-5 주요 세대별 구분

세대명	정의 및 특징
베이비붐 세대 1946~ 1964년 출생	• 전쟁 또는 혹독한 불경기를 겪은 후 사회적·경제적 안정 속에서 태어난 세대 • 미국은 제2차 세계대전 이후인 1946년부터 1965년 사이에, 한국은 6·25전쟁 이후인 1955년부터 1963년 사이에 출생한 세대 • 세계적으로 해방과 반전운동, 히피 문화, 록음악 등 다양한 사회·문화운동을 주도. 과학기술의 발전, 우주선 시대, 에너지 위기 등을 경험 • 한국은 유신독재와 고도의 경제성장, 민주화운동과 5공 시대를 거쳐, IMF경제위기를 겪은 굴곡의 세대로 경제적 성공과 사회적 지위 상승 추구
X세대 1965~ 1976년 출생	• 1980년대 중반의 호황기에 10대, 20대를 지낸 세대 • 문민정부 초반, 정치·경제적으로 풍요로운 시기에 성장한 세대 • 무관심·무정형·기존 질서 부정 등이 특징이며 탈권위주의적이고 자유로운 개성이 뚜렷함. 직장생활과 사회 전반에서 새로운 시도와 잦은 변화 속에서 혼란을 겪음 • 정보화, 탈산업화를 겪으며 자기중심적, 개성을 중시함. 물질적 풍요 속에서 자라며 소비지향적 성향이 강함
N세대 1977년 이후 출생	• 디지털 기술과 함께 성장해온 첫 번째 세대 • 가상공간을 무대로 자유분방하게 살아가는 인터넷세대 • 집, 학교, 사무실 등 모든 공간에서 컴퓨터를 쉽게 접하며 비디오게임이나 시디롬(CD-ROM) 같은 디지털 상품의 홍수 속에서 성장 • 인터넷을 자유자재로 활용하면서 가상공간을 무대로 자유분방하게 디지털적인 삶을 영위
Y세대 또는 밀레니얼세대 1980년 초~ 2000년 초	• 컴퓨터를 일상으로 보편적으로 사용하는 최초의 세대 • 2000년대에 주로 활동했거나 태어나 밀레니얼 세대라 불림 • 디지털에 능숙해서 X세대, N-세대를 잇는 Y세대 • 1980년대 PC의 대중화, 1990년대 휴대전화와 인터넷의 확산에 따른 디지털 혁명기 한복판에서 성장기를 보낸 30세 미만(혹은 중반 이하)의 세대 • 정보기술(IT)에 능통하며 SNS로 인간관계를 형성함. 개인적 성취, 자율성과 자존감 중시
Z세대	정확한 세대를 가르는 기준은 없으나, 1995년 이후 태어난 19세 미만의 청소년을 칭함

3) 밀레니얼 세대와 소통하기

(1) 직장 내 세대차이

한 취업포털사이트에서 최근 직장인 475명을 대상으로 설문을 실시한 결과 92.2%, 즉 직장인 10명 중 9명 정도가 직장에서 세대차이를 경험한 적이 있다고 조사되었다.특히, 세대차이를 가장 많이 느끼는 부분은 '커뮤니케이션 방식'으로 직장인의 53.2%가 응답하였다. 이어 출퇴근 시간, 복장 등 직장생활 방식(36.3%), 회식 등 친목도모 모임 방식(32.6%), 회의 및 보고 등 업무방식(28.5%), TV 프로그램 등 일상적인 대화 주제(21%) 순으로 세대차이를 느끼고 있었다. '직장 내 세대차이가 업무 효율성을 저하시키는가'라는 문항에 그렇다(41.3%) 또는 매우 그렇다(21%)라고 응답해 직장 내 세대차이가 업무 효율성에도 영향을 미치는 것으로 인식되고 있다. 직장 내 세대차이로 인해 스트레스를 받고 있다고 응답한 직장인은 58.6%를 차지했다.

우리는 왜 세대차이를 느끼는 것일까? '세대'란 비슷한 시기에 출생하여 역사적 · 사회적 사건을 유사한 방식으로 경험한 집단을 의미한다. 한 세대의 역사적 · 사회적 경험의 공유는 다른 세대와 구분되는 특유의 사고방식이나 상호작용을 형성하게 된다. 따라서 세대 간에는 이질적인 가치관과 태도가 드러나게 되는데, 이러한 세대 간의 이질적인 차이로 인해 세대차를 경험하기도 하고, 세대 간 갈등을 유발하기도 한다. 기성세대들은 신세대가 디지털기기와 컴퓨터 사용능력에 우수성을 가졌다고 느낄 때 세대 차이를 많이 느끼는 한편, 새로운 문화와 기술을 받아들이는 유연한 사고를 신세대의 가장 큰 장점으로 인식하고 있다. 그러나 지나치게 개인적인 행동을 보이거나 동료의식과 애사심이 부족해 보이는 것에 대해서는 공감하기 힘들어 한다. 또한 신세대들은 기성세대의 장점으로 경험에서 우러나오는 노하우와 힘들어도 묵묵히 일하는 인내심을 인정한다.

표 11-6 직장 내 세대 차이

구분	기성세대	밀레니얼세대
일하는 방식	워커홀릭	노력의 양이 아니라 결과의 질로 평가받기를 원함
동기부여 방식	장기적 관점의 동기부여 요인이 중요	자신이 낸 성과물에 즉각적인 반응을 기대하는 성향
소통방식의 차이	권위주의적, 일방적 커뮤니케이션에 익숙함	수평적 커뮤니케이션에 익숙함
리더의 자세	평가하고 판단함	코치하고 가르침

자료 : LG경제연구원(2011). 2020 새로운 미래가 온다. 수정 발췌.

(2) 신세대와 소통하기

직장인들이 인식하는 세대 차이의 가장 큰 부분이 '커뮤니케이션 방식'이라는 사실은 크게 주목해야 할 부분이다. 특히, 여러 세대가 함께 일하며 공동의 목표를 달성해야 하는 기업 입장에서 세대차이가 업무의 효율성까지 저하시킬 수 있음을 인식하고 소통의 문제를 해결하기 위하여 전략적 접근을 해야 한다. 따라서 밀레니얼 세대와 함께 일하면서 세대 차이를 극복하기 위한 바람직한 소통의 기술은 다음과 같다.

① 가치관의 차이를 인정한다

신세대를 대할 때는 기성세대의 관점에서 그들의 행동을 이해하지 말고, 다른 사회 문화적 배경을 가진 존재로 인식하고 가치관과 세계관을 인정하며 수용한다.

② 커뮤니케이션 방식을 존중한다

신세대는 기성 세대에 비해 스마트폰과 태블릿 PC 등 모바일 기기 사용에 익숙하며, SNS를 업무에서 커뮤니케이션 수단으로 활용하고 있다는 것을 인식하고 이를 관리한다.

③ 세대 간의 강점을 찾아서 공유한다

최신 기술을 능숙하게 다룰 줄 하는 신세대들이 기성세대들에게 페이스북, 트위터 등의 소셜미디어에 대해 알려주고, 기성세대들은 경험에서 나오는 노하우와 아이디어를 전달하며 세대 간의 소통을 활성화한다.

④ 즉각적인 피드백을 제공한다

신세대는 인정에 대한 욕구가 강하고, 자신의 결과에 대해 평가받는 것을 즐거워한다. 따라서 신세대가 업무를 마칠 때 즉각적인 피드백을 제공함으로써 그들의 자존감을 높여준다.

⑤ 자율성에 기반하여 목표에 도달할 수 있게 도와준다

신세대는 학교교육에서부터 팀 단위의 협동 학습에 익숙한 세대인 만큼 목표에 기초하여 결과를 중심으로 기대치를 수립하고 협력을 통해 결과를 함께 만들어 간다. 신세대가 자율성을 갖고 스스로 문제를 해결할 수 있도록 지도하되 지시하지 않는다.

이상과 같은 노력 이외에 신세대의 특징에서 소통방법을 연결하는 연구 결과도 있다.

표 11-7 신세대의 특징별 소통방법

구분	신세대의 특징	신세대와 소통하기
B	Broad Network 다양한 인간관계와 관심사	소집단 중심 활동을 장려하는 창의적 시도
R	Reward-sensitive 평가 결과 및 보상에 민감	평가와 보상의 공정성 제고
A	Adaptable 새로운 것에 대한 강한 적응력	새로운 도전의 기회 제공
V	Voice 생각과 감정을 솔직하게 표현	IT 기반 수평적 양방향 커뮤니케이션 활용
O	Oriented to myself 회사보다 개인생활을 중시	업무 중심의 유연한 근무 환경 제공

자료 : 예지은 외(2009). "BRAVO Generation" 신세대 직장인을 말하다, 삼성경제연구소, CEO Information(제727호); 예지은외(2011), 신세대의 특성과 조직관리 방안, 삼성경제연구소, Issue Paper.

각 세대의 강점을 찾고 최대한 활용하여 효과적인 세대 간 커뮤니케이션을 할 때 조직의 성과는 극대화될 것이다. 밀레니얼 세대는 투명성과 개방적인 의사소통의 필요성을 이해할 뿐 아니라 이를 포용할 의지가 있기 때문에 조직 안에서도 좋은 장점이 될 수 있다.

토의 11.2

최근 신세대들이 활발히 사용하고 있는 SNS의 폐해 관련 기사를 읽고 이러한 폐해를 막기 위해서 어떠한 노력이 필요한지 생각해보자.

'아니면 말고' 인터넷에 올리면 끝?… 반복되는 마녀사냥

지난 12일 각종 인터넷 포털사이트에는 '240번 버스'가 검색어로 랭크되며 이슈로 급부상했다. 한 네티즌이 11일 인터넷 커뮤니티에 "240번 서울 시내버스에서 아이만 내리자 엄마가 문을 열어달라고 수차례 부탁했는데도 버스가 계속 운행했다"는 글을 올린 탓이다. 버스 기사에게 누리꾼들의 비난이 쏟아졌고 청와대 홈페이지에 '버스 기사를 고발한다'는 청원도 올라갔다.
상황은 폐쇄회로(CC)TV에 찍힌 장면이 공개되면서 반전됐다. 서울시 조사 결과 버스 기사는 아이가 내린 정류장에서 16초간 정차했다가 출발했고 엄마가 뒤늦게 하차를 요구했을 때는 이미 3차로에 진입한 상태였다. 서울시는 "기사가 사고 위험이 있어 다음 정류소에서 내리는 것이 안전하다고 판단했다"고 설명했다.

버스 기사를 비판하는 글을 올렸던 누리꾼은 기존 글을 삭제하고 12일 밤 사과의 글을 올렸다. 버스 기사는 쏟아지는 관심에 정신적 고통을 호소하며 운전대를 놓고 휴가를 낸 상태다.
'240번 버스' 논란을 계기로 온라인 '마녀사냥'의 문제점이 다시 지적되고 있다. 사실이 확인되지 않은 글들이 인터넷을 뜨겁게 달구고 일반인들이 마녀사냥의 대상으로 전락해 고통을 호소하는 사례가 끊임없이 발생하고 있다. 누리꾼들과 언론의 자정 움직임이 필요하다는 지적이 나오는 이유다.

▶ **채선당 임산부 폭행·된장 국물녀 사건 … 극단적 여론 쏠림**

240번 시내버스 논란은 '채선당 임산부 폭행사건'과 '된장 국물녀'와 비교되고 있다. 인터넷에 사실관계가 불확실한 글이 올라오고 사회관계망서비스(SNS) 등을 통해 급속도로 퍼지며 국민적 관심을 받았다는 점 때문이다. 지난 2012년 음식점 채선당에서 종업원에게 폭행을 당했다는 임신부의 글이 인터넷에 올라와 일파만파 확산됐다. 식당 종업원은 온갖 인신공격을 받는 등 곤욕을 치렀고 채선당도 막대한 매출 감소를 감수해야 했다. 하지만 경찰 조사결과 폭행은 없었던 것으로 드러났다.

같은 해 화상을 입은 아이의 부모는 "한 여성이 국물을 들고 서 있다가 아이와 충돌해 얼굴에 뜨거운 국물을 쏟고 달아났다"는 글을 올렸다. 누리꾼들은 가해자의 신상 파악에 나서는 등 맹비난을 쏟아냈다. 하지만 CCTV 확인결과 피해 어린이가 뛰어오다가 충돌한 장면과 부딪힌 여성이 주방에 도움을 요청하는 장면이 녹화돼 사건은 일단락 됐다.
이번 240번 시내버스 사건의 경우는 문제의 글을 아이 어머니가 올린 것이 아니다. 오히려 익명의 제보자가 올린 글의 사실 관계가 드러나자 아이 엄마는 '맘충'(자기 자식만 지나치게 아끼며 남에게 피해를 주는 엄마들을 일컫는 신조어)이라는 누리꾼들의 비난을 받아야 했다. 이처럼 온라인상에 잘못된 글이 올라와 피해를 입는 사례는 갈수록 증가하는 추세다. 경찰청에 따르면 지난 2015년 신고된 사이버명예훼손·모욕 범죄는 1만 5,043건으로 전년(8,800건) 대비 70% 가까이 증가했다. 지난해에도 1만 4,908건이 신고됐다.

▸ "반복되는 마녀사냥, '1인 미디어 시대' 책임감 가져야"

시민들은 적극적인 문제제기 창구로 SNS와 인터넷 커뮤니티 등을 활용하고 있다. 하지만 일부 누리꾼들이 사실 여부를 확인하지 않고 글을 퍼나르고 있고 편향된 의견을 개진하면서 온라인상 마녀사냥이 발생하는 부작용이 나타나고 있다.

김윤태 고려대학교 사회학과 교수는 "SNS에 올리는 개인 글도 미디어 효과가 있는 시대다. 일반 시민도 '기자'가 될 수 있는 시대가 됐다"라며 "하지만 시민들은 언론을 통해 자기 글이 확산될 수 있다는 의식이 부족해 결과적으로 가짜 뉴스가 생산된다"고 진단했다.

자료 : [중앙일보] 2017-09-14 유자비, 김성진 기자 기사 중 발췌

① 한국사회에 만연하고 있는 SNS 여론쏠림현상과 관련하여 다른 사례는 무엇이 있는가?

② 이러한 SNS 여론쏠림현상의 원인과 해결방안은 무엇이 있는가?

③ 디지털 매체(스마트폰, 태블릿) 활용에 따른 세대 간 갈등이 발생하고 있다. 본인이 사용하고 있는 디지털 매체의 주 용도는 무엇인가?

Leader's Communicatio

Leader's Communication

Chapter 12 자기와의 소통과 미래설계

Chapter 12 자기와의 소통과 미래설계

학습 목표

셀프리더십의 개념과 자기인식 방법에 대해 학습한다. 또한, 과거 · 현재 · 미래와의 자기 대화 주제를 인터뷰 형식을 통해 탐색한다. 프로직업(직장)인들의 특성에 대해 살펴본 후 미래 로드맵을 작성한다.

1. 셀프리더십의 개념을 설명할 수 있다.
2. 자기인식을 위한 세 가지 방법을 설명할 수 있다.
3. 과거 · 현재 · 미래와의 대화 주제를 적용하여 자기를 인식할 수 있다.
4. 프로직업(직장)인들의 네 가지 특성을 설명할 수 있다.
5. 미래 로드맵(미션과 미래이력서)을 작성할 수 있다.

1. 셀프리더십과 자기인식

1) 셀프리더십

셀프리더십(self leadership)은 리더십 분야에서 비교적 최근의 연구 흐름 중의 하나이다. 기존의 리더십은 "조직의 목표를 달성하기 위해 조직구성원에게 영향력을 행사함으로써 그들의 자발적 추종을 이끌어 내는 과정이다."라는 관점을 기초로 하고 있다. 다시 말해, "상사가 부하, 또는 동료들에게 조직의 목표를 달성하기 위해 자신이 가지고 있는 권력의 원천들을 어떻게 효과적으로 행사하고, 이를 통해 그들이 자발적으로 따라오게 할 것인가?" 하는 것이다. 기존의 리더십 이론에서는 상사가 지위나 인맥, 정보, 전문성 그리고 존경심과 같은 자원을 유효적절하게 활용함으로써 조직의 목표를 달성하기 위한 그의 노력에 구성원들이 자발적으로 따라오게 한다는 관점이었다.

그러나 사회가 점차 세계화, 지식기반화, 디지털화, 개성화, 다양화됨에 따라, 더욱이 모든 영역에서의 변화가 급속히 진행됨에 따라 상사가 많은 부하 또는 동료들에 대해 보살피고 코칭할 수 있는 여건이 더 악화되었다. 치열해진 경쟁상황에서 상사 자신도 변화의 속도를 따라 잡기 힘들어졌는데, 어떻게 남을 보살필 수 있겠는가?

이렇게 변화된 경영환경과 함께 "어떻게 하면 조직이 지속적으로 발전할 수 있을까?" 하는 관점에서 리더십도 다른 연구방향을 모색하게 되었는데, 그중 하나가 셀프리더십이다. 리더십을 영향력 행사의 과정으로 볼 때 '자기 스스로 뚜렷한 목표(비전과 방향성)를 가지고 자신에게 영향력을 지속적으로 행사(동기부여 및 자기 관리)하는 과정'을 셀프리더십이라고 할 수 있다. 즉, 스스로 인생의 미션, 비전과 목표를 설정하고, 목표 달성을 위해 자신의 역량을 지속적으로 개발하며, 자신과의 대화를 통해 스스로 동기를 부여해 나갈 뿐 아니라, 목표를 달성했을 때 자신에게 보상을 해 가는 일련의 과정을 셀프리더십이라고 한다. 그리고 이와 같이 자신의 삶을 스스로 리드해 나가는 사람을 셀프 리더라고 한다. 셀프리더십 모형은 [그림 12-1]과 같다.

그림 12-1 셀프리더십 모형

평생직장의 개념이 사라진 시대에는 조직에 몸담고 있는 모든 사람이 셀프리더십의 중요성을 인식하고 주기적으로 자신이 가지고 있는 자산과 역량을 점검해야 한다. 내 인생의 꿈은 무엇이고, 사회에 내놓을 수 있는 나의 차별화된 강점은 무엇이며, 현재와 미래의 즐거움을 위해 무엇을 해야 하는지를 탐구하고 준비해야 한다.

토의 12.1

동기부여 내용이론 중에 알더퍼(1969)의 ERG이론이 있다. ERG에서 E는 Existence의 머리글자로 '존재욕구'를 뜻한다. 의식주 해결과 안정적 생활을 바라는 인간의 기본적 욕구이다. R은 Relatedness의 앞글자로서 '관계욕구'를 말한다. 사람들과 우호적 관계를 맺고 싶어 하는 욕구(사랑 · 인정 · 존중)이다. G는 Growth의 첫 글자이며 '성장욕구'이다. 자신만의 삶의 가치를 실현하고자 하는 욕구이다. 우리는 직업과 직장생활을 통해 이와 같은 세 가지 욕구를 실현하고자 한다.

① 존재욕구의 충족은 직업(직장)생활을 하는 강력한 유인이며, 직업(직장)을 그만두고 싶어도 그만 두지 못하는 이유이기도 하다. 또한 사람을 치사하게 만드는 가장 큰 요인이기도 하다. 자신은 어떤 직업을 가지길 원하는가?, 또는 어떤 직장에 들어가길 원하는가? 자신이 원하는 직업(직장)이 존재욕구를 어느 정도 충족시켜 줄 수 있으리라고 기대하는가? 그 이유는 무엇인가? 다른 길은 없는가?

② 관계욕구는 사회(직장)생활의 질을 결정하는 중요한 요인이다. 관계욕구가 좌절되거나 충족되지 않으면(구성원들과의 갈등과 불화, 왕따와 차별대우 등) 조직을 떠나는 이유가 되기도 한다. 자신이 원하는 직업(직장)이 관계욕구를 어느 정도 충족시켜 줄 수 있으리라고 기대하는가? 그 이유는 무엇인가?

③ 성장욕구는 직업(직장)을 통해 얻는 성취감, 도전, 공헌, 성장과 같은 가치지향적 욕구로서 직업(직장)을 유지하는 강력한 동인이다. 성장욕구는 다른 욕구의 좌절에도 불구하고 조직에 남도록 버티게 하는 이유가 되기도 한다. 자신이 원하는 직업(직장)이 성장욕구를 어느 정도 충족시켜 줄 수 있으리라고 기대하는가? 그 이유는 무엇인가?

2) 자기인식

셀프리더십 개발의 출발은 자기인식(self awareness)이다. 자기인식은 자신에 대한 관찰과 평가 · 성찰을 통해 자신의 기질과 성격, 가치관과 신념, 역량 등에 대해 객관적이고 정확하게 지각하는 것을 말한다. 자기인식을 위해서는 자기위주 편향

(self serving bias)을 예방하는 것이 중요하다. 자기위주 편향은 사람들이 자신의 성공은 자기가 '잘 해서' 이루었다 생각(내적귀인)하고, 실패했을 때는 외부 상황이나 남이 '도와주지 않아서' 잘못됐다고 생각(외적귀인)하는 경향으로 일종의 지각 오류 현상이다. 자기위주 편향을 극복하기 위해서는 데이와 동료들(2014)이 제시한 〈표 12-1〉의 세 가지 방법을 활용한다.

표 12-1 자기위주 편향 극복방법

구분	내용
360°도 피드백	자신은 물론 상사 · 동료 · 후배들로부터 본인의 행동에 대해서 설문이나 인터뷰 조사를 하여 자기를 객관적으로 평가하는 방법이다. 한 번으로 끝나기 보다는 주기적으로 실시한다.
자기-타인 일치법 (self-other agreement)	자신의 평가와 다른 사람들의 자기에 대한 평가가 어느 정도 일치하는가를 말한다. 이는 자기인식의 정확성을 높여준다. 평가 결과가 유사할수록 효과적인 리더가 될 가능성이 높다.
자기사례 기술법 (self-narrative)	자신의 인생역정(성공 · 실패 등 결정적 사건)을 기술해 봄으로써 그 과정에서 지혜를 얻는 방법이다. 자신의 경험을 지속적으로 기술하고 관찰 · 성찰해 가는 과정에서 리더십을 개발할 수 있다.

2. 자기와의 대화

레밍은 스칸디나비아 반도 북쪽에 서식하는 나그네 쥐이다. 이 쥐들에게는 특이한 습성이 있다. 그들은 개체 수가 일정 수준 이상으로 불어나게 되면 떼 지어 이동을 하고 결국에는 절벽에서 떨어지거나 호수에 빠져 죽는다. 무리 속에 있는 쥐들은 그들이 어디로 향하고 있는지, 종국에는 어떻게 될지에 대한 생각 없이 그저 다른 쥐들이 하는 대로 본능에 따라 함께 움직일 뿐이다. 그리고 그 결과로 떼 죽임을 당하고 만다. 레밍의 이러한 습성은 아무 생각 없이 시류에 편승하여 이리 왔다, 저리 갔다 하는 인간집단의 행태를 비유적으로 표현한다.

데이비드 허친스는 저서 〈레밍의 딜레마〉를 통해 의미 있는 삶이란 '나는 누구인가?', '나는 왜 존재하는가?','나의 목표는 무엇인가?'에 대한 성찰로부터 출발한다고 말한다. 그는 현대인의 삶을 그 끝을 모른 채 남이 가는 대로 무작정 앞만 보고 달려가는 레밍에 비유함으로써 우리 삶에 대한 성찰의 필요성과 자기대화의 중요성을 설파하고 있다. 이제 자기성찰을 위한 과거 · 현재 · 미래와의 대화주제에 대해 친구와의 인터뷰 형식을 통해 알아본다.

1) 과거와의 대화

학창시절에 자신이 잘 했고, 친구들로부터 부러움을 샀던 일에 대해 분석해 본다. 시간을 거꾸로 돌려가면서 아름답던 학창시절의 기억을 되살려 본다. 책장 한 켠에 자리 잡고 있는 내 과거의 편린들인 일기장이나 수첩, 메모와 같은 오래된 기록들을 참고로 하는 것이 좋다.

[인터뷰 ①]

학교 다닐 때는 어땠는가? 기억나는 대로 말해 주게나. 자네가 잘 해냈고, 친구들로부터 부러움을 샀던 일을 중심으로 말일세.

"나 대학 다닐 때, 2학년 때부터 줄곧 동네에서 야학한 거 잘 알지? 그게 제일 기억에 남아. 나름대로 보람도 있었고. 그리고 중간고사나 기말고사 볼 때 되면 내가 정리한 노트는 인기가 꽤 있는 편이었어. 그리고 이래 봬도 교내활동도 좀 했어. 모의주주총회 같은 경영학과 주최 행사에서 대표이사도 역임했고 과대표도 하고. 신입생 들어오면 오리엔테이션 가서 환영사도 하고 그랬어. 끌려 다니기보다는 앞에서 활동했던 거 같아.

고등학교 때? 지금도 동창회 나가면 친구 녀석들이 하는 말이 있어. '너 아침자습시간에 문제내주고, 풀라고 하던 거 기억나니?'그때는 무슨 마음으로 그랬는지, 쉬는 시간에 화장실 가서 담배피우는 녀석들 끌어내고는 했는데, 지금 생각하면 걔들한테 엄청 두드려 맞았을 거 같은데 그런 일은 없었어. 아무튼 내 고등학교 때 별명이 '꼰대'에 '아버지'였거든. 요즘 같으면 '왕따'였을 텐데. 중학교 때는 규율부 일을 한 기억밖에 없네. 너무 오래 전이라 가물가물해."

2) 현재와의 대화

달란트는 신의 은총, 재능이라는 뜻으로 쓰이는데, 탤런트(talent)는 여기에서 유래한다. 화폐 단위인 달러(dollar)도 여기에서 유래되었다고 한다. 자신의 달란트, 즉 재능을 발견하는 것이 중요하다. 자신의 재능을 찾기 위해 먼저 '언제 가장 자신이 빛나 보이는지'를 명쾌하게 설명해 본다. 자신이 정말 살아 있음을 느낄 때가 언제인지 생각해 본다.

두 번째로, 현재 자기의 직업(학과 · 학업)에 대해 생각해 본다. 어떤 일이든 완전하게 좋거나, 완전하게 싫은 일은 없다. 좋은 부분도 있고 싫은 부분도 있게 마련이다. 현재 자기가 하고 있는 일과 역할을 몇 개로 나누어 본다. 이렇게 분류한 일과 역할을 자신이 좋아하는 순서대로 나열한 후, 그 이유에 대하여 설명한다. 그러면 자신의 일이 재능과 적성에 적합한지를 판단하는 데 도움을 줄 것이다.

세 번째로, 자신의 성격이나 기질적 특성에 대해 알아본다. 성격이나 기질적 특성은 웬만한 외부환경의 자극에도 잘 바뀌지 않는다. 상황에 의해 변화했다가도 환경요소가 제거되거나 바뀌게 되면 원래대로 회귀하는 경향을 나타낸다. 또 외부환경 때문에 자신의 성격이나 특성과 어울리지 않는 행동을 하게 되면 불편함이나 갈등을 겪게 되는 경우가 많다. 심리적 불편함이나 갈등을 느끼게 되면 행복할 수가 없다. 일이 즐거울 리가 없다. 자신의 성격과 기질을 규명하기 위해서는 자신의 '장점'과 '싫어하는 일'에 대해 알아보는 것이 필요하다. 이때 자신에게 물어 보는 자기성찰뿐 아니라 자신을 잘 알고 있는 주위 사람들한테도 의견을 구하는 것이 좋다.

마지막으로 나만의 '칼'을 명확히 하기 위한 〈재능 발견〉 여행을 통해 얻은 내용들을 글로 기록한다. 이 내용을 기준으로 자신의 직업(학업)이, 또 지금 하고 있는 일이 자신의 재능과 맥락을 같이 하는지 생각해 봐야 한다.

[인터뷰 ②]

자신이 가장 빛나 보이고 자랑스러울 때는 언제인가?

"강단에 서서 청중들하고 호흡을 맞추며 열정적으로 강연할 때가 가장 즐거운 것 같네. 그때는 내가 살아있다는 느낌이 들어. 그리고 밤을 새워 글을 쓰고, 글을 읽을 때 역시 비슷한 느낌이 들어."

직장 다닐 때 교육 쪽의 일을 하면서 자네가 하는 일이 다 좋지는 않았을 텐데 어땠나?

"물론이지, 자네도 알다시피 교육담당이 하는 일이 얼마나 많나. 다른 일도 마찬가지지만 자질구레한 행정적인 일들이 많지. 우선 기안을 해서 결재를 받고, 수강생 관리에 실적보고에 노동부 신고 등등, 이젠 하도 오래 전 일이라 잘 기억도 나질 않네. 그리고 저널이나 신문, 잡지, 다른 기관의 교육 프로그램을 참고로 어떤 교육이 잘 될지 아이템을 찾아내서 프로그램을 디자인하고 새로운 과정을 만들어 내는 일도 만만치 않았지.

또 프로그램에 적합한 강사를 찾아 섭외해야지, 원고를 받아 인쇄해야지, 수강생 관리해야지, 필기구랑 다과도 준비해야지, 강의장 정리도 해야지. 아이고, 교육하나 진행하려면 웬 일이 그리 많은지. 그런 거 다 어떻게 해냈는지 몰라. 아무튼 유능한 강사풀(pool)을 유지하는 게 만만찮았던 것 같아.

그리고 지금도 마찬가지겠지만 교육실적 가지고 얼마나 스트레스를 주던지. 하여튼 과정마다 신문광고나 DM, 전화, 팩스로 수강생 모집하는 게 제일 힘들었던 것 같아. 특히, 교육담당자나 아는 선 · 후배한테 전화해서 교육생 좀 보내달라고 부탁할 때는 '내가 뭐하나' 싶기도 하더라구. 교육 오픈은 며칠 안 남았는데, 접수대장에 신청자 수가 적으면 잠잘 때 꿈에까지 나타났다니까. 참, 그때는 직원들이 강의도 해야 했지. 많지는 않았지만 그때 틈틈이 강의했던 게 지금 일하는 데 많이 도움이 되는 것 같아. 사실 나는 그때 과정개발이나 교육체계 수립, 교육컨설팅 같은 일을 하고 싶었는데, 그때는 부서에 그런 기능이 없어서 비전이 보이질 않아 많이 힘들어했던 거 같아.

요약하면 처음에는 다 좋았지. 그런데 한 삼사 년 지나니까 딱 나눠지더라고. 좋아하는 일과 하기 싫은 일말이야. 강의하는 게 제일 좋았고, 프로그램 기획이나 개발이 그 다음, 교육행정과 운영은 갈수록 싫어지고 교육영업은 죽기보다 싫어했지.

자신의 장점이 무엇이라고 생각하나?

"나, 우리 식구들도 인정하는 건데 집중력 하나는 끝내준대. 내가 생각하기에도 그런 거 같아. 일을 차근차근 계획대로 하기보다는 한꺼번에 몰아서 하는 편이지. 프로젝트 막판이 되면 며칠씩이고 거의 뜬 눈으로 밤새워 일한다니까.

그리고 이게 장점인지 단점인지 모르겠지만 다른 사람한테 싫은 소리를 잘 못해. 좋은 말로 하면 남에 대한 배려를 잘 한다고 하겠지만, 다르게 본다면 우유부단하고 물러터진 거지 뭐. 나는 스스로 감성적이고 정서적이라 생각하고 좋아하지만 가까이 있는 사람은 아마 속 터질 거야."

싫어하는 건 없나?

"왜 싫어하는 게 없겠나? 나 살면서 남한테 폐 끼치거나 아쉬운 소리 하는 거 정말 싫어한다는 거 잘 알잖나. 특히, 다른 사람이 '이래라, 저래라' 하는 것도 싫어하고."

3) 미래와의 대화

업무차 미국 출장을 갔을 때의 경험이다. 그때 유명한 경영학 분야의 석학이며 경영컨설턴트이기도 한 톰 피터스의 강연을 들을 기회가 있었다. 그는 수백 명의 청중을 앞에 놓고 꿈과 이상에 대한 이야기를 하며 한 시간 내내 그 넓은 강단을 이리저리 오가며 큰 제스처로 열정적인 강연을 했다. 강연의 핵심 메시지는 다음 글에 잘 나타나 있다.

지금까지 한번도 꿈꿔보지 않았던 큰 꿈을 꾸어라. 그리고 이 세상에 자신의 삶의 흔적을 남겨라(allows you to dream dreams you could never have dreamed before! And let's make a dent in the universe).

그는 이 세상에 자신의 삶의 흔적을 남기기 위해 죽을 때까지 강연을 할 것이고, 연구와 저술활동을 할 것이며, 컨설팅을 할 것이라고 했다. 이와 같은 자신의 사명과 비전을 발견하는 데 도움이 되는 선행 작업이 있다. 그것은 바로 자신이 살고 싶은 미래 모습을 미리 글로 써 보는 것이다.

[인터뷰 ③]

자신의 인생이 가장 완벽하게 되었다고 가정할 때, 어떤 모습이면 좋겠는가?

"나? 세 가지 희망사항이 있지. 그러면 후회 없을 것 같아. 제일 먼저, 글과 강연을 통해 보통사람이 행복한 공동체를 만드는 데 공헌하고 싶네. 둘째, 경제로부터의 자유, 시간으로부터의 자유, 그리고 일로부터의 자유를 실현함으로써 한 인간으로서 자유롭게 살고 싶어. 마지막으로 봄, 여름, 가을, 겨울의 세월 감에 따라 때로 산과 들과 바다 내음을 맡고 밤하늘의 별들도 세어 보는 여유를 만끽하며 즐겁게 살고 싶어."

토의 12.2

청년들이 먼 훗날 다음과 같은 삶을 살기 바란다. "삶을 돌아보면 크게 후회되는 거 없다. 좋아하는 일을 즐겁게 하며, 어느 누구에게도 아쉬운 소리 안 하고 지금까지 살아 왔으니 이만하면 행복한 삶이라고 생각한다. 자신이 선택한 삶을 온전하게 살았으며, 남한테 빚진 적 없고, 무슨 이유로든 구차한 적 없었다. 더도 말고 덜도 말고 지금까지와 같으면 더 바랄 게 없다." 이제 자신이 원하는 삶을 설계하기 위한 자기와의 대화를 해본다.

① [인터뷰 ①]의 질문에 대한 자신의 답변을 작성하시오. 이를 통해 자신에 대한 어떤 점을 발견할 수 있는가?

② [인터뷰 ②]의 네 가지 질문에 대한 자신의 답변을 작성하시오. 이를 통해 발견한 자신의 장·단점을 포함한 특징은 무엇인가?

③ [인터뷰 ③]의 질문에 대한 자신의 답변을 작성하시오. 이를 통해 발견한 자신의 미래 희망은 무엇인가? 당신은 어떤 삶을 살고 싶은가?

3. 대학시절과 미래 로드맵 설계

1) 대학시절

분야를 막론하고 프로들에게는 대학시절(大學時切)이라는 공통된 특징이 있다. 그들은 인생에 대한 담대한 사명과 비전(大望) 을 가지고 있으며, 이를 이루기 위해 끊임없이 자신을 연마(學習)해 간다. 그리고 그들은 시대의 흐름(時流)과 고객니즈에 민감하고 변화에 적응한다. 마지막으로 그들은 사명과 비전을 달성해 가는 과정에서 실패를 경험하기도 하지만 결코 이에 굴하거나 좌절하지 않고 다시 일어서서 가던 길을 계속 가는 끈질김을 보여 준다. 그들은 자신이 원하는 것을 이루기 위해 포기할 것은 과감하게 포기(切斷)하기도 하며 몰입하는 특성을 보인다.

(1) 대망

프로들의 첫 번째 특징은 그들의 인생에서 실현하고자 하는 담대한 사명과 비전, 목표(大望)를 가지고 있다는 것이다. 이지성은 한국사회에서 성공한 사람 300인에 대한 분석 자료를 토대로 그들의 성공비결을 〈18시간 몰입의 법칙〉이라는 저서를 통해 밝히고 있다.

이 책에서는 대한민국에서 크게 성공한 사람치고 꿈을 갖지 않은 사람은 단 한 사람도 없다고 단언한다. 그들은 스스로의 길을 만들고 많은 이들의 길이 된다. 그들은 자신들의 인생에 대해 할 이야깃거리가 많다.

워런 버핏, 조지 소로스와 함께 세계 3대 투자가로 불리는 짐 로저스가 '한국 경제 100년'을 전망하는 방송 프로그램 촬영차 방한해 "한국, 투자처로 흥미 없다"고 일갈했다. 그는 서울 노량진 '공시촌'을 찾아 하루 15시간씩 공부한다는 학생들을 만나봤다고 하며, "청년들의 꿈이 빌 게이츠나 마크 저커버크가 아닌 공무원이라는 건 슬픈 일"이라고 했다. "청년들이 도전하지 않는 나라가 어떻게 신흥 국가들과 경쟁할 수 있겠나"라고 반문하기도 했다. 국민에게 봉사하려는 신념 때문이라면 모를까 오로지 경제적, 직업적 안정을 위해 공무원의 길을 가려는 건 안타까운 일이다. 청년에게는 청춘과 봄의 생동감 넘치는 다양한 색깔이 어울린다.

(2) 학습

프로들의 뚜렷한 특징 중의 하나는 지속적 학습(學習)을 생활화한다는 것이다. 그들은 배운다는 것이 체질화되어 있다. 개인의 가치는 노트북의 가치 결정 기준과 비슷하다. 이를 통해 학습의 중요성에 대해 살펴본다.

먼저 노트북의 가치가 하드디스크에 저장되어 있는 자료의 질과 양에 의해 결정되듯 사람의 가치도 개인의 두뇌 속에 축적되어 있는 감성자산과 지적 자산에 의해서 결정된다. 둘째, 지금 자신의 분야에서 성공적인 생활을 하고 있는 사람이 5년, 10년 후에도 그와 같으리라는 보장을 누구도 할 수 없다. 지금 성공적인 생활을 하고 있는 사람이 앞으로도 그와 같은 위치를 유지하기 위해서는 시대에 맞게 자신의 감성자산과 지식자산을 계속 갱신(업데이트)해 가야 한다. 노트북의 가치가 자료의 지속적인 업데이트를 통해 유지되듯이 사람도 두뇌 속에 저장되는 자료를 계속 업데이트해야 자신의 가치를 유지할 수 있다.

마지막으로 개인의 가치는 그 사람이 태어나면서부터 현재까지 축적해 온 객관적 데이터에 의해서 결정되기도 한다. 어떤 학교를 졸업했고, 어떤 회사에서 어떤 부서를 거쳐 무슨 일을 수행했는지와 같은 학력과 경력사항은 그의 가치를 결정하는 데 중요한 역할을 한다. 또한 어학실력이 얼마나 되는지, 어떤 자격증을 보유하고 있는지, 무슨 교육을 수료했는지와 같은 자료도 그의 가치를 결정하는 데 영향을 미친다. 노트북의 가치가 브랜드와 사양에 의해서 결정되듯 사람의 가치도 개인의 프로필에 의해 영향을 분명하게 받는다. 개인의 가치를 높이기 위해서는 자신의 프로필을 한 차원 높은 단계로 발전시켜야 한다. 노트북이 가치를 유지하기 위해 시간이 지남에 따라 업그레이드되어야 하듯이 사람도 업그레이드되어야 한다. 이와 같이 프로들은 학습을 통해 자신의 지적 자산과 감성자산을 지속적으로 갱신하고, 스스로 격(格)을 높여 감으로써 개인 브랜드의 가치를 향상시켜 나간다.

(3) 시류 탐색

흔히 변화는 위험하다고 한다. 위험을 위기라고도 표현한다. 위기 속에는 변화가 내포하고 있는 두 가지 속성을 모두 가지고 있다. 위기를 한자로 써 보면 危機이다. 여기서 위(危)는 변화가 가져오는 위협(threat)을 의미한다. 변화에 대한 부정적 시각은 개인과 조직이 변화를 모색하는 데 심리적 장애요인들이 된다. 반면에 기(機)는 변화가 가져다주는 기회(opportunity)를 의미한다. 다시 말해, 변화를 추구함으로써 얻게 되는 긍정적 결과들을 말한다. 기존보다 나은 성과를 달성하는 것, 새로운 사람을 만나 전혀 다른 경험을 해 보는 것, 뭔가 새로운 것을 이루어 내고야 말겠다는 도전의식, 새로운 것을 시도해서 성공적으로 완수해 냈을 때의 성취감들이 그것이다.

프로들은 변화가 가진 이 두 가지 속성을 잘 알고 있다. 그들은 시류(時流)와 변화의 징후를 포착하여 그것이 가져오게 될 긍정적 측면과 부정적 측면을 예측한다. 이를 통해 기회를 살릴 수 있는 방법을 모색하고, 위협(리스크)을 줄일 수 있는 대책을 구상한다.

프로는 변화에 대한 플러스적 사고와 적극적 행동으로 성공적으로 미래를 맞이한다. 미래에 대한 준비를 했음에도 불구하고 때로는 그들의 시도가 실패로 끝나 좌절하기도 하지만 그것이 그들의 변화 대응행동을 무의미하게 하지는 않는다. 그들은 변화를 추진하는 과정에서 많은 지식과 경험, 노하우와 같은 지적 자산을 쌓았을 것이며, 자신감, 회복탄력성(resilience), 교만의 위험성, 좌절이나 체념의 극복과 같이 삶에 꼭 필요한 감성자산도 얻었을 것이다. 또한 변화의 과정 속에서 사람과 부딪히면서 내 사람을 식별하는 통찰력이 생겼을 수도 있으며, 새로운 사람들을 만나 인맥(human network)이 넓어져 중요한 고객자산이 늘어나기도 했을 것이기 때문이다.

조너선 웨츨 매킨지글로벌연구소장은 한 초청강연에서 'Others'라는 단어를 통해 미래 직업세계의 역동성을 말하였다. 그는 지난 20년간 미국에서 가장 빠르게 증가한 직군이 'Others', 즉 '기타' 직군이라고 했다. 이는 기존 직군으로는 분류하기 어려운 직업들로서, 그만큼 새로운 직업, 그것도 과거에는 없었던 일자리들이 빠르게 생겨나고 있다는 의미이다. 'Others'는 미국, 더 나아가 미래 일자리시장의 다양성을 함축적으로 나타내고 있다. 공무원, 의사, 교사 말고도 이 세상에는 훨씬 즐겁고 의미 있는 다양한 직업과 일들이 분명히 있다. 조너선 웨츨이 강연을 통해 밝힌 'Others'의 의미를 새기며, 나의 'Others'를 탐색하자.

(4) 절단

한국에서 맨손으로 시작해 30억 원대의 부자가 된 한국사람 33명을 조사해서 〈부자들의 돈 버는 습관〉이라는 저서를 낸 김명규는 한 잡지와의 인터뷰에서 한국의 부자들은 놀라운 인내와 끈기로 자신의 꿈을 끝까지 붙든 사람들이었다고 말하고 있다. 그들은 꿈을 이루어 가는 과정에서 많은 어려움과 장애에 봉착하지만 그에 굴하지 않고 끝까지 앞을 향해 나아갔다는 것이다. 그들은 꿈을 향해 끊을 건 끊고(切斷) 뚜벅뚜벅 한걸음씩 끈기를 가지고 꾸준히 나아갔다. 다음은 작가의 일과에 대한 신문 기사를 편집한 내용이다.

오전 8시에 눈을 떠 가볍게 목욕을 한 뒤 아침을 먹는다. 넥타이까지 단정하게 맨 정장 차림으로 정각 9시에 서재로 들어가 점심 때까지 3시간 동안 집필에 몰두한다. 스무 살 때부터 세상을 떠날 때까지 60년 동안 이러한 일과를 반복했다. 독일 작가 토마스 만의 이야기다.

7시에 일어나 8시에 아침을 먹고 9시부터 오후 2시까지, 아주 잠깐의 점심식사 시간 외에는 꼼짝 않고 서재에서 글을 쓴다. 적어도 하루 2,000단어 이상, 많으면 4,000단어까지 썼지만 좀처럼 글 진도가 나가지 않는 날도 없지 않았다. 심지어 한 글자도 못 쓰는 날마저 있었지만, 그런 날에도 위와 같은 일과만큼은 정확하게 지켰다. 영국 작가 찰스 디킨스의 이야기다.

새벽 4시에 일어나 6시간 가까이 글을 쓴다. 오후에는 10km를 뛰고 1,500m를 수영한 뒤 책을 읽고 음악을 듣다가 오후 9시쯤 잠자리에 든다. 이런 일과를 매일 반복하는 작가 무라카미 하루키가 말한다. "반복은 매우 중요하다. 이런 반복적인 생활을 지속하려면 많은 정신력과 체력이 필요하다. 강인한 체력은 예술적 감수성만큼이나 중요하다."

뛰어난 작가들 대부분은 집필 작업을 중심으로 짜인 일과를 거르지 않고 오랜 세월 반복했다. 글쓰기의 비밀은 우리 삶의 비밀과 같다. 절단과 반복이 답이다.

2) 로드맵 설계

네비게이션은 '바다나 하늘을 항해하다.'라는 'navigate'에서 유래한다. 우리말로는 '길 도우미'라고 할 수 있다. 낯선 곳을 여행할 때 따르는 막연한 불안감과 우려를 이 네비게이션이 많은 부분 없애주듯이, 우리의 인생 로드맵은 삶이라는 멀고도 험한 항해에 따르는 불확실성과 두려움의 많은 부분을 감소시킬 수 있다.

이 로드맵은 우리 인생 항로의 목적지를 보다 명확하게 해줄 것이며, 원래의 목적지에서 벗어날 때는 우리의 삶이 제자리를 찾도록 도와줄 것이다.

(1) 사명

롱맨 사전은 사명(mission)을 다음과 같이 정의하고 있다. "자신이 이 세상에 존재하는 이유로서 믿는 개인에게 부여된 특별한 일(the particular work for which one believes oneself to have been sent into the world)." 한편, 직업이나 소명을 의미하는 vocation에 대해 다음과 같이 정의하고 있다. "신으로부터의 특별한 부르심(a special call from God to be a priest, monk, etc.). 어떤 직업에 대해 개인이 가지고 있는 특별한 의미, 또는 가치(a job, esp. a worthy one for which one has a vocation : Teaching children is more than just a way of making money : it's a vocation)."

이에 따르면 사명은 다음과 같은 세 가지의 의미가 포함되어 있다. 먼저, 사명을 가치지향적 관점에서 바라본다는 것이다. 사명은 자신이 이 세상에 태어난 이유, 존재 의미에 대한 이야기로서, 행복, 공동의 선, 공헌 등과 같은 사회인으로서의 바람직한 의미체계와 관련이 되어 있다. 두 번째, 사명은 이러한 존재 의미를 실현하기 위해 그(녀)가 일생을 통해 실행해야 하는 특정한 일과 관련이 되어 있다. 즉, 고객을 위한 일을 통해 그(녀)의 사명을 달성한다. 마지막으로 사명은 열정과 열망으로 특징된다. 사명을 발견하고 이를 실현해 가는 사람들을 만나게 되면, 그들의 내면으로부터 뿜어져 나오는 강렬한 힘을 느낄 수 있다. 사명에 내포된 세 가지의 속성에 따라, 사명을 다음과 같이 정의할 수 있다. 사명은 개인의 존재 가치로서 삶의 궁극적 지향점을 의미한다. 이는 가치 실현을 위한 활동과 연계하여 열정의 근원으로 작용한다.

(2) 열정

이나오리 가즈오의 저서 〈왜 일하는가〉에 열정(passion)과 관련된 다음의 문장이 나온다.

"회사를 그만두려면 명분이 확실해야 한다. 그렇지 않으면 패배자가 될 뿐이다.

불만이 있다고 회사를 그만둔다면 아무리 좋은 회사에 들어가도 마찬가지 아니겠는가. 아무리 생각해도 회사를 그만둘 이유를 찾지 못한 나는, 우선 지금 하는 일에 모든 힘을 쏟기로 스스로에게 약속했다. 변명과 불평불만을 입에 달고 지내던 나를 버리고, 아무 생각도 하지 않은 채 눈앞에 놓인 일에만 집중하기로 결심했다. 그러자 전에는 느끼지 못했던 도전의식이 우러났고, 치열하게 싸워보고 싶은 욕구가 솟아올랐다. 나도 모르게 열과 성을 다해 일과 정면으로 맞서기 시작했다. 당시 나는 쇼후공업에서 파인세라믹 제품을 연구하고 있었는데, 결심한 그날부터 연구소 한 구석에 냄비, 솥 등을 옮겨다 놓고 온종일 연구에 전념했다. 끼니를 챙기는 것은 고사하고 밤낮 구별없이 내 모든 에너지를 제품 개발에 쏟아부었다. 내 일에 애정을 쏟지 않는다면 그것은 내 일이 아니라, 남의 일을 대신 해주는 것에 불과하다. 무슨 일이든 그 일에 흠뻑 빠지지 않는다면 그것은 결코 내 일이 아니다. 지금 하는 일을 좋아하고 사랑하려면 그 일을 지금 만들고 있는 제품을 끌어안고 자야 한다. 그만한 관심과 애정이 없다면 자기 일이 아니다. 자신이 만든 제품을 안고 잘 만큼 자신이 만든 제품에 애정을 갖고 자신의 일에 집중하지 않는 한 일의 참 맛을 알지 못한다."

하○○ 신세계푸드 외식팀장은 5명의 외식팀장 중 유일한 여성이다. 신세계푸드에 입사하기 전에는 뉴욕의 미슐랭 3스타 레스토랑인 '르베르나르댕'과 '다니엘' 등에서 일했다. 1995년 리츠칼튼호텔이 서울에 처음 생길 때 입사해 서울과 미국, 호주의 리츠칼튼호텔에서 일하다 2005년 우연한 계기로 외식업의 길을 걷기 시작했다.

"호텔에서 10년을 객실 담당으로 일했죠. 총지배인이 되려면 외식을 알아야겠더라고요. 코넬대에서 호텔 레스토랑 매니지먼트 석사과정을 밟던 어느 날 최고의 외식서비스를 배우겠다는 마음으로 무작정 뉴욕에서 최고로 손꼽히는 다니엘 레스토랑을 찾아갔죠."

공부하러 간 식당에서 그녀는 인생의 전환점을 맞았다. 식사를 마친 뒤 음식에 대한 질문을 쏟아내던 그녀의 열정을 다니엘 셰프가 높이 평가해 3개월 인턴직을 제안한 것이다. 그녀는 다니엘에게서 레스토랑 관리를 배운 경력을 발판 삼아 유명 레스토랑 관리 경력을 이어갔다.

그녀는 "세계적인 식당이다보니 내 능력이 부족한 걸 느낄 때가 많았다"며 "그때마다 사장에게 '영어와 경험이 부족하지만 난 죽기 전까지 일하는 사람'이라는 점을 강조해 인정받았다"고 말했다.

"신세계푸드에서 수제 맥줏집인 데블스도어를 맡은 이후엔 본사 근무가 끝난 오후 6시부터 가게 문을 닫는 밤 12시까지 직원들과 함께 지내며 매장을 파악했어요. 누가 시키지 않은 일이라 야근 수당도 없었죠. 그렇게 6개월이 지나니 매장의 수익이 놀랄 만큼 올라가더라고요."

하 팀장은 2015년부터 한 기업의 초청으로 취업준비생을 대상으로 한 강연을 이어오고 있다. 내용은 한결같다. '흙수저'라서, 딱히 재능이 없어서 취업 문턱에서 지레 겁먹고 있는 청춘을 위한 이야기다.

"월급쟁이는 회사를 위해 일한다고 생각하면 일할 동력을 잃어요. 진부한 이야기 같아도 내 능력을 키운다는 마음을 가져야 합니다. 그러면 누가 안 시켜도 진짜 열심히 일하게 돼요. 제가 해 봤어요."

(3) 미래이력서

미래이력서는 자신의 인생 계획을 미래 시간의 역순에 따라 보다 구체적으로 작성해 보는 것이다. 이는 자신이 원하는 삶을 살기 위해, 자신의 사명을 달성하기 위해 거쳐야 하는 직장 경로와 사회에서의 역할을 미리 예상해 보는 것이다.

일반적인 이력서는 과거의 이야기부터 순서대로 기록한 자신의 흔적을 의미하지만, 미래이력서는 현재에서 가장 멀리 떨어진 미래 시점부터 역순으로 적어 내려온다. 25년 후의 미래시점에서 출발하는 것이 좋겠다. 시간적으로는 5년 정도의 주기로 하는 것이 좋다.

미래이력서를 토대로 자신의 인생에 대한 큰 그림이 나오게 된다. 이 이력서에는 미래에 자신이 어떤 경력을 쌓아 나가야 될지에 대한 이정표가 제시되어 있다. 그것은 현재의 직장에서 이루어질 수도 있고, 다른 직장일 수도 있으며, 아예 자신이 창업, 창직을 할 수도 있는 문제이다. 취업 말고도 길은 있다.

토의 12.3

미국 언론들은 "머스크는 전기자동차, 태양광 발전, 우주선 개발과 화성 탐사 같은 미래 산업에 끊임없는 도전정신을 발휘하기 때문에 젊은 창업가들의 귀감이 되고 있다"고 극찬하고 있다. 그동안 허무맹랑해 보이는 자신의 구상을 현실로 이루어낸 머스크의 또 다른 도전에 세계가 주목할 것으로 보인다.

① 최근 산업 · 사회 · 문화 · 과학 분야에서 어떤 변화들이 일어나고 있는가? 이런 트렌드 속에서 청년세대가 경제 · 사회의 주역으로 활동할 향후 30여년 간에 걸쳐 유망한 직업(새로 나타날 직업 포함)과 사라지게 될 직업은 각각 무엇이라고 생각하는가?

② 하○○ 신세계푸드 외식팀장의 사례를 통해 무엇을 배울 수 있는가? 청년인 우리는 미래의 변화 흐름에 대응하여 무엇을 어떻게 준비해야 한다고 생각하는가?

③ 자신의 미래 로드맵(사명과 미래이력서)을 작성해 보시오. 이를 팀원들과 공유하시오.

참고문헌

강길호 · 김현주(2003). 커뮤니케이션과 인간. 한나래.

강성범 · 정수용(2017). 비즈니스 문서 작성의 기술. 영진닷컴.

김미숙 외(2010). 초등국어 개념사전. ㈜북이십일 아울북.

김영회 · 이건웅 · 이승철 공저(2012). DiSC 누구도 피할 수 없는 우리 행동의 4가지 특성. 학이시습.

김은정 · 송기인(2014). 감성과 신뢰의 스피치기법. 커뮤니케이션 북스.

나은영(2010). 한국인의 가치관 변화추이 : 1979년, 1998년 및 2010년의 조사 결과 비교. 한국심리학회.

나은영(2016). 인간커뮤니케이션과 미디어. 한나래 아카데미.

네이버 지식백과.

데루야 하나코. 오키다 케이코, 김영철 옮김(2002). 로지컬 씽킹. 일빛.

데이비드 허친스, 김철인 옮김(2002). 레밍 딜레마. 바다출판사.

동아일보(2017. 4. 21). '아더스'전성시대를 기다린다.

동아일보(2017. 6. 13). 회사 위해? 나를 위해 맘껏 일해보세요.

동아일보(2017. 8. 5). 10대 꿈 공무원인 한국, 흥미 없다.

동아일보(2017. 9. 4). 작가의 일과.

문화체육관광부(2013). 한국인의 의식 가치관 보고서. 한국리서치.

백종현(2004). 철학의 주요개념. 서울대학교 철학사상 연구소.

비서 NCS 학습모듈(2014). 교육부.

비키 브록(2015). 코칭의 역사. 코쿱북스.

사이토 다카시(2003). 질문의 힘. 루비박스.

세계일보(2016. 3. 3). 당신의 창의력을 높이는 5가지 방법.

세버린 · 탠카드 공저, 박찬일 외 역(2004). 커뮤니케이션 이론. 나남.

LG경제연구원(2011). 2020 새로운 미래가 온다. 한스미디어.

예지은 외(2009). "BRAVO Generation"신세대 직장인을 말하다. 삼성경제연구소. CEO Information, 제727호.

예지은 외(2011). 신세대의 특성과 조직관리 방안. 삼성경제연구소. Issue Paper.

오미영 · 정인숙(2005). 커뮤니케이션 핵심 이론. 커뮤니케이션북스.

유종연(2012). 보고서 작성과 보고 불변의 법칙. 미래와 경영.

윤대혁(2010). 인간관계와 커뮤니케이션. 탑북스.
이경우 · 김경희(2007). 커뮤니케이션과 대인관계. 역락.
이나오리 가즈오(2010). 왜 일하는가. 서돌, 27, 63-68.
이영돈(2013). 텔레비전 프로그램 기법. 커뮤니케이션북스.
이재희 외(2016). NCS 직업기초능력 의사소통능력. 양성원.
이재희(2008). 자기경영과 시간관리. 한국생산성본부.
이재희(2016). 리더십 프레임. 한올.
이재희(2016). 비즈니스커뮤니케이션. 한올.
이재희(2017). 커뮤니케이션 스킬. SK하이닉스(비매품).
이재희 · 박효성 · 이보람(2017). 프레젠테이션 전략. 양성원.
이재희 · 최인희(2016). 비즈니스 커뮤니케이션(2판). 한올.
이정환 외(2010). 한 장 보고서의 달인이 되라. ㈜아트크리에이트.
이지성(2005). 18시간 몰입의 법칙. 맑은소리.
잡코리아(2016). 직장인 10명 중 9명 '직장 세대차이'느낀다.
장은주 · 송현정(2016). 의사소통의 이해와 실제. 도서출판 청람.
정주영(2009). 시련은 있어도 실패는 없다. 제삼기획.
조선일보(2017. 9. 9). 헨리 밀러의 창작 비결.
존 그레이 · 바바라 애니스(2015). 나선숙 옮김. 직장에서 만난 화성남자 금성여자. 더난출판.
존 휘트모어(2007). 성과향상을 위한 코칭리더십. 김영사.
최병권 · 정재식(2015). 당신은 최고의 멘토입니까. 새로운 제안.
태컬리 커배너 외(2013)(박정준 옮김). 비즈니스 글쓰기의 모든 것. 도서출판 다른.
한국문학평론가협회(2006). 문학비평용어사전. 국학 자료원.
한덕웅(2003). 한국인의 인생관으로 본 가치관의 변화 : 30년간 비교. 한국심리학회.

Bernard, Sheila C.(2007). Documentary Storytelling. 커뮤니케이션북스.
Day, D. V., Fleenor, J. W., Atwater, L. E., Sturm, R. E., & McKee, R. A.(2014). Advances in leader and leadership development : A review of 25 years of research and theory. *Leadership Quarterly, 25*: 63-82.
Gray(1992/1993). 인간커뮤니케이션과 미디어. pp.95~96.
Peter G. Northouse, 김남현 역(2013). 리더십 이론과 실제(6판). 경문사.
Robert K. Greenleaf, 강주헌 옮김(2006). 서번트리더십 원전. 참솔.

The Future of Jobs : Employment. Skills and Workplace Strategy for the Forth Industrial Revolution. World Economic Forum, core work-related skills, Jan. 2106, 21.

Walumbwa, F. O., Avolio, B. J., Gardner, W. L., Wernsing, T. S., & Peterson, S. J.(2008). Authentic leadership : Development and validation of a theory-based measure. *Journal of Management, 34*(1): 89-126.

찾아보기

저자 소개

이재희

국민대학교 대학원 경영학박사
현) 비전경영연구소대표
NCS 기업활용컨설팅 전문가(한국산업인력공단)

조연정

경희대학교 대학원 경영컨설팅학석사
현) CS드림아카데미 대표
2H 커뮤니케이션 부설 한국비서교육연구원 원장

박선아

이화여자대학교 대학원 비서학석사
숭실대학교 대학원 평생교육학 박사과정
현) 한국관광대학교 국제비서과 교수
한국관광대학교 NCS 지원센터장

윤민애

경희대학교 대학원 경영학석사
현) 한국CS아카데미 대표
안산대학교 비서경영학부 부주임교수

허영숙

숙명여자대학교 대학원 경제학박사
현) 사단법인 허브엔 대표
미래소비자행동 공동대표

리더스 커뮤니케이션

1판 1쇄 인쇄—2018년 3월 2일
1판 1쇄 발행—2018년 3월 5일

저 자 - 이재희 · 조연정 · 박선아 · 윤민애 · 허영숙
발 행 인 - 강 철 원
발 행 처 - 양 성 원
주 소 - 경기도 파주시 검산로 173번길 29-20
전 화 - 031-946-3861(代)
팩 스 - 031-946-3864
이 메 일 - tnwpub@naver.com
홈페이지 - tnwpub.co.kr
출판등록 - 2015년 8월 31일 제2015-000211호

ISBN 979-11-6126-095-2

정가 18,000원